Biblioteca Germán Carrera Damas | 1

Edición exclusiva impresa bajo demanda
por CreateSpace, Charleston SC.

Editorial Alfa
Apartado 50304, Caracas 1050, Venezuela
Telf.: [+58-2] 762.30.36 / Fax: [+58-2] 762.02.10
e-mail: contacto@editorial-alfa.com
www.editorial-alfa.com

ISBN: 978-980-354-343-3

Diseño de colección
Ulises Milla Lacurcia

Diagramación
Rocío Jaimes

Corrección
Magaly Pérez Campos

Imagen de portada
Bolívar vestido de civil en 1827, Tito Salas Óleo sobre tela
Colección Casa Natal de El Libertador Reproducción: Nelson Garrido

Printed by CreateSpace, An Amazon.com Company

Germán Carrera Damas

El culto a Bolívar

Esbozo para un estudio de la historia
de las ideas en Venezuela

 EDITORIAL
ALFA

ÍNDICE

Joaquín Gabaldón Márquez, tutor de esta tesis, escribió al margen del Capítulo IV del borrador estas palabras: «Observación. La 'aflicción' no suele ser sólo una verdad psicológica real, sincera en muchos casos; menos, o nada sincera en otros; sino también un recurso literario legítimo, a menos que se negara todo valor a la literatura, a la poesía, a la elocuencia. Pero ¿es que esas formas de la expresión —como fenómenos humanos que son— no tienen función alguna legítima, según ocasiones, público, etc.? ¿Es que sólo existe, con legitimidad, el 'discurso histórico' científico, analítico, sin emoción, sin pathos? *Yo creo que ambas formas de expresión humana conviven legítimamente. En efecto, aquí se peca a menudo tomando todo por 'historiografía', cuando hay otros géneros, también válidos».*
A quien esto escribió, advirtiendo y tolerando, dedico esta obra, como prueba de admiración y amistad.

Germán Carrera Damas

Esta edición, la séptima, reitera el homenaje precedente del autor a la memoria de su muy querido y admirado amigo Luis Castro Leiva.

A MANERA DE PRÓLOGO DE LA SÉPTIMA EDICIÓN

Germán Carrera Damas*

Hay pocos libros de los cuales pueda decirse, sin exagerar, que es modelo en su género. Tal es el caso de *El culto a Bolívar*. Es único en la historia de las ideas en Venezuela, por su metodología, su rigor académico y su agudeza. Desde que lo leí por primera vez me impresionó que el autor ubique el tema en un contexto bien definido histórica y cronológicamente, comenzando en 1842, cuando los restos mortales de Bolívar fueron repatriados en una procesión ceremonial escenificada de manera tan conveniente para presidentes y políticos como para honrar al Libertador. Nació entonces el culto a Bolívar como un proyecto que vinculó la gloria de Bolívar con el destino de Venezuela, simbolizando lo que Venezuela pudo ser pero sin lograrlo, inspirándola y guiándola hacia su debido lugar en el mundo.

El autor revela la dimensión tanto internacional como nacional del tema. Gracias a Bolívar Venezuela se vio elevada en la estimación mundial, sustrayéndose a la tendencia nacional a la autodenigración, para ocupar su lugar en un mundo que reconoció la grandeza de su héroe. Basado en los que el autor denomina *textos-testigos*, representativos documentos históricos, literarios y políticos, el libro trata de las sucesivas fases del culto, desde las primeras y espontáneas creencias populares hasta la de un culto controlado por el Estado, fomentado y custodiado por los nuevos bolivarianos, historiadores, periodistas,

---

* Nota del editor: John Lynch escribió este texto a propósito del lanzamiento de la presente edición.

sacerdotes, políticos y presidentes. Con estas pruebas el autor crea una notable reconstrucción de la historia intelectual de Venezuela.

Con frecuencia los historiadores son apreciados por sus colegas en razón de una idea dominante, de una base filosófica. En este sentido no es fácil catalogar a Germán Carrera, porque sus aptitudes abarcan diversas disciplinas y su interés cubre una amplia área. Pero en *El culto a Bolívar*, y en sus demás obras –sobre Boves, historia de la cuestión agraria, historiografía venezolana, y más recientemente sobre la crisis de la democracia venezolana– podemos apreciar los imperativos categóricos que guían e inspiran su obra. Estos imperativos pueden ser resumidos como la importancia de sólidas pruebas para cada aserción, la cuidadosa definición de los conceptos, el empleo de fuentes documentales y la necesidad de combinar juicio y justicia. Estas cualidades le han hecho merecedor de una distinguida reputación no solo en Venezuela sino también en el más amplio mundo, en las Américas, en Europa, y no menos en Inglaterra, donde su condición eminente fue reconocida mediante su designación para desempeñar la Cátedra Simón Bolívar de Estudios Latinoamericanos en la Universidad de Cambridge; y en Londres, donde fue siempre bienvenido visitante en la comunidad académica.

En cuanto a mí, Germán Carrera me hace evocar recuerdos personales, al igual que en mi vida de historiador. De él recibí incomparables lecciones no solo en historia de Venezuela, sino también en la vida contemporánea de Venezuela y América Latina. El haber participado en su seminario y equipo de investigación en la Escuela de Historia de la Universidad Central de Venezuela me introdujo en un nuevo ámbito de conocimiento y de contacto con las modernas tendencias académicas venezolanas. Respecto del estudio del Libertador y de su mundo, mucho he debido a *El culto a Bolívar* y a la profunda reserva de conocimiento generosamente compartida por su autor.

John Lynch

GERMÁN CARRERA DAMAS[*]

There are few books of which it may be said, without exaggeration, this is a model of its kind. Such a book is *El culto a Bolívar*. In the history of ideas in Venezuela it is unique for its methodology, its scholarship, and its insights. From my first reading of the work I was impressed that the author locates his subject in a precise context with a specific history and chronology, beginning in 1842 when the remains of Bolívar were repatriated in a ceremonial process staged as much to the advantage of presidents and politicians as to the honour of the liberator. It was then that the cult of Bolívar was born, in a project which linked the glory of Bolívar to the destiny of Venezuela, symbolizing what Venezuela could be but had failed to be, inspiring and guiding it to its rightful place in the world.

The author reveals the international as well as the national dimension of the subject. Through Bolívar Venezuelans were raised in world esteem, escaping from the national tendency of self-denigration to take their place in a world that recognized the greatness of their hero. Based on what the author calls *textos-testigos*, representative texts from history, literature, and politics, the book follows the cult in succesive phases, from the first spontaneous expression of popular beliefs to a state-controlled cult developed and guarded by the new Bolivarians, historians, journalists, priests, politicians and presidents. From this evidence the author creates a remarkable reconstruction of Venezuela's intellectual history.

---

[*] Nota del editor: Versión original del texto de John Lynch.

Historians are often analysed by their colleagues for evidence of a dominant idea, a basic philosophy. It is not easy to categorize Germán Carrera in this way, for his talents embrace many disciplines and his interests range over a wide area. But in *El culto a Bolívar*, and in his other works –on Boves, agrarian history, Venezuelan historiography, and more recently on the crisis of Venezuelan democracy– we can see the categorical imperatives which guide and inspire his work. These can be summarized as the importance of hard evidence for every assertion, the careful definition of concepts, the search for documentary sources, and the need to combine judgement with justice. It is these qualities which have gained for him a distinguished reputation not only in Venezuela but also in the wider world, in the Americas, in Europe, and not least in England where his eminence was recognised in his appointment to the Simón Bolívar Chair of Latin-American Studies in the University of Cambridge, and in London where he was always a welcome visitor to the academic community.

For me Germán Carrera evokes personal memories as well as those in the life of a historian. From him I received incomparable lessons not only in Venezuelan history but also in the life of contemporary Venezuela and Latin America. Introduction to his seminar and research team in the School of History at the Universidad Central de Venezuela opened up a new world of knowledge and contact with the modern trends of Venezuelan scholarship. As for the study of the Liberator and his world, I have long been indebted to *El culto de Bolívar* and to the deep reserve of knowledge generously shared by its author.

John Lynch

PRÓLOGO A LA SEXTA EDICIÓN

Creo que este libro se explica por sí mismo. Pero si para hacerlo le hiciera falta algún refuerzo, bastaría con tomar en consideración lo que en relación con el fenómeno sociohistórico en él esbozado ha ocurrido luego de su aparición, y sobre todo en las últimas décadas. No obstante, advierto la necesidad de ofrecerle al lector de esta, su sexta edición, algunos elementos de juicio acerca de las circunstancias que condujeron a su elaboración.

Comenzaré por decirle al lector que, si bien esta obra cumplió con el requisito de ser mi tesis para optar al grado de doctor en Historia, otorgado por la Universidad Central de Venezuela, ella no es resultado de ese compromiso académico, ni lo es de una mera inquietud investigativa; sin que esto sea restarle significación a esos meritorios orígenes.

La realidad es que en la elaboración de *El culto a Bolívar. Esbozo para una historia de las ideas en Venezuela*, confluyeron dos líneas de pensamiento. Una línea, propiamente historiográfica, representó el curso inicial tomado por mi estudio crítico de la historia y de la historiografía venezolanas. La otra línea correspondió a la inquietud que me suscitaba la orientación ideológica que tomaba la Segunda República liberal venezolana, en proceso de instauración a partir de los acontecimientos simbolizados por la fecha 23 de enero de 1958.

La línea de pensamiento propiamente historiográfico recoge una prolongada reflexión cuyo punto de arranque, propiamente dicho, creo poder situarlo en la lectura crítica de la obra de José Gil Fortoul *Historia constitucional de Venezuela*; y el de releerla tomándola como eje de muchas lecturas realizadas durante mi amplio y diverso periplo universitario. En un momento que no puedo precisar percibí dos cuestiones. En primer lugar, que lo visto por mí, a la ligera, como una historia comentada de las primeras constituciones venezolanas, era en realidad una bien tramada reivindicación del poder civil, como constante determinante en la construcción de la República. En segundo lugar, advertí las consecuencias del peso de la figuración seudohistórica de Simón Bolívar –no solo de su vida histórica–, en el conocimiento de la historia de la Venezuela republicana, e incluso de parte de la precedente. Llamó mi atención, en especial, el bolivariano acomodo del final del volumen I de esa obra, al tratar la dictadura comisoria establecida por Simón Bolívar, en el ocaso de la República de Colombia.

Productos de esta reflexión crítica fueron dos breves ensayos. Uno, intitulado «Entre el bronce y la polilla», fue publicado en *La palabra y el hombre*, Revista de la Universidad Veracruzana, N.º 6, fechada en abril-junio de 1958; y recogido en un volumen intitulado como el ensayo, que fue publicado por la Dirección de Cultura de la Universidad Central de Venezuela, en 1958. Llevado por mi osadía estudiantil, cerré el ensayo revelando la angustia formativa que me asaltaba al término de mi primer ciclo académico: «¿Cómo orientarse? ¿Cómo eludir a la vez el estéril vacío del bronce y la aplastante macicez de la polilla? ¿Habrán de resignarse quienes llegan a la historia por la puerta nada franca de la inadecuada preparación escolar, con barloventear entre dos posturas que al cabo bien pueden ser sólo una?» (p. 120).

A este breve ensayo le siguió uno, más centrado en la cuestión que me angustiaba, intitulado «Los ingenuos patricios del 19 de abril y el testimonio de Bolívar», publicado en la *Gaceta de Letras*, Revista de la Escuela de Letras de la Facultad de Humanidades y Educación de la Universidad Central de Venezuela, N.º 3, de fecha 26 de mayo de 1960. Este breve ensayo fue recogido en un volumen intitulado *Crítica histórica, artículos y ensayos*, que fue publicado también por la Dirección de Cultura, en 1960. Un pasaje de este ensayo causó una airada reacción en la prensa de Caracas: «Como parte de la tarea espinosa y nada tranquila de someter a reelaboración crítica nuestra historiografía sobre la emancipación, debemos consignar la intención que nos anima en estas líneas: la de contribuir a liberar la Historia de Venezuela del peso inmenso y glorioso, pero gravoso para la inteligibilidad de nuestro pasado histórico, representado por la figura del Libertador. Liberarnos del Libertador, aunque parezca inconsulta irreverencia, es condición para despejar el sentido de nuestro acontecer histórico con arreglo a criterios más acordes con la concepción científica de la Historia» (pp. 48-49).

La desmesurada reacción de la prensa ante estos planteamientos, que reconozco resultaron ser bien intencionadas provocaciones, me ayudó a percibir con más claridad la conexión con la segunda de las líneas de pensamiento que confluyeron en la obra que ahora prologo. Me dio pie para escribir un breve artículo intitulado «La segunda religión», publicado en el diario *El Nacional*, de Caracas, el 16 de junio de 1960; y recogido también en *Crítica histórica*. En este artículo sostengo: «Varias veces hemos hablado de los recursos de la anticiencia en el campo de la Historia. Nos hemos referido también a la suerte de segunda religión creada y conservada por la historia oficial, expresada preferentemente en el culto a los héroes. Así mismo hemos puesto de relieve el peso de la conciencia histórica de nuestro pueblo en la cultura nacional, y hemos subrayado cómo esa hipertrofiada capacidad de vibrar bajo el estímulo de la evocación histórica le ha hecho buena pasta para manejos de indudable intención antipopular» (p. 56).

Mi preocupación por las temibles consecuencias de la utilización del culto heroico para manipular las aspiraciones políticas de la sociedad; y el haber comprendido que para tal fin había sido instaurado el culto a Bolívar como política de Estado, y no solo de gobierno, mediante su transformación de *un culto del pueblo* en *un culto para el pueblo*, ya era bastante para motivar mi interés en la cuestión. Pero lo fue todavía con mayor sentido de necesidad y de urgencia cuando advertí que quienes trabajaban políticamente por instituir la Segunda República liberal democrática acudían al cajón de retazos del bolivarianismo dictatorial, para eximirse de producir ideas y para legitimar actitudes y recomendar decisiones. Llegó al máximo mi preocupación cuando vi que los diversos adversarios de la Segunda República liberal democrática, confabulados, hacían lo mismo. Para los efectos, unos y otros modelaban un Simón Bolívar apropiado a sus fines, prescindiendo de significados históricamente establecidos; y llevándolo a compartir y legitimar aun las posturas ideológicas más peregrinas y hasta ostensiblemente insensatas.

Persistente, en este orden de ideas, fui coautor de un suelto intitulado «Bolívar el cuartel, Bolívar el liceo», aparecido en la revista *Crítica contemporánea*, (Caracas, mayo-junio de 1960, N.º 1, p.1). En él es condenado un alzamiento militar, ocurrido en San Cristóbal, contra la naciente Segunda República liberal democrática, en los siguientes términos: «Bolívar se llama el cuartel [donde ocurrió el alzamiento], Bolívar se llama el liceo [cuyos alumnos enfrentaron el alzamiento]. Bolívar se llama el batallón que consumó el atentado»; y sentenciamos: «Todo bajo el signo de Bolívar: la lealtad y la traición, el heroísmo y la cobardía, la patria y la antipatria. ¿Es ése el legado moral de la claudicación, cuando no de la connivencia?».

* * *

Mi siempre recordada, admirada y querida amiga y colega, la destacada historiadora Angelina Lemmo Brando, tomó la decisión soberana –como todas las suyas–, de editar esta obra en conmemoración del vigésimo aniversario de la fundación del Instituto de Antropología e Historia, de la Facultad de Humanidades y Educación de la Universidad Central de Venezuela (1949-1969), cuya dirección desempeñó con singular celo, acierto y eficiencia. La edición, finalizada en octubre de 1969, fue recibida con interés, tanto en Venezuela como en el extranjero. Me permitiré recoger algunas expresiones inmediatas, insertas en la contraportada de la segunda edición de la obra. (Caracas, Ediciones de la Biblioteca de la Universidad Central de Venezuela, 1973):

Carlos Ramírez Faría: «una obra que contribuye inmensamente a la historia de las ideas en Venezuela (de hecho es una introducción elocuente al pensamiento político venezolano) y que principalmente debería contribuir a reparar la marejada que sigue siendo el fatuo e interesado endiosamiento de Bolívar» (Revista *Momento*. Caracas, 15 de febrero de 1970, N.º 709).

Ruggiero Romano: «Un libro ejemplar, de cristalina limpidez» (…) «cuya lectura es estimulante tanto para quienes se declaran estudiosos de la 'historia de las ideas', como para los 'americanistas' y para todos aquellos que, mucho más simplemente, creen en la unidad de la historia». (*Revista Storica Italiana*, año LXXXIII, fascículo II).

«Se trata de uno de los ensayos más *sacudidores* que se han publicado en Venezuela». (Revista *Semana*. Caracas, 5 de marzo de 1970, N.º 104).

«Ejemplar como historia de las ideas venezolanas» (…) «uno de los más apasionados y apasionantes intentos de revisar desde el presente, a una figura que tanto sirve para bautizar batallones de cazadores [fuerzas antiguerrilla], como para designar a frentes guerrilleros». (Revista *Semana*. Caracas, 17 de marzo de 1970, N.º 105).

«Sea que se acepte o no su punto de vista» (…) «es refrescantemente original y altamente sugestivo»(...) (David Bushnell, *The Liberator, Simón Bolívar: Man and Image*. Nueva York, Alfred A. Knopf, Publishers, 1970, p. 110).

* * *

Con genuina satisfacción de mi convicción acerca de la finalidad utilitaria de la investigación histórica, en correspondencia con mi no menos firme convicción acerca del deber social del historiador, registro el detenido y agudo juicio crítico que esta obra le mereció a Luis Castro Leiva, en textos redactados en 1983, recogidos en su obra *De la Patria Boba a la teología bolivariana*. (Caracas, Monte Ávila Editores, 1991). En la introducción, el autor de los compilados «siete ensayos

escritos a lo largo de cinco años», anuncia su propósito de contribuir
a la comprensión y explicación de «¿Por qué la vida y milagros de un
solo hombre [Simón Bolívar] han ocupado tanto nuestra atención
ética y política? Pero, sobre todo, ¿cómo se formó ideográficamente
ese río?». De inmediato se responde: «Primero, fue necesario hacer lo
necesario, que G. Carrera Damas intentara explicar el surgimiento del
culto a Simón Bolívar durante la segunda mitad del siglo XIX» (Luis
Castro Leiva, *Obras*. Caracas, Fundación Polar, 2005, p. 177).

En la misma obra, al tratar sobre *El historicismo político bolivariano*, Luis Castro Leiva explica su valoración de esta obra en los
siguientes términos: «Ese *Culto a Bolívar* coloca el pensamiento político venezolano ante la posibilidad de vernos obligados a considerar
críticamente la utilización interesada y distorsionante del pensamiento y obra de Bolívar» (p. 289). Prosigue: «es imprescindible reconocer
que esa obra contribuyó a establecer el precedente de un 'cambio de
actitud' cognoscitiva frente al estado de la creencia para su momento.
Pasado el tiempo de su aparición, que hizo no poco por hacer recha-
zable y hasta exilable el contenido del libro, y cuando la discusión del
problema de la democracia dentro del marxismo cobra mayor significación, *El culto a Bolívar* todavía debe ser leído como el único intento
venezolano de ruptura discursiva con el 'bolivarianismo'. El lector se
ve obligado a reparar en la forma en que los 'textos o ideas' de Bolívar
fueron puestos al servicio de contextos políticos contrarios a los de
la intención de su autor. Esta modificación actitudinal implica que
la participación mística en el texto, a través del entusiasmo patriótico anacrónico y la pura exaltación no son ya del todo posibles de la
misma manera. El 'texto' se revela entonces como argumento-instru-
mento del proceso de legitimación política y, por ello, se desacraliza»
(p. 291). Y concluye Luis Castro Leiva, refiriéndose a las censuras y
condenas que suscitó la publicación de esta obra: «Lo que significa
que el 'error o la herejía' del autor de el *Culto a Bolívar* [*sic*] consistió
en franca irreverencia, o en haber leído otras cosas o de otro modo a
un único Bolívar» (p. 292).

* * *

No oculto que si bien mi intención, al escribir esta obra, fue contribuir a despertar la conciencia histórica crítica, no lo fue menos el advertir a quienes se afanaban en establecer, consolidar y desarrollar la democracia, que debían cuidarse de los efluvios del culto heroico, cuyo eje es, precisamente *El culto a Bolívar.*

Hoy no puedo menos que registrar el desasosiego que me causa el observar que mi estado de alarma activa, de entonces, resultó ser que reflejaba el impacto de los primeros desprendimientos de un alud que ha terminado por arropar la conciencia histórica de un vasto número de venezolanos, que han sido inducidos por ese medio a contribuir a estorbar la larga marcha de la sociedad venezolana hacia la democracia.

G.C.D.
Caracas, enero de 2008

PRÓLOGO

No puede darse una prueba más triste de la propia pequeñez de un hombre que su incredulidad para con los grandes hombres.

Thomas Carlyle, *Tratado de los héroes, de su culto y de lo heroico en la historia*, pp. 16-17

Este libro no tiene propósitos iconoclastas, ni es diatriba ni es denuncia. Si por debilidad de mi espíritu hubiese estado en trance de incurrir en lo primero, habría bastado para contenerme recordar el precepto volteriano según el cual «(...) deben respetarse las tonterías del pueblo cuando no se es lo suficientemente fuerte como para corregirlas»*. Si me hubiesen tentado, a su vez, la diatriba o la denuncia respecto de los sacerdotes del culto bolivariano, siempre me habría quedado corto ante lo dicho por el vigor expresivo de Enrique Bernardo Núñez en su «Cirene», de José Rafael Pocaterra y de Manuel Vicente Romero García, y de otros, no pocos, que sintieron el hastío de la reiteración heroica:

Enrique Bernardo Núñez:

CIRENE

No es aquella Cirene que pidió una Constitución a Platón, el cual no quiso dársela juzgándola demasiado corrompida. Junto a ella otra ciudad existió en siglos remotos, si bien Platón le hubiera dado la misma respuesta, ciudad que

---

* «Dictionaire Philosophique», *Oeuvres complétes de Voltaire*, vol. 18, t. II, p. 273.

desapareció asolada por la sequía y los terremotos. Del mismo origen dórico los nuevos cireneses veneraban su recuerdo y hasta ella hacían remontar el esplendor de sus rosas y de sus razas de caballos. Los cireneses eran felices. Vivían entregados al culto de sí mismos y al de sus héroes que habían dilatado su fama en guerras con los estados vecinos. Hubo, sin embargo, uno entre ellos al cual proclamaron el hombre más grande de la tierra. A divulgar esa gloria dirigieron sus esfuerzos. Diéronse, pues, a ser historiadores y a vivir en el pasado remoto. Esculpieron aquel nombre en columnas, arcos, templos y al pie de una montaña erigieron un panteón, rematado por una torre llena de símbolos. La vida en Cirene giraba en torno de aquella torre bajo la cual –afirmaban– se guardaban las cenizas del héroe en una urna de oro. Sus jardines, sus caminos, sus plazas y montañas florecían de lápidas y estelas conmemorativas. Concluyeron, al fin, por hacer de su héroe un dios a quien rendían el culto más ferviente. Los oscuros tiranos que se sucedieron en Cirene permitían este culto y lo favorecían. Encontraban así un medio seguro de hacerse perdonar sus latrocinios. Para los cireneses era tolerable la pérdida de sus derechos, de sus bienes, de la vida misma, todo, menos ceder un grano de incienso de sus altares. Los extranjeros hallaron en ese culto una mina inagotable. En ocasiones los tributos se consumieron íntegros en pagar odas, tragedias, estatuas y panegíricos del héroe. Oradores, historiadores, cómicos y músicos llegaron con el nombre de embajadores espirituales a sacar el oro de Cirene. Pretendían además los cireneses que los otros pueblos adoptasen el mismo culto y los embajadores no tenían pena en hacerlo cuando se hallaban en Cirene, para ganarse así las simpatías del gobierno y del pueblo. Hubo épocas de hambre en que el pueblo se consolaba leyendo aquella literatura estéril. Pasaban los años. La nación no prosperaba, pero las ciudades estaban satisfechas. La fama del héroe era proclamada en los juegos, en las conferencias y solemnidades de todo el mundo. Vino a ser este estudio de su vida el único afán de los meritorios cireneses y todo el que escribiese acerca de ella, particularmente los extranjeros, era considerado sabio. Surgían polémicas. Aquél aseguraba que el héroe había desaparecido de la tierra en una nube resplandeciente, éste que se había arrojado al cráter de un volcán para dirigirse a las moradas de los inmortales envuelto en una veste fúlgida. Y aquellos en quienes residía la ciencia histórica, la ciencia de Cirene, desempeñaban los más altos cargos. Era el único camino para ascender en Cirene. La acción de los hombres debía retroceder hacia el límite del tiempo en que vivió el héroe cirenés. Fuera de él, todo caía en oscuro silencio.

El horizonte mental de los cireneses fue estrechándose cada día. Y también la vida se hacía más y más difícil. Vivían, sí, el historiador Sosastres, autor de cuatro volúmenes sobre la epopeya cirenense; el venerable Filón, muy entendido en todo lo que pertenecía al gran cirenés; el historiador Diógenes, notable por su barba gris, quien poseía datos para llenar cincuenta volúmenes; el rico y avaro Cleón, que ganaba sumas colosales por recopilar cartas del genio; el pintor Glauco, cuyos lienzos decoraban el templo de los inmortales; el alambicado Péntalo, fundador de la escuela cirenesa, etcétera. El criterio cirenés era inmutable. Corrían los otros pueblos hacia el porvenir, ocurrían en el mundo las mayores transformaciones sin que Cirene se diese por aludida. Cirene contemplaba a su héroe. Escribía libros voluminosos, guardados luego cuidadosamente en las bibliotecas. La misión de Cirene era permanecer inmóvil, vuelta hacia aquel resplandor que divisaba a su espalda como un astro sin ocaso. Y si en el mundo se oía alguna vez la voz de Cirene era para gritar aquel nombre eterno.

Y llegó un día en que Cirene, el jardín y la perla de la tierra, desapareció. Largos siglos pasaron. Cirene parecía muerta con su gran hombre. Pero un ladrillo encontrado por unos labriegos llamó la atención de los arqueólogos hacia aquel sitio. El ladrillo tenía una inscripción. Las primeras excavaciones condujeron al descubrimiento de varios cráneos. Estos cráneos fueron motivo de disputas interminables. Tenían en el frontal o en el occipucio un vago diseño de figura humana y eran reducidísimos comparados con los de otros contemporáneos. A fuerza de sagacidad y paciencia se halló el motivo de tan sorprendente anormalidad. El diseño tenía extraña semejanza con la efigie del héroe cirenés grabada en las monedas y medallas. Como era la única idea posible, la obsesión, fue apareciendo aquel perfil en el cráneo de los desdichados cireneses. (*La Galera de Tiberio*, pp. 193-197. La obra fue escrita en 1931-1932).

José Rafael Pocaterra:

Pero sobremanera, había algo que le transformaba [habla del doctor Ezequiel Vivas]: Bolívar! Su culto hacia el héroe era de esos cultos frecuentes
entre la gente de mediana ilustración, una cosa idolátrica, absurda, mal
documentada, en que las virtudes excelsas resultan desapercibidas [*sic*] y
la verdadera fisonomía del grande hombre pasa envuelta en una abigarrada procesión de juicios y de circunstancias ajenas en absoluto al medio, al
personaje y a su acción(...) Sacan de su base la estatua, la ponen a danzar
en una mesa de procesión de aldea, con coronas barrocas, pronuncian discursos y disparan fuegos artificiales(...) La aguda ironía que inspiró la carta
del Libertador a Olmedo después del 'Canto a Junín' dijérase que presentía
esta desaforada verborrea en que le iban a traer de aquí para allá, con la
espada de Boyacá convertida en matraca y los laureles de Carabobo en cas-
tañuelas por entre el rumor de pezuñas, de este rebaño inmundo, para estar
haciendo grandes frases sonoras, ayer a Guzmán de levita y guantes, hoy a
Castro de liliqui y peinilla. (*Memorias de un venezolano de la decadencia*,
vol. I, p. 103).

Manuel Vicente Romero García:

—¡Ay! ¡Tomasito, esta tierra está perdida! ¡Si el Libertador viviera!
—Ese era otro tal, Totó: fue el fundador de la Escuela del Despotismo en
la América Latina; y el fusilador de Piar, así como Guzmán fue el asesino
de Salazar.
—Alto ahí, mocito: no permito que se hable mal de S. E.
—Y bastante sacará usted con eso: sepa que soy uno de los hombres más
despreocupados que tiene la República. Condeno a los pillos por sus pille-
rías, no por su nombre: quien condena en Guzmán un despotismo, debe de
condenarlo también en Bolivita.
—¡Este mundo está perdido!, exclamaba Totó en el colmo de la ira. ¡El Libertador un pillo!

—Deja a Totó tranquila, le aconsejó Marcelo: estas viejas tienen a Bolívar en las nubes: nadie les hará creer que realmente fue un déspota.

—¿Y tú también lo crees?, preguntóle la vieja.

—¡Que si lo creo!

—Me avergüenzas, Celo: Bolívar fue un santo.

—Por eso, dijo Tomasito, lo tienen en el Panteón con el viejo Guzmán y Colmenares: ¡que si fue santo! Yo....

(Manuel Vicente Romero García, *Marcelo*, p. 214).

* * *

Mi propósito ha sido otro, elemental y científicamente legítimo: comprender una forma ideológica de indudable importancia en la vida histórica de Venezuela. En el camino hacia ese conocimiento ha sido necesario —no inevitable ni lamentable—, enjuiciar críticamente modos y matices de un culto en cuyo ejercicio se ha abusado de la lógica, luego de haberse atropellado el sentido común y exhibido dudosos gustos. En ocasiones a lo inaudito del aspecto reseñado corresponde lo severo del juicio, y quizá hasta la dureza de los términos empleados en su análisis. Más que desbordamiento ha de verse en ello prueba de mesura, ¡tanto es en ocasiones el absurdo que motiva esos términos!

En ningún momento, sin embargo, hemos perdido de vista la pauta de objetividad y de sereno análisis que nos propusimos como base de nuestra labor. No la hemos perdido de vista y sin embargo no será difícil a quien se ocupe de ello advertir y delatar inconsecuencias en el seguimiento de esa pauta. Atribúyaseles, si se quiere, a contradicción o a inadvertencia. Las tenemos, por nuestra parte, como prueba de que el objeto de nuestro estudio conspira contra la ideal imparcialidad —que en mucho puede parecer indiferencia—, imposible de alcanzar al hallarnos en presencia de inauditos procesos ideológicos acerca de cuyas motivaciones y propósitos difícilmente se puede ser benévolo o tolerante y que, por otra parte, penetran tan hondo en la realidad de nuestros tiempos que concitan la reacción no ya del historiador sino del ciudadano.

Dado a estudiar, por oficio, la metodología histórica y la historiografía, tanto en su expresión general teórica como en su versión venezolana, he abandonado –si alguna vez la tuve– la ingenua postura objetiva del historiador como la define la historiografía tradicional, gran maestra, en esto, de un arte no practicado por ella misma. Habrá, pues, en esta obra, un doble contenido: lo que es análisis y lo que es juicio. A ambos es común el espíritu crítico, y sirva de prueba este mismo prólogo.

Réstame añadir que la presente obra no aspira a una gran difusión, ni pretende convertirse en una suerte de guía para campañas ideológicas. La experiencia me ha enseñado que en esto la suerte de las obras es veleidosa: no siempre las que se lo propusieron como objetivo lo consiguieron, y en cambio muchas lo lograron sin proponérselo. No se crea, sin embargo, que confiamos soterradas esperanzas a esta última posibilidad. La construcción misma de esta obra, que vemos abrumada por un copioso aparato crítico, la sustrae a esta última posibilidad y la coloca en su justa dimensión: un estudio escolar de una cuestión histórica sobre la cual habrá de ejercerse en un próximo futuro la labor crítica de mentes mejor armadas y de espíritus más templados que el mío.

No se alarmen tampoco los «patriotas». Y si les ocurre alarmarse, recuerden la sentencia de Simón Rodríguez, tan buena para prevenir excesos: «(...) no hai cosa más patriota que un tonto»*. En todo caso, ellos tienen asegurada la salvación de su alma y yo me complazco por ello. Si no bastare esta prevención, y si algún cruzado del patrioterismo o algún sacerdote del culto se sintiere compelido a salir en defensa de su fe, tiene a su merced el cuerpo de esta obra que –por principio confiada a sus solas fuerzas–, habrá de sobrevivir o perecer sin que yo salga en su defensa. Igualmente, si no bastase la obra y se creyese nece-

---

* «Sociedades Americanas en 1828». *Escritos de Simón Rodríguez*, vol. I, p. 162.

sario apuntar al autor –conforme a práctica inveterada de semejantes cruzados y sacerdotes–, pongo a su disposición el pequeño arsenal que incluyo de seguidas, amén del que se halla disperso en los epígrafes y en el cuerpo mismo de la obra:

> (...) muchos, con el pretexto del amor y el respeto a la verdad, se empeñan en presentaros [a los jóvenes] las vidas de los grandes hombres por el solo cariz en que ellos, los hipócritas, pueden asemejárseles: por el de las pequeñeces, las debilidades y las miserias. Adivinan jueces en vosotros y quieren confundiros. Aspiran a excusar su falta de ideas nobles, su apetitos, su vida negativa, con los momentos en que el grande hombre decae, con los contados términos negativos que empequeñecen la suma total del polinomio, con las horas menguadas en que el hombre mediocre, sobre el cual va montado el grande hombre, lo sacude para derribarlo. No os dejéis engañar. El hombre ilustre es porque la suma de los términos en más abruma y hace despreciable la suma de los términos en menos. (Santiago Key-Ayala, Vida ejemplar de Simón Bolívar, *Obras Selectas*, p. 20).

> Cuando esos pseudo-críticos llegan a sospechar que también el héroe tiene condiciones humanas, les parece que han realizado un portentoso descubrimiento y de allí en adelante se creen autorizados, por una prueba tan extraordinaria de penetración, a juzgar libres de todo miramiento, y a señalar con candorosa seguridad aciertos y errores y lo que debió hacerse y lo que hubiera podido ser(...) toda una re-creación eglógica de la historia. (Augusto Mijares, El fracaso del Libertador como político. *Hombres e ideas en América*, pp. 177-178).

> La transformación mítica que del héroe realiza el pueblo exaspera a los que no son capaces de intuir las aspiraciones ocultas que así se transforman en idolatría histórica y la fuerza social que representa, en medio de los naturales infortunios que tiene la historia de todo pueblo, ese repliegue de la conciencia colectiva en busca de una visión reconfortante y pura. (*Ibidem*, p. 177).

(...) Para la sátira más cruel se necesita nobleza y propiedad como para el elogio más subido(...) (Simón Bolívar, Carta al Señor General Tomás de Heres, Copacabana, 14 de agosto de 1825. *Obras Completas*, vol. II, p. 197).

Dicho esto, juzgue el lector...

* * *

He definido esta obra como un esbozo para un estudio de la historia de las ideas en Venezuela y creo que no es otro su alcance. No nos propusimos hacer una indagación exhaustiva de la cuestión. Quizá tuvo mucho que ver en esta decisión el hecho de que un recorrido suficiente por la bibliografía nos condujo muy pronto a advertir una tediosa reiteración, en la que cuando más se percibía algún matiz de escasa significación. Y ha sido así pese a que deliberadamente nos abstuvimos de citar en detalle, de la bibliografía consultada, aquella que es obviamente reiterativa, obra de Vicente Lecuna, Augusto Mijares, Eleazar López Contreras y otros que, como ellos, representan la ortodoxia del bolivarianismo heroico y reiterativo.

INTRODUCCIÓN

Imposible dar un paso por la vida venezolana sin tropezar con la presencia de Bolívar. ¿Cómo se ha producido tal hecho? He allí el tema de este estudio. Nacido de una interrogante dictada por la observación directa e indirecta de nuestra historia, se expresa en términos de un ensayo crítico sobre el culto a Bolívar, considerado parte importante del fondo ideológico de la sociedad venezolana.

Vale la pena subrayar, de inmediato y con precisión, el alcance de este tema: por culto a Bolívar entendemos la compleja formación histórico-ideológica que ha permitido proyectar los valores derivados de la figura del Héroe sobre todos los aspectos de la vida de un pueblo. No es nuestro propósito indagar acerca de la consistencia de los méritos que recomiendan al Héroe para ser objeto de culto. Circunscribimos nuestra atención a las condiciones en que se gestó el culto, a sus manifestaciones y al sentido que se le ha dado, históricamente.

La elección del tema queda legitimada por la existencia real del culto, reconocida y proclamada por sus promotores, y por la persistencia y la extensión del mismo, según se desprende de nuestra indagación. Cabría considerarlo, pues, un hecho histórico cuya objetividad se impone al investigador que intente comprender y explicar la evolución ideológica de Venezuela.

Pero todo lo tocante a Bolívar es, en Venezuela, trascendental y denota amplitud. No es poco lo que esto significa desde el punto de vista de las que llamaríamos particularidades del tema.

Es trascendental cuanto se refiere a Bolívar, por ejemplo, hasta en la dificultad que presenta el limitar la significación de un estudio histórico sobre la materia a lo que representaría una labor semejante que tuviera por tema algún otro aspecto de nuestra historia, de menor influjo sobre la conciencia nacional. Esta dificultad llega a convertirse, en algunas mentes, en franca substracción del tema al estudio histórico, cuando por este se entiende algo diferente de la oración laudatoria o de la exaltación patriótica.

Creemos, por nuestra parte, que ningún tema puede ser vedado a la indagación histórica científica, sin incurrir en una caracterizada amputación hecha a las posibilidades del conocimiento, a la ciencia misma. Esta afirmación de principio, no obstante su visible legitimidad y su incesante reivindicación, choca con los intereses de la fe, aunque con más propiedad podría decirse que contraría los propósitos de los cultores y los guardianes de la fe. No en balde es verdad vieja, de popular expresión, que más alerta a ese tipo de conciencia lo que juzgue un atentado contra su manera de vivir la fe que lo que pueda afectar al objeto de la misma.

Creemos, por consiguiente, que el estudio histórico crítico del culto a Bolívar como forma ideológica no conlleva, necesariamente, disminución de los méritos históricos reales del Libertador. Debe conducir, eso sí, a una comprensión y a una explicación de su culto como hecho histórico.

Pero hemos dicho que cuanto toca a Bolívar, desde el punto de vista del estudio histórico, denota amplitud. Bien sea que se considere su acción histórica, bien sea que se considere su testimonio histórico, esta característica sobresale de por sí y se acentúa todavía en función del estudio intensivo a que han sido sometidos de manera incesante esa acción y ese testimonio. Mas este estudio no significa, y no podía ser de otro modo, salvo pretensión de detener el proceso del conocimiento, que pueda afirmarse hoy la existencia de un conocimiento definitivo de Bolívar. Nos acogemos, a este respecto, a la constatación hecha por el bibliófilo y crítico venezolano Enrique Planchart, aunque disentamos del sentido final de la misma:

La historia del Libertador está suficientemente escrita, y, sin embargo, falta una historia del Libertador. Hay datos sobre cualquiera de las modalidades de su temperamento, de los rasgos de su carácter y de los momentos de su vida. Cuando faltan tales datos, ya es muy poco probable que se encuentren: historiadores acuciosos y sagaces han registrado hasta la saciedad dondequiera que en los archivos han sospechado la existencia de algún documento referente al Libertador; pero aún no se ha escrito la obra donde se plasme de un modo satisfactorio la figura de Bolívar.[1]

Para los fines de este ensayo crítico esa amplitud del conocimiento de todo lo relacionado con Bolívar significa la formación de un vastísimo campo poblado de testimonios de todo género, que vuelven en alto grado laborioso, más que difícil, el intento de descubrir en él líneas generales características que permitan comprender su trabazón ideológica.

* * *

Hemos calificado el presente estudio como un esbozo de ensayo crítico de historia de las ideas en Venezuela. Nada más natural que en la concepción y en el desarrollo de un trabajo de esa naturaleza se plantearan cuestiones de método. La historia de las ideas es, en general, una disciplina relativamente nueva, y lo es más en nuestro país. La sola definición de su campo de trabajo levanta controversias que se hallan todavía en su fase agitada. Se ha negado, incluso, la legitimidad de esta disciplina, por considerarse que no otra cosa que historia de las ideas es la historia hecha hasta el presente, y que ella sería excesivamente amplia, tanto que acabaría por perder sus propios contornos –si llegara a tenerlos– y se convertiría en una especie de *summa* de difícil cohesión.

Pero en esta introducción no cabría discutir acerca de las posibilidades mismas de la historia de las ideas. Ello requeriría más desarrollo y mejores instrumentos que los manejados por nosotros. Limitemos nuestra preocupación al examen de algunas cuestiones de índole metodológica que hubimos de enfrentar en la realización de este ensayo y a las soluciones que creímos oportunas.

La dificultad metodológica básica que se plantea en este tipo de estudio consiste en determinar si habrá de versar exclusivamente sobre *el mundo de las ideas* o si habrá de tomar en consideración su contexto histórico y en qué medida. La concepción de una historia de las solas ideas nos diría muy poco acerca de la trascendencia práctica, concreta, de las mismas, y nada autoriza a pensar que este *paso de las ideas puras por la realidad* sea parte insignificante o desdeñable de su historia. No obstante, no puede decirse que solo interesan a la historia de las ideas aquellas que han tenido alguna expresión en la realidad. Un capítulo, nada corto ni pobre, por cierto, corresponde en esa historia a los sistemas ideológicos que jamás pasaron de la formulación –incluso esta, a veces ignorada en su época. Interesan esas ideologías –más que puras, frustradas– para apreciar los caminos desviados del pensamiento, que pueden ser, como los fracasos históricos, anticipaciones del porvenir que tarde o temprano descubren su elocuencia.

En cambio, si ha de tomarse en cuenta el contexto histórico de las ideas estudiadas los problemas metodológicos no son menores ni menos interesantes, y se resumen en el qué debe entenderse por tal y en el cómo ha de tomársele en cuenta.

Un primer acercamiento a la dificultad sugeriría relacionar los órdenes de ideas con el que puede considerarse su sector de expresión real. Así, las ideas económicas se referirán al sector de la vida económica. No entendamos esta relación como absoluta sino como preferente. Aun así, dos peligros acechan: primero, el riesgo de ignorar, maltratar o subestimar interrelaciones en los dos planos del estudio, y, segundo, el de caer en un mecanicismo burdo al establecer una causalidad absoluta entre esos dos planos.

Si desechamos esta concepción del contexto histórico que llamaríamos *parcelaria*, podríamos situarnos en el polo opuesto: nos referiríamos entonces al *contexto histórico general*. Tal es, por cierto, la solución que adoptamos en este estudio, aunque no subestimamos los problemas que suscita ni creemos haberles aportado otra cosa que asomos de soluciones. Esos problemas son, básicamente, la definición del *contexto histórico general* y *la diferencia de tiempo* apreciable entre estructuras y superestructuras, en los dos sentidos: cada una puede estar en retardo con respecto a la otra. Pero, veámoslo un poco más detenidamente:

La definición del *contexto histórico general* no es otra cosa que el planteamiento de la posibilidad de captar la unidad del *momento-hecho histórico*, unidad entendida en sentido de movimiento y de totalidad. Si rehuimos el parcelamiento de ese momento-hecho es por muy fundadas razones: este último reúne el aporte de cada una de esas parcelas y algo más, que es diferente de esos aportes parcelarios, que emana de ellos pero que no responde sustancialmente a los mismos, sino que más bien se relaciona con su integración en la totalidad del *momento-hecho histórico*, es decir, con su unidad. Además, esa unidad forma parte del tiempo histórico, y por lo tanto se halla entre un pasado y un futuro históricos que se definen con respecto a ella, y no es poco lo que esto pesa en el análisis como factor condicionante de esa unidad, factor difícilmente mensurable.

El problema de captar la naturaleza compleja del *momento-hecho histórico* constituye el nudo metodológico de la historiografía. Esta adelanta la depuración y el afinamiento de sus métodos, es decir, sus posibilidades como conocimiento, en razón de su aproximación a ese objetivo. Se trata, por otra parte, de un objetivo en límites que literalmente han estallado, pues una vez abandonada la concepción de lo histórico como el recuento de los hechos notables de gobierno, de religión y de guerra, lo histórico ha abrazado hasta los más apartados rincones de la vida del hombre, tendiendo a su captación integral y dinámica. Este estallido de los límites del objeto de la historia ha revelado la debilidad de los grandes mosaicos historiográficos cuyo apogeo se sitúa entre fines del siglo XIX y comienzos del presente. Los grandes tratados que se proponían alcanzar una visión integral de la historia de la humanidad han exhibido su incapacidad para abarcar todos los sectores o parcelas de lo histórico, y, en todo caso, la imposibilidad cierta de multiplicar al máximo esas parcelas sin afectar decisivamente la unidad de lo histórico en el sentido que le hemos dado. Incluso en quienes emprendían la realización de estos grandes mosaicos había conciencia de este hecho, pues solían tomar dos tipos de precauciones consistentes en hacer preceder el todo de una introducción que *diese unidad al conjunto*, y en someter las parcelas al criterio histórico del director de la empresa, para alcanzar el mismo objetivo. Pese a estas precauciones el resultado no dejaba de ser un mosaico, y la unidad lograda quedaba concentrada en la introducción general.

La existencia de esta introducción general constituye, por cierto, el señalamiento de una vía para la búsqueda de una nueva solución, al sugerir que si era inútil tratar de captar la unidad del hecho histórico mediante la suma de sus aspectos, por muy completa que esta fuese, sí parecía, en cambio, posible lograrlo mediante la síntesis de los mismos. Así, el *contexto histórico general* podría entenderse como la síntesis del cuadro histórico. Pero, surge de inmediato el problema de cómo realizar esta síntesis.

Es aquí donde, a nuestro juicio, interviene la historia de las ideas cumpliendo funciones específicas que legitiman la existencia de la disciplina: ella haría las veces de instrumento metodológico para la definición de su propia naturaleza. Veamos: si la captación de la unidad del *momento-hecho histórico* se revela difícil y laboriosa por la vastedad de sus límites, existe un orden histórico en que aquel se refleja ya de una manera sintética, y es el orden de las ideas históricas, entendidas no como mero producto de la realidad histórica, ni como principios activos de la misma, sino como su *expresión*, como pantalla en que se proyecta esa realidad, como reflejo sintético de su pluralidad *parcelaria*. En este sentido la historia de las ideas se construiría utilizando como material la *representación* ideológica del cuadro histórico que han realizado los hombres.

No debemos perder de vista, sin embargo, la posibilidad de que este camino nos conduzca hacia un resultado convencional y fantasmagórico, constituido por el ensamblaje de esas representaciones ideológicas. Y no vemos otra manera de prevenirlo que la de mantener una constante referencia al acontecer histórico, cuyo conocimiento extenso y profundo condiciona todo manejo de las representaciones ideológicas del mismo. Esta referencia constante debe entenderse, por cierto, de manera muy amplia, como la anotamos en alguna parte del texto, considerando siempre la posibilidad de que las representaciones erróneas e incluso arbitrarias constituyan agentes históricos tan eficaces —al menos en momentos y circunstancias específicas— como las más fundadas.

Al decir esto último estamos delatando nuestra inclinación a considerar esas representaciones ideológicas como expresión de la realidad histórica a la vez que como agentes activos de esa realidad, en la medida en que los hombres tratan de orientar sus actos en función de una ideología definida por ellos mismos. En tal caso la ideología adquiere de hecho la condición de factor histórico concreto, y el empeño de los hombres en *realizarla*, traducido en términos de exégesis, de cultivo y de acción, bien puede llevar a que esa ideología acabe por convertirse en un ente que se alimenta de sí mismo, lo que introduce una modificación en su propia naturaleza y la distancia progresivamente de su base histórica inicial, *sin que necesariamente* adquiera una nueva base, respondiendo esta última a la circunstancia histórica vivida por los exegetas y cultivadores. Decimos que no la adquiere necesariamente porque la actitud de esos exegetas y cultivadores puede ser diversa, es decir, puede responder a un deseo de actualizar la ideología *adaptándola* a una nueva realidad, como puede responder a una postura semirreligiosa que solo tienda a preservar la pureza de esa ideología precisamente *arrancándola* de la nueva realidad o impidiendo que esta la afecte.

Esta última postura corresponde, plenamente, a la del culto entendido en su forma más pura. Toda *adaptación* significaría, por lo tanto, una derivación del mismo, y poco esfuerzo se requeriría para advertir en esto último una negación básica de las posibilidades de supervivencia inmutable de la forma pura.

La existencia de estas dos formas, de estas dos posturas ante el culto heroico, testimonia del impacto del cambio histórico en la ideología, e introduce de inmediato al problema de la correspondencia entre el contexto histórico y las representaciones ideológicas, y de las *diferencias de tiempo* que pueden apreciarse en esa correspondencia. Quiere decir esto que en un momento histórico determinado las representaciones ideológicas pueden corresponder, en su evocación, a tiempos históricos diferentes y conservar, no obstante, la condición de factores históricos reales, actuantes, independientemente de su sentido y de sus resultados. Quizá sea necesario aquí un ejemplo: la simultaneidad de formas diversas en el culto a Bolívar se traduce en posturas correspondientes en quienes las cultivan, que actúan en nuestra vida ideológica y se hacen tendencias que, tratándose de ideologías, son ya históricamente *resultados*.

Apreciar estos matices y sus proyecciones es tarea difícil a la cual no puede sustraerse el historiador de las ideas.

* * *

En la realización de esta tarea aguardan al historiador dificultades suplementarias, algunas de las cuales tocaremos someramente. El historiador de las ideas ha de trabajar con testimonios, pero de una naturaleza particular. No se trata de los testimonios empleados corrientemente por el historiador ocupado en establecer hechos históricos determinados, para los cuales existe siempre un punto de referencia concreto e inmediato. El historiador de las ideas ha de trabajar, en cambio, con testimonios que constituyen, ellos mismos, una representación de la realidad, y su objeto no será ya el establecer los hechos del acontecer histórico. Su objeto es otro: estudiar el proceso de formación de esas representaciones, establecer su estructura y apreciar su función como factores históricos.

Pero este tipo especial de testimonio, por la forma en que se produce, suscita dificultades considerables derivadas de la capacidad de los testigos de conferir un mayor o menor grado de objetividad a su testimonio. Es decir, cuando un testigo da fe de una ideología presente en un momento determinado en la sociedad, puede hacerlo bien sea dando fe de la presencia de esa ideología, de manera fiel y tan objetiva como puede dar testimonio de un hecho simple o episódico, o puede, en cambio, añadir a su testimonio su propia aportación o elaboración ideológica, introduciendo con ello un legítimo factor de perturbación de la correspondencia del testimonio con la realidad histórica, legítima porque esa perturbación –desarrollo, adaptación, ampliación, etc.– es igualmente objeto de conocimiento en la medida en que el testigo es también, él mismo, un propulsor de la ideología estudiada, y, en último grado, un *creador*.

En otras palabras, el historiador de las ideas tiene que manejar testimonios que se originan en dos planos de la actividad intelectual: el de los *creadores* y el de los *divulgadores* o *receptores*. Todo ello sin olvidar, ni por un momento, la interacción normal entre ambos planos.

¿Cómo tratar críticamente estos dos tipos de testimonios, en un estudio como el presente? Si consideramos que el culto a Bolívar no es solo una edificación ideológica o semirreligiosa, sino también un factor concreto de nuestra historia, es claro que no nos interesan solamente el origen, la estructuración y el perfeccionamiento de ese edificio ideológico. Nos interesa, y mucho, su proyección sobre el acontecer histórico. En este orden del estudio puede surgir una distancia considerable, y hasta creciente, entre la forma ideológica perfeccionada y la forma ideológica actuante, y la primera puede convertirse en un simple ideologismo de escaso interés.

Mas esa distancia debe ser también tema de una consideración especial, si atendemos a su permanencia. Es decir, esa distancia, real y evidente en un momento dado, puede disminuir y hasta desaparecer más tarde. Este fenómeno se comprende mejor si tomamos en cuenta la relación que existe normalmente entre los *aportes creadores*, en el terreno de las ideologías, y las *expresiones menos elevadas* de esas ideologías. Puede afirmarse que normalmente existe una distancia entre ambos planos, pero esa distancia traduce el tiempo históricamente necesario para que el *aporte creador* descienda mediante la divulgación y se integre en las expresiones corrientes de la ideología. Desaparecería así la distancia, para resurgir en cuanto se produzca un nuevo *aporte creador*[2].

Ahora bien, ¿cuál de esas dos expresiones debe considerarse, en un momento dado, representativa del estado general de la ideología? Parece claro que, si atendemos a la ideología en sí, el primer plano lo ocuparían las aportaciones creadoras; y que si apreciamos, en cambio, las proyecciones históricas concretas de esa ideología, la atención deberá concentrarse preferentemente –cuando menos– en las expresiones menos elevadas pero actuantes en el momento.

De allí que, volviendo a la cuestión de la apreciación de los testimonios, se obtendrán resultados diversos según se dé atención sobre todo a las aportaciones creadoras o a las expresiones corrientes, vulgares, de las ideologías. En nuestro caso, concretamente, será diferente el resultado si estudiamos el culto a Bolívar en sus manifestaciones más elevadas, obtenidas mediante el estudio de los testimonios emanados de los escritores e historiadores de rango sobresaliente, que si centramos esa atención en los de autores de rango inferior e incluso en los vulgarizadores.

Pretendemos legitimar con estas consideraciones la inclusión en el presente ensayo de testimonios disímiles por su origen y por la calidad de los testigos, e incluso por la atención preferente que hemos dado por momentos a los testimonios de políticos e ideólogos de menor cuantía.

* * *

Asomadas de esta manera las dificultades derivadas de los testimonios atendiendo a su calidad, veamos ahora, brevemente, algunas que se originan en razón de la cantidad de los mismos. En el fondo, se trata de establecer si el valor probatorio de un testimonio guarda alguna relación con el número de veces que se le haya expresado. Habrá

que considerar, en este sentido, cuando menos dos posiciones meto-
dológicas: una atiende a la que podríamos llamar *valoración estadística*
de los testimonios; la otra responde a un criterio que designaríamos
como de *testimonios representativos* o *testimonios típicos*.

El primero de esos criterios ha sido objeto de una formulación
precisa, que aparece históricamente como una reacción ante la sobres-
timación de los testimonios típicos. El historiador francés Pierre Vilar
lo expone así:

> El historiador, al igual que el juez, recusa el testimonio aislado. Para él, sólo
> la frecuencia en la repetición confiere al documento subjetivo su grado de
> significación objetiva. La historia espiritual de una sociedad no puede ba-
> sarse sino en el *texto en serie*. No quiere decir esto que la obra *fuera de serie*
> (y menos aún la obra maestra) esté fuera de la historia. Pero el florecimiento
> en el espacio social de un *tema* intelectual, el éxito que le depara *un* público,
> las facilidades de difusión que se le ofrecen, miden la fuerza colectiva de una
> inquietud, de un interés, de una voluntad. Todo agrupamiento cronoló-
> gico cuidadoso de *textos-seriados*, todo descubrimiento de afinidades en el
> caos de las publicaciones, forma parte, pues, de los buenos instrumentos de
> la investigación histórica. Existe un análisis coyuntural de las producciones
> del espíritu[3].

El criterio de los *testimonios representativos* o *típicos* aparecería,
por su parte, expresado como una construcción fundada sobre salientes,
con todo lo que ello comporta como peligro de perder de vista la realidad histórica. Un estudio del culto a Bolívar ceñido a este criterio podría resultar en la construcción de una representación constantemente
perfeccionada del mismo, situada en un alto plano de la actividad intelectual, que seguramente nos diría muy poco acerca de la trascendencia
histórica concreta de ese culto.

Mas cabe observar que, en último análisis, ambos criterios no están tan separados entre sí como podría parecer. De hecho, la selección
de un *testimonio típico* presupone una operación que consiste en apre-

ciar esa tipicidad, y esto último solo puede hacerse midiendo la frecuencia de los testimonios que se hallan representados por él: de otra manera esa tipicidad no existiría realmente, sería arbitraria. Además, cuando menos en el terreno de la exposición de los resultados de la indagación, el *testimonio típico* cumple una función de apoyo de la generalización estadística realizada por el investigador, ya que, por las particularidades mismas del discurso histórico, no bastaría con la formulación pura y simple de esa generalización, sino que es necesario apoyarla en testimonios concretos. Por otra parte, la transcripción siquiera medianamente amplia de la estimación estadística haría del discurso histórico una pura estadística (cuadros, curvas, etc.), o una disertación sobrecargada de referencias que constituiría una nueva modalidad del discurso, acerca de cuya efectividad cabría formular muchas consideraciones.

De allí que, por nuestra parte, si bien creemos que el señalamiento metodológico hecho por Pierre Vilar acerca de los *textos seriados* como elementos para la generalización acerca de los fenómenos espirituales de una sociedad, tiene plena aplicación al estudiar el culto a Bolívar, debemos observar que ese criterio ha de admitir ciertos ajustes. Es tan abundante la documentación en esta materia, se advierte tal constancia en sus líneas generales, y es tan evidente su realidad para el historiador actuando como testigo, que es inevitable acudir al empleo de los *textos-testigos* o *textos-representativos*, los cuales corresponden básicamente a la noción de *textos-representativos*, los cuales corresponden básicamente a la noción de *textos-seriados*, pero como exponentes de los mismos. Esto es aún más necesario cuando, como en el presente caso, lo impone la reducida extensión de la obra[4].

* * *

Hemos empleado, pues, *textos-testigos* en la composición del presente ensayo. Renunciamos a la acumulación exhaustiva de testimonios —labor sobre todo paciente— al observar que la repetición de un limitado grupo de ideas es su característica sobresaliente. Mas la selección de esos *textos-testigos* fue hecha siguiendo un proceso de examen de testimonios muy variados y numerosos. Ello explica algunas ausencias, como también el que, de manera general, los textos utilizados puedan repartirse en dos grupos:

En primer lugar, los textos que se refieren al origen y a los momentos iniciales del culto a Bolívar. Los hay de tres clases, representativos de las vertientes más sobresalientes del culto para entonces: la oficial, representada por Fermín Toro; la conservadora y literaria, representada por Juan Vicente González, y la liberal radical, por Antonio Leocadio Guzmán. Se complementan con textos oficiales y estimaciones del estado general del país.

En segundo lugar, los textos representativos que marcan la expresión del culto en sus diversos aspectos. Ellos fueron seleccionados tomando en consideración su carácter de culminación de un pensamiento generalizado, o de su más clara y directa formulación.

Estos recursos han sido empleados con el fin de construir un ensayo crítico documental, es decir, que se les ha incorporado substancialmente al texto, en funciones de ejemplificación y de apoyo de las líneas de análisis deducidas de estos testimonios. Hemos evitado la repetición de los mismos salvo cuando hemos creído de interés poner énfasis en lo generalizado de un pensamiento. Con más frecuencia se les ha empleado para marcar una línea evolutiva, bien sea señalando sus extremos o diversos momentos de su desarrollo, bien sea mostrando la perdurabilidad de algunas ideas, confrontando su expresión más reciente con la más antigua que hemos hallado.

El resultado ha sido un ensayo compuesto por cinco capítulos, acerca de los cuales cabe hacer algunas observaciones que atienden a su función dentro del conjunto y a su fundamento metodológico particular.

El capítulo I, *La figura histórica de Bolívar, significados atribuidos y reales*, constituye un planteamiento básico general del estudio. En él, con apoyo de *testimonios típicos*, se constata la existencia de un significado histórico propio de Bolívar, y de otro que es un producto historiográfico estrechamente relacionado con las finalidades del culto de que es objeto. Se esbozan las condiciones globales de la aparición de ese culto y sus proyecciones primarias.

El capítulo II, *En búsqueda de la figura histórica de Bolívar*, tiene como finalidad respaldar la afirmación de que la comprobación de la existencia de significados atribuidos y reales en la figura histórica de Bolívar legitima la actual actitud de búsqueda de su «exacta figura histórica». Para ello se examinan cuestiones de metodología y se da, como muestra de la necesidad y de la importancia de esa búsqueda, el que denominamos *largo aprendizaje de un político realista*. Por último, se apunta cómo la conformación de *El Padre de la Patria* condensa la actitud de la historiografía tradicional en cuanto a la figura histórica de Bolívar, vista en función de su culto. Este capítulo fue construido siguiendo el método de los *testimonios típicos*.

El capítulo III, *Las condiciones ideológicas primarias de un culto*, tiene por objeto proporcionar el cuadro histórico general en que se formó y desarrolló el culto. Se refiere sobre todo a sus momentos iniciales, aunque a veces se proyecta hacia el presente con la intención de marcar la supervivencia de esas condiciones y su sentido en relación con la que parece ser una constante del pensamiento venezolano. Fue elaborado aplicando el método de los *testimonios seriados*, con *testimonios típicos* como apoyos de la exposición, pero dándole considerable amplitud a los primeros. Debemos observar, también, que se intenta construir el cuadro histórico general utilizando las representaciones ideológicas del mismo, con escasas referencias al acontecer histórico propiamente dicho. En la exposición de este capítulo pueden apreciarse las dificultades que hemos apuntado, creadas al discurso histórico por el uso de *testimonios seriados*.

El capítulo IV, *El extremo de una aflicción, el comienzo de una esperanza*, es una presentación de la doble función desempeñada por el culto a Bolívar dentro del cuadro histórico general esbozado en el capítulo precedente. Así se le ve como Juez censor, consuelo y refugio, que rige la búsqueda de soluciones a los problemas generales de la sociedad, y cual símbolo de la perfección heroica propuesta como meta a un pueblo afanado en resolver esos problemas. En este capítulo los *testimonios típicos* han sido utilizados sobre todo para marcar la continuidad de las líneas generales del fenómeno.

El capítulo V, *La huella tenaz de un fundador*, trata de lleno de la estructuración presente del culto a Bolívar, como resultado de un proceso histórico; estudia sus formas y propone la consideración de dos cuestiones principales: la transformación de un culto del pueblo en un culto para el pueblo, y la vigencia del Héroe como plano más elevado de ese culto. Se hacen algunas consideraciones críticas al respecto. La riqueza documental impuso el empleo de *testimonios típicos*, aunque multiplicados con el objeto de subrayar la extensión y la intensidad de las formas del culto.

En suma, hemos recorrido el siguiente curso: partiendo de la constatación historiográfica de la confluencia de significados reales y atribuidos en la figura histórica de Bolívar, observamos cómo estos últimos obedecen a las necesidades del culto a Bolívar, lo que legitima la búsqueda orientada a esclarecer su figura histórica, que aparece envuelta en las manifestaciones de un culto nacido y estructurado en condiciones históricas determinadas, que ha cumplido funciones históricas específicas en la vida de los venezolanos, y que se presenta hoy como un culto organizado de gran proyección en la conciencia nacional.

* * *

No queremos terminar sin referirnos al carácter de experiencia formativa que ha tenido el presente ensayo. Su tema ha revelado, a la indagación, una riqueza superior a la esperada, hasta el punto que sería necesaria una muy alerta posición crítica para mantenerlo dentro de límites prudentes. La multitud de testimonios da prueba, en primer lugar, de la persistencia y la extensión de un culto que se ramifica extraordinariamente, que asume las formas más variadas y hasta aparentemente paradójicas. Su realización constituye casi un laboratorio para la experimentación de técnicas y métodos. Son tantos los aspectos para medir y estimar, y tan variados los matices de los mismos, que no puede dejarse de sentir la preocupación de dañarlos al tratarlos con técnicas y métodos poco adecuados y de obtener, por consiguiente, resultados bien inferiores a los apetecidos.

NOTAS A LA INTRODUCCIÓN

1   Enrique Planchart, «El Bolívar de Don Salvador de Madariaga», *Prosa y verso*, p. 47.

2   Como consecuencia del presente estudio y de los dedicados a historia de la historiografía venezolana, me ha sido posible plantearme algunos problemas relativos a la dinámica ideológica de la sociedad venezolana. El análisis histórico de esa dinámica lleva a pensar que las ideologías realmente actuantes, en sentido histórico, son aquellas que se integran en la que denomino «zona intermedia», en la cual confluyen dialécticamente los productos ideológicos más elaborados teóricamente y las ideas que componen el fondo ideológico del pueblo, es decir, el conjunto de valores socializados que, sedimentariamente acumulados, rigen y alimentan la conciencia popular. En otros estudios se trata de este fenómeno específicamente. Por ahora basta señalar la relación existente entre los criterios seguidos para seleccionar los testimonios que hemos utilizado y el fenómeno de la «zona intermedia».

3   *«L'historien, comme le juge, récuse la témoignage isolé. Seule, à ses yeux, la fréquence dans la répétition confere au document subjectif son degré de signification objective. L'histoire spirituelle d'une société ne peut se fonder que sur le texte en serie. Non que l'oeuvre hors série (et moins encore le chef-d'oeuvre) soit hors de l'histoire. Mails l'épanouissement dans l'espace social d'un thème intellectuel, le succès que lui réserve un public, les facilités de diffusion qui lui sont offertes, mesurent la force collective d'une inquiétude, d'un intérêt, d'une volonté. Tout groupement chronologique attentif de textes-series, tout dépistage d'affinités dans le chaos des publications, fait donc partie des bons instruments de*

la recherche historique. Il existe une analyse conjoncturelle des productions de l'esprit». Pierre vilar, *«Marxisme et histoire dans le développement des sciences humaines. Pour un débat méthodologique».* Studi Storici. Roma, Instituto Gramsci, octubre-diciembre de 1960, año I, N.° 5, p. 1008.

4   La investigación continuada a partir del fondo bibliográfico específicamente citado, casi triplica ese fondo. El resultado ha sido una acumulación impresionante de testimonios reiterativos, que apenas difieren en leves matices. Esta situación es por demás obvia en obras que deliberadamente hemos dejado casi fuera de esta bibliografía; nos referimos a *Venezuela Heroica* y *Las noches del Panteón,* de Eduardo Blanco; a la *Vida de Bolívar,* de Felipe Larrazábal; a la *Vida ejemplar de Simón Bolívar,* de Santiago Key-Ayala, etc., las cuales condensan, enriquecen y hasta codifican los testimonios invocados en el presente ensayo.

CAPÍTULO I
LA FIGURA HISTÓRICA DE BOLÍVAR,
SIGNIFICADOS ATRIBUIDOS Y REALES

En vano infiel historiador querrá algún día desfigurar hechos que no
comprende, alterar verdades cuya severa grandeza no conoce (...)

Fermín Toro, *Descripción de los honores fúnebres consagrados*
a los restos del Libertador Simón Bolívar

Sucede con la figura histórica de Bolívar igual que con la de todos
los grandes soldados, santos y estadistas: yace bajo un impresionante
túmulo de lucubraciones, ficciones e incluso consejas, poco menos
que imposible de remover. Una masa suficiente, en todo caso, para
desafiar el filo del más acerado instrumento de análisis. No por su
impenetrabilidad, no, sino por el hecho simple de que aun el mejor
templado instrumento acabaría por perder su filo de tanto cortar. Tal
es la obra de un culto y de una exégesis celosamente fomentados; tal es
el resultado de una desorbitada expiación impuesta a un pueblo y que
ciento cincuenta años de ejercicio no bastan a pagar.

Por todo esto es posible afirmar, también de Bolívar, que cabe
distinguir en él dos figuraciones históricas. Una, la visible y hasta cotidiana, producto de una historiografía que ha oscilado entre la pura
y simple apologética bolivariana y la diatriba no menos infundada.
La otra, la auténtica, yace en alguna parte sepultada, como hemos dicho, y solo penosamente logramos entreverla. Por obra de la primera,
Bolívar es: «caminante y guiador», «caudillo incomparable», «caudi-

llo milagroso», «complemento de todo», «genio perfecto», «perfecto representante esporádico y único de su raza, de todas las razas», «el Héroe», «san Simón Bolívar», «Dios». Por su parte, la diatriba está supuestamente ocupada, todavía, en fabricar el anti-Bolívar[1].

¿Cómo no ver en todo esto una elemental transposición de valores ético-religiosos? Poco esfuerzo sería necesario para percibir, como trasfondo de esta continuada y esterilizante polémica, la controversia de los dos principios básicos de la moral cristiana: el bien y el mal. Bolívar es el bien, y todo lo que de alguna manera empañe su brillo, que se quiere impoluto, sea este real o atribuido, solo puede pertenecer al reino de las tinieblas.

Mas sería erróneo plantearse la cuestión en estos términos, a la hora de la revaloración histórica. Ni es la apologética bolivariana un frente uniforme, ni puede la crítica admitir que bajo el rubro de la diatriba se asfixie tanto y tan sincero y aguzado afán por reivindicar la realidad histórica. Y habría que distinguir aun entre los «conjurados de la detracción» quienes, inconformes con el «mito viviente» y el «Júpiter Olímpico», han puesto sus esfuerzos en descubrir el Bolívar «de la realidad», al pensarlo «tratado como humano», cuando la desesperación o la impotencia no los ha impulsado a exclamar: «¡Bolívar, *miserere nobis*!», y aquellos que han planteado la cuestión más llana, y quizá brutalmente, en términos de un Bolívar como «valor de real y medio para hacer negocios»[2].

Sin embargo, algo en común tienen estos contrapuestos criterios: todos testimonian en apoyo del extraordinario influjo histórico de Bolívar sobre los venezolanos, y todos también subrayan la necesidad vital que ha llegado a sentir un pueblo de dilucidar su herencia histórica bolivariana, liberándola en cuanto posible de una dualidad cuyas implicaciones distan mucho de restringirse a los límites de la indagación historiográfica, o de la especulación literaria, y son cabalmente fuerzas actuantes en un presente conflictivo.

LA FIGURA DE BOLÍVAR CREADA POR LA HISTORIOGRAFÍA

La vastedad de la bibliografía bolivariana contrasta con su monotonía interpretativa y su transcurrir anecdótico. En su mayor parte no ha superado el nivel de las vidas de santos con intención evangelizadora, y ni siquiera es posible afirmar que sus más relevantes exponentes hayan conseguido eludir la infiltración anecdótica. Con base en el tejido de anécdotas se ha construido sobre todo la figura moral y espiritual de Bolívar. Para el guerrero, el político y el administrador son otras las fuentes, con todo y no desecharse la anécdota tampoco en el estudio de estos aspectos de una vida y una obra cuya abundancia de huellas, y el estado de sistematización de las mismas, permiten ya estudiarla con apego a las más exigentes normas de la metodología histórica.

A semejante historiografía corresponde el mérito, y quizá la responsabilidad, de haber estructurado y llevado a su mayor esplendor el culto bolivariano. Bien puede decirse que para ello casi no ha descuidado detalle, como tampoco ha retrocedido ante pequeñas o grandes inconsecuencias interpretativas, ni ha vacilado en apagar ostensiblemente el propio espíritu crítico y en arremeter indignada contra el ajeno.

La invocación del romanticismo literario, transpuesto a la historiografía por escritores que eran esto más que historiadores, ha servido tradicionalmente para explicar este proceso, al menos en sus comienzos. A la exaltación romántica de Felipe Larrazábal y Juan Vicente González, de manera principal, se atribuye la creación del culto bolivariano. Efectivamente, la exaltación de una figura suprema y creadora, susceptible de personificar lo más elevado y puro del alma humana al igual que la perfectibilidad del hombre, constituía un substituto apropiado de la doctrina del buen salvaje, deteriorada en este lado del océano por la visión y la experiencia directas de un salvajismo que ni aun por obra de la más alucinada fantasía podía condensar las esperanzas purificadoras de los inconformes.

Pero, pese al hecho cierto de la vinculación esencial del culto bolivariano con el romanticismo, creemos exagerado el atribuir a este último el origen del primero. Si bien la expresión del culto cuadra perfectamente con los motivos del romanticismo, otra cosa es su origen, otras las razones históricas de su aparición y, sobre todo, de su sostenido arraigo, pues, muy lejos de ser un asunto meramente literario o historiográfico, ese culto es propiamente cuestión de orden político y social, e importa mucho establecer una clara comprensión de los fundamentos y de la supervivencia poco menos que inalterados de dicho culto, pese a las variaciones habidas en sus formas de expresión. Más todavía, de estas últimas bien puede decirse que han consistido únicamente en intentos de remozar una liturgia cuyos basamentos dogmáticos parecen contrariar exitosamente el devenir histórico. Ello nos permite comprender por qué los periódicos intentos revisionistas naufragan todos en los mismos bajos del culto bolivariano.

Y es que el culto a la figura histórica de Bolívar dista mucho de ser una creación literaria, nacida del patriotismo exaltado y de la sensibilidad superexcitada de uno o de varios escritores. Dicho culto ha constituido, en propiedad de términos, una necesidad histórica, sin que por ello deba entenderse más de lo que el concepto de necesidad pueda expresar en el orden histórico. Su función ha sido la de disimular un fracaso y retardar un desengaño, y la ha cumplido satisfactoriamente hasta ahora.

De recurso ideológico, si es que no de mistificación, podría calificarse este expediente, gracias al cual fue posible equilibrar el balance histórico de la lucha emancipadora, al permitir presentar como contrapartida de un saldo adverso a las aspiraciones de las masas populares, la perspectiva luminosa y siempre abierta del perfeccionamiento de una obra cuyas fallas e inconsecuencias saltaban a la vista. Gracias a este recurso ideológico, o mistificación, fue posible compensar el desaliento causado por los resultados de una empresa emancipadora que nació y fue promovida bajo los auspicios de la regeneración de la sociedad, hasta entonces corrompida y degradada por efectos de un coloniaje cuyos tintes negativos fue necesario recargar a la hora de la justificación de la insurgencia. Al término de la lucha no se vislumbraba siquiera el prometido reino de la libertad, de la igualdad y, sobre todo, de la fraternidad entre los hombres que habían hecho causa común contra el despotismo, la desigualdad y el odio representados por el poder colonial. Cundió el desaliento y fueron muchas sus maneras de expresarse: desde las revueltas de «bandidos» que agitaron el campo durante algunos años, hasta la íntima desilusión consignada por más de un prócer en sus memorias o en sus testamentos políticos. Hubo necesidad de explicar, y no precisamente porque se impusiese como tarea ideológica el llevar hasta sus últimas consecuencias la justificación doctrinaria de una guerra que amenazó con aniquilar a todo un pueblo, sino como ineludible respuesta a una apetencia real, actuante, de ese mismo pueblo, el cual luego de consentir sacrificios increíbles no solo no veía llegar la recompensa prometida, sino que la sentía alejarse más y más.

La solución dada a esta dificultad por los ideólogos de la burguesía terrateniente y comercial, promotora y usufructuaria de la Independencia, consistió en declarar permanentemente abierto el proceso de búsqueda de aquellos resultados hermosos que fueron presentados en un comienzo como el producto automático de la emancipación. De esta manera, todo lo vivido se redujo a una mera etapa previa cuyos resultados era necesario no ya consolidar sino lograr de entonces en adelante.

Ahora bien, la vida de Bolívar condensa y ejemplifica admirablemente todo el proceso: desde la ciega y sincera convicción inicial hasta la amarga desilusión final, pasando por un accidentado trayecto de captación y análisis de las razones de tan desdichado tránsito. Tal se refleja en las numerosas muestras de su pensamiento, tal se expresa en el trágico curso de su acción y de su vida. Esta era, a la vez, el señalamiento de la perfección posible y la evidencia de las contrariedades que le habían impedido realizarse. De allí la necesidad histórica del culto y la justificación de la exégesis ideológica. De allí, también, las tres líneas fundamentales que componen la necesidad histórica del culto bolivariano, al convertirlo en factor de unidad nacional, como reivindicación del principio del orden; en factor de gobierno, como manadero de inspiración política; y en factor de superación nacional, como religión de la perfección moral y cívica del pueblo.

EL CULTO BOLIVARIANO COMO FACTOR DE UNIDAD NACIONAL

Finalizada la guerra de Independencia se inicia para Venezuela la experiencia republicana. Hasta ese momento la República no había sido más que una especie de ensayo general, en cuanto corresponde a la que existió entre el 5 de julio de 1811 y la firma del armisticio con Domingo de Monteverde (25 de julio de 1812), o un *desideratum* siempre pospuesto en función de la guerra. Bien puede decirse que la precariedad de los ensayos republicanos, tanto por la corta duración de los que lograron cuajar, como por las numerosas limitaciones e incluso suspensiones que se les impuso en razón de la emergencia bélica, reservaron para después de la contienda la verdadera confrontación de la experiencia republicana, ya despejado el panorama del enemigo que la había hecho imposible hasta entonces.

Pero, con la paz se inicia el período de decantación y ajuste de las fuerzas que se habían agitado en la guerra. La conmoción causada por esta última había sacudido la vieja sociedad hasta en sus estratos más profundos, y los gérmenes transformadores que en ellos había sembrado proseguían su labor de descomposición acelerada de las estructuras sociales y económicas heredadas de la colonia. Cierto que muchas de estas sobreviven y son visibles en la nueva República, pero de hecho se hallan carcomidas por los efectos de un cambio revolucionario que, ya iniciado en algunos de sus aspectos, aun antes de la guerra, se verá estimulado por esta y se desarrollará en los años siguientes.

La crisis estructural de la sociedad colonial venezolana de fines del siglo XVIII, puesta de manifiesto con toda claridad en la crisis de la esclavitud como institución y en las trabas y dificultades con que tropezaba la economía de la colonia en su expansión, se expresa en el orden social y político en forma de dos fuertes corrientes que campean decisivamente en el proceso de la emancipación. Nos referimos a la lucha por la libertad y a la lucha por la igualdad. La primera estaba representada básicamente por la lucha de los esclavos por su libertad, contra los poseedores de esclavos, y por la lucha de los criollos por obtener una libertad que facilitase su desenvolvimiento como clase. Por su parte, la lucha por la igualdad estaba representada sobre todo en los esfuerzos realizados por los pardos para equipararse en derechos con la ya fuerte y aristocratizante burguesía terrateniente y comercial. De este aspecto de la lucha por la igualdad participaban los esclavos como resultado lógico de su búsqueda de la libertad. La burguesía criolla veía en la igualdad, única o principalmente, su igualación con los europeos y la garantía de una libertad en la cual solo la riqueza estableciese una desigualdad de hecho[3].

No creemos que este cuadro pueda verse invalidado por la ausencia de pronunciamientos teórico-ideológicos que recogiesen el sentido de la lucha de los esclavos y de los pardos, o por el carácter rudimentario y discutible de los pocos que se conocen. Tampoco nos parece fundado que pueda tacharse de idealista esa definición de fuerzas dentro del proceso de emancipación. En cuanto a la primera observación, cabe apuntar que amén de los programas rudimentarios conocidos, es posible deducir los principios que animaban la lucha de esclavos y pardos a partir de la lucha misma, al examinar críticamente el comportamiento histórico de dichos sectores sociales. En cuanto a la segunda, podemos anotar que no se trata en este caso de una concepción de lo histórico como *movido* por las dos grandes fuerzas en cuestión, sino que estas aparecen dibujadas, por obra del análisis, en medio del conjunto de sucesos y acontecimientos a primera vista caóticos.

Las dos fuerzas que hemos delineado, entendidas como las dos corrientes de problemas básicos presentes en el orden histórico, con imbricaciones de todo género, entran en una nueva etapa de su acción con el advenimiento definitivo de la República. Es la hora de confrontar los resultados con las promesas. Los sacrificios han sido extremos y prolongados, la impaciencia es mucha. Venezuela aparece en este momento bajo un curioso aspecto, en lo político: el centro o la personificación del poder no solo se halla distante sino que se aleja más con las campañas sureñas de Bolívar. Queda libre el terreno para la definición de nuevas apetencias de mando, y la guerra ha sido buen semillero de ellas. Para tantos y tan voraces hay solo una patria que usufructuar...

Pero el advenimiento de la República es algo más que esto. Significa, históricamente, el enderezamiento de la guerra de independencia por su camino históricamente necesario, el cual casi perdió durante los años 1814 a 1817, por obra de la irrupción de pardos y esclavos en lucha por sus intereses específicos, y que había comenzado a recobrar a partir del Congreso de Angostura, en 1819. La burguesía terrateniente y comercial reasumió entonces la dirección plena de la guerra, no solo teórica sino prácticamente, reduciendo el aporte popular consistente en la nueva promoción de caudillos que serán los realizadores concretos de la victoria, a la sola condición que históricamente les competía: la de simples artesanos de un nuevo orden cuyo disfrute estaba reservado a la clase que se encontraba históricamente pertrechada para el usufructo del poder: la burguesía terrateniente y comercial.

Mas esto sucedía al cabo de una guerra que, como acabamos de señalar, tuvo en ciertos momentos desarrollos imprevistos: el juego de las fuerzas que hemos definido amagó por momentos con trastornar – ya que el cambiarlo se saldría de lo históricamente posible– el sentido original de la lucha revolucionaria, amenazando con ello los objetivos de la burguesía terrateniente y comercial. De allí que al iniciarse la nueva República, y todavía más después de la disolución de la República de Colombia en 1830, esa burguesía, fortalecida con la reincorporación de su sector más moderado y hasta conservador, constituido por los emigrados y los criollos realistas, tiene ante sí la tarea urgente de reestructurar el orden necesario a su propia estabilidad y desarrollo.

Graves obstáculos se presentaban en la ejecución de este propósito: la República debía dar algún género de respuesta a las aspiraciones populares, cuya insatisfacción se tornaba en extremo peligrosa sobre todo en conjunción con la floración de un caudillismo que había proporcionado la estructura básica de los ejércitos de la independencia. Los hombres llamados a dirigir este proceso se enfrentaban a él desprovistos de soluciones que no fueran las ofrecidas por el movimiento emancipador, y toda la lucha política se libró con base en el manejo de esos principios, los cuales, por su parte, estaban consustanciados con la persona del gran caudillo cuyo prestigio político dominaba de manera absoluta el ámbito ideológico y sentimental de la nación, hasta un punto que resulta difícil de apreciar hoy día.

Por estas razones, llama la atención del historiador el que todo el manejo político e ideológico que condujo a la disolución de la República de Colombia, se operase bajo la égida de una reivindicación intransigente de los principios invocados por la acción revolucionaria desde sus comienzos, hasta el punto de que el Páez que personificó la ruptura, aparecía en sus actos oficiales como una parodia –a veces ridícula– de aquel fundador de cuya sombra no pudo librarse jamás, y la lucha contra los postulados culminantes de la política de Bolívar se libró al amparo de las que se consideraban las metas de la revolución, las cuales, en sustancia, no diferían mucho de las que alentaba el propio Bolívar, hasta 1828.

La reacción anticolombiana iba dirigida fundamentalmente contra la estructura liberal que se fraguaba en los congresos de Colombia, impregnados a veces de un tinte anticlerical y reformador muy apropiado para alarmar, sobre todo, a la reconstituida oligarquía venezolana, formada por el sector menos evolucionado de una burguesía terrateniente y comercial justificadamente asustadiza ante las innovaciones, vigorizada ahora por el regreso de los emigrados, aún más asustadizos, y abocada a los difíciles problemas creados por una guerra que alcanzó en Venezuela el nivel de serio trastorno de la edificación social, a diferencia, y grande, de lo sucedido en la Nueva Grenada. De allí que no parezca demasiado peregrino considerar la separación de Venezuela de la República de Colombia como una empresa política esencialmente reaccionaria, en el sentido histórico de este término. El desconocimiento de la autoridad de Bolívar sería más una muestra de recelo ante el auge liberal radical auspiciado por la guerra, y un fruto directo de la convicción de que el propio Bolívar no podía contenerlo, que una muestra de inconformidad con los principios políticos que aquel sustentaba[4].

Despejado el campo de la autoridad directa de Bolívar, una vez consumada la desmembración de la República de Colombia, brotaron con renovado vigor los factores que conspiraban contra la estabilización y el desarrollo del orden propugnado por la burguesía. Y si bien es cierto que puede afirmarse la ausencia de separatismo, en el sentido de desmembración del territorio nacional por obra de los caudillos que capitaneaban esos factores, no puede decirse lo mismo en cuanto a la unidad política de la nación. El todavía discutido prestigio de los caudillos de segundo rango que se vieron abocados a la tarea de liquidar la herencia histórico-política de Bolívar, parecía insuficiente para unificar o embridar los factores disgregativos[5], al mismo tiempo que era evidente la carencia de un programa propio que pudieran proponer a quienes aún creían en los postulados ideológicos de la emancipación y aguardaban sus frutos: la prensa de la época refleja dramáticamente este estado de cosas.

El acierto de la burguesía terrateniente y comercial, más que del propio Páez, consistió en reivindicar el programa de Bolívar, con lo cual se apropiaba un magnífico instrumento de unificación política, y tranquilizaba a las masas populares al dejarles abierta la perspectiva de lograr unos frutos que tardaban en madurar. De esta manera el prestigio de Páez creció a la sombra del de Bolívar, tan arraigado en la conciencia del pueblo por los años de guerra, y la política de la oligarquía en el poder fue, sin que haya paradoja, la supuesta realización del programa de Bolívar, del programa de emancipación. La consigna fue: hagamos realidad aquello por lo que tanto hemos luchado.

Se fraguó, de esta manera, el inicio de la gran mistificación política. Gracias a ella todos los venezolanos se encontraban de pronto luchando por la misma causa, y la omnivalencia del programa bolivariano se convirtió en buen cobijo para todos los usos del poder, y, todavía más, en una formidable palanca para el ejercicio del mismo.

EL CULTO BOLIVARIANO COMO FACTOR DE GOBIERNO

Un pueblo cuya naciente conciencia política le hacía ver en el nombre de Bolívar la síntesis de sus aspiraciones más urgentes y sentidas, sobre todo en cuanto tocaba al disfrute de la igualdad social y al logro definitivo y real de su libertad por los esclavos. Una numerosa promoción de caudillos vencedores que hacían gala de una conducta tan atrabiliaria y contradictoria que constituye un verdadero reto al análisis histórico. Una oligarquía debilitada por la guerra, de la cual salió diezmada, y golpeada en su poder económico por la destrucción de propiedades, el abandono de las mismas y el secuestro y la confiscación y adjudicación de buena porción de ellas en beneficio de los caudillos triunfantes, pero oligarquía en trance de reconstituirse. Un país devastado por un terremoto (26 de marzo de 1812), primero, y por toda clase de destrucciones bélicas, luego, cuya economía apenas comenzaba a reponerse alentada por una demanda acumulada e insatisfecha, en el mercado internacional, de sus productos fundamentales. Un Estado por organizar, partiendo de los restos de una organización colonial objeto de repudio, si bien no totalmente desechada. Todo esto regido por el influjo ideológico del programa de la emancipación, insatisfecho en sus resultados que no fueran la mera independencia. He allí los rasgos más sobresalientes del cuadro de la nueva República, en la cual había de manifestarse la dirección de la clase social que detentaba el poder: la burguesía terrateniente y comercial.

Las fuertes contradicciones que se originaban en tales circunstancias revistieron diversos ropajes ideológicos. Ya en 1831 la llamada Revolución Integrista sirvió para demostrar cuán viva estaba la reivindicación de los postulados de la emancipación, y constituyó una prueba, bastante abigarrada, por cierto, de la vitalidad tanto del programa como de la figura del liberador fallecido. Su cauce definitivo y caracterizado fue el de la lucha entre federales y centralistas, pero más que una pugna de ideologías es necesario ver en ello la expresión, a veces contradictoria, de los intereses de las clases y de las aspiraciones de las masas populares.

En el orden constitucional el enfrentamiento de las posiciones federal y centralista logra una suerte de avenencia en la Constitución de 1830, mediante la cual se pretende organizar el nuevo Estado con arreglo a los intereses de la burguesía terrateniente y comercial y de sus aliados de clase: los emigrados y los propietarios realistas, acomodados al nuevo orden republicano, pese a las disposiciones legislativas colombianas sobre su expulsión en el país. La diferenciación entre ciudadanos activos y pasivos, gracias a un sistema electoral censitario, y la adopción de una ley de manumisión generalmente considerada como menos avanzada que la sancionada por el Congreso Colombiano de 1821, burlaban de manera definitiva las aspiraciones de pardos y esclavos. La muy arraigada reivindicación de una justicia equitativa, ajena a la arbitrariedad, tan afirmada durante la emancipación, desemboca en la implantación de un poder judicial por entero supeditado al nuevo despotismo del dinero.

La tan encomiada constitucionalidad surgida del Congreso Constituyente de 1830, merecedora de la admiración de constitucionalistas ingenuos o interesados, condujo a la estructuración de un poder en el cual fue posible advertir semejanzas chocantes con aquel poder colonial cuya destrucción había sido propósito de la guerra. La historiografía venezolana del siglo XIX, en general de orientación marcadamente conservadora, y la más reciente por correspondencia ideológica o por inercia ignorante, han justificado, que no explicado, la instauración de semejante orden de cosas, rodeándolo de un halo de probidad administrativa, de sujeción al orden constitucional y de austeridad republicana. Pero esta justificación, a más de ser fácil blanco para la crítica histórica en cuanto a lo fundado de sus argumentos, tiene como producto principal el de enturbiar y distorsionar la perspectiva histórica al presentarnos como valores reales de aquel Estado conservador usufructuado sobre todo por los sectores más atrasados de la burguesía nacional, los que resultan de la comparación histórica de los mismos con hechos o situaciones posteriores. Es decir, que tal justificación puede tener algún sentido para el hombre de épocas posteriores, pero no permite, de ninguna manera, apreciar el significado real de esos valores al ras de los tiempos.

Atendiendo a los resultados del estudio histórico, es otro el cuadro: los supuestos valores de probidad y austeridad atribuidos a los gobernantes de la oligarquía conservadora no fueron de ninguna manera títulos valederos generalmente reconocidos por sus opositores, salidos de los sectores más avanzados política e ideológicamente de esa misma burguesía, y que habían de constituir el movimiento liberal en su versión radical. Incluso el «probo» Carlos Soublette fue acusado de peculado por la prensa liberal, y su liberalismo manchesteriano fue considerado como la pura y simple entrega del país a la descarada explotación practicada por comerciantes monopolistas, agiotistas y usureros[6]. Poco tiempo bastó para que la gloria guerrera de Páez se viese como una simple cubierta puesta al más despótico y arbitrario monopolio del Poder, y el programa general del gobierno apareció como una línea de orientación vaga, indefinida, carente de cohesión, solo perceptible por sus resultados antipopulares y contrarios a los intereses de los sectores más evolucionados de la propia burguesía, todavía en trance de estructurarse como clase y contrariada en tales propósitos históricos por un orden de cosas que no solo no era capaz de abrirle nuevas vías a ese desarrollo, sino que antes bien lo poblaba de obstáculos.

A esa incoherencia y vaguedad del programa conservador, que resultaba al fin y al cabo en la pura y simple ausencia de programa, se contraponía el programa liberal. Si bien es cierto que no son pocas las contradicciones observables también en este último, parece, sin embargo, bien fundada la afirmación de que él era un producto de un dilatado proceso de fraguado, a lo largo de la guerra, y que se definía positivamente con respecto al orden colonial, en el sentido de que propendía a una auténtica reestructuración no solo del Estado sino principalmente de la trama social y económica de la sociedad. Los ideólogos de este liberalismo militante proponían soluciones positivas para los conflictos ante los cuales el liberalismo de los conservadores tan solo concebía paliativos graduales y a la postre ineficaces.

La miseria programática del liberalismo de los conservadores, exhibida de manera reveladora por su ineficacia para resolver las dificultades de orden económico y social que se agudizaban en el país, contrastaba con la firme convicción, y la mayor coherencia, de los postulados de los liberales radicales. Más todavía, estos últimos se proclamaban a sí mismos como la continuación y la pervivencia, a un tiempo, del programa de la emancipación, lo que por fuerza del debate político bien pronto acabó por situar a los conservadores en la desairada posición de guardianes de las reliquias del orden colonial tan combatido.

Esta situación es observable casi hasta mediados de siglo, y cuando la oligarquía conservadora venezolana procede a repatriar los restos del Libertador, lo que está repatriando en verdad es el programa político y de gobierno real de que hasta entonces había carecido, y cuya urgente necesidad se acentuaba con los años. Ya en 1833 se había hecho patente esa necesidad, y desde entonces se daban los pasos para preparar el magno acontecimiento. Pero fue a partir de 1840 cuando la lucha política hizo aparecer la repatriación de los restos del Libertador como un paso político de singular importancia y significado. Para esta fecha:

> (...) se había constituido una oligarquía con influencias en el gobierno; compuesta principalmente de un grupo, adueñado hacía tiempo de los puestos públicos sin querer soltarlos; de los prestamistas, á quienes importaba sostener la ley de diez de abril de 1834, que autorizaba cualquier premio en los préstamos; y entregaba atado el deudor al acreedor, como una víctima, sin defensa, condenada a la extorsión; de los empresarios del Banco, que absorbía parte del Tesoro Público y gozaba de privilegios constitucionales;

y en resolución, de todos los que tenían miedo a las innovaciones y á los conflictos públicos.

En el bien de este partido inmolábanse á menudo los derechos de los ciudadanos, las preciosas conquistas de la libertad civil, la justicia de los tribunales y la soberanía del pueblo.

El sistema representativo que reconoce por base la igualdad democrática, la competencia de los talentos y del mérito, era una farsa.

Páez era el jefe de esta oligarquía; caudillo de resplandeciente gloria militar en la guerra de emancipación; amado del pueblo, en sus primeros años; incapaz de apropiarse un centavo del erario; ambicioso hasta su muerte de poder y mando, bien que sin cualidades de administrador y menos de hombre de Estado; habíase hecho y confirmado autócrata después de la renuncia de Vargas, y como tal concentraba en sus manos todos los poderes, y distribuía al propio arbitrio, los nombramientos de todos los empleados civiles, consulares y diplomáticos, y los del ejército y la Iglesia[7].

En el seno de esta dictadura oligárquica, cuya ostensible orientación clasista se encubría bajo el respeto formal del orden constitucional, había crecido y madurado el Partido Liberal, radicalizado en la profesión de una ideología y de una doctrina en modo alguno exclusivas:

> (...) Con la aparición de *El Venezolano* empezó a organizarse la opinión pública en los dos partidos políticos que han venido hasta la fecha, combatiendo por dirigir el Gobierno en Venezuela: el *Liberal*, llamado apóstol de la libertad; y el *Conservador*, que se ha titulado representante del principio del orden: los cuales entablaron allí mismo una lucha activísima sobre el modo de aplicar la Constitución; llamándose cada uno el verdadero partido constitucional; pues la noción de la ley los empeñaba á colocarse en sus respectivas posiciones al amparo del derecho[8].

La pugna vieja, recrudecida ahora, de ambos partidos, tenía por teatro una nación cuyo estado... «había llegado á ser tristísimo, no exclusivamente en lo político, sino bajo todos respectos»[9]. La encendida propaganda liberal bien sabía poner de relieve las graves deficiencias que advertía en la vida del país, ahondando eficazmente la escisión evidente de la opinión política. *El Venezolano*, órgano del Partido Liberal, hacía sus denuncias en los siguientes términos:

Harto recientes son, asaz escandalosos, harto sensibles al pueblo venezolano, los excesos del poder, y más que crueles los padecimientos de la nación. Leyes que destruyen la propiedad; leyes que hacen espantosa la suerte del trabajador; leyes que autorizaron la usura, que aconsejaron la avaricia, que autorizaron las más bárbaras persecuciones; leyes que destruyeron el ejército, que mandaron demoler nuestras fortalezas, que comprometieron grandes porciones del territorio: leyes que convirtieron al clero en máquina de dominación, y que buscaban la perpetuidad de los mandatarios haciendo instrumentos políticos el incensario, el tribunal de la penitencia y la Cátedra del Espíritu Santo; leyes que degradaron á los antiguos servidores de la Patria; leyes que esclavizan los establecimientos científicos; leyes que gravan con fuertes pechos los estudios, para dificultarlos y hacerlos imposibles al talento y á la aplicación del pobre; leyes que han delegado, traspasado y confundido los altos y distintos poderes que separó la Constitución; leyes que han encarecido la justicia, y otras que la han embrollado, y otras que han hecho perpetuar los pleitos, y otras que han privado de toda garantía á los contratos, y engendrado y preparado así nuevos e innumerables litigios, cual mina de inmoralidad y depredación: leyes vengativas que se han llamado perdones; y perdones que se han llamado castigos: leyes que han empleado la augusta soberanía del pueblo en desahogar rencores personales, en establecer patrimonios individuales, en crear y suprimir tribunales y magistraturas, y comisiones y empleos, para premiar y castigar al amigo y al enemigo: leyes destructoras de la igualdad en la milicia, y en las letras y en el ejercicio de los derechos civiles: leyes, en fin, que llevándonos a inmensa distancia del Código fundamental, han destruido la Patria y conducídola á los umbrales de la desesperación[10].

En esta pugna la figura del Libertador ocupaba el alto sitial de representativo de todo aquello que no se había obtenido al cabo de la lucha emancipadora. Son innumerables las huellas de la devoción que hacia él guardaba el pueblo. El propio Páez, al dirigirse al Congreso de 1842, renueva su solicitud, hecha en 1833, de que se repatriasen los restos del Libertador y se le reconociesen a este los méritos que tanto ensañamiento se había puesto en negar durante el proceso de desintegración de Colombia, cuyo principal beneficiario había sido el propio Páez. Subraya, ahora, que:

> (...) La conveniencia y aun la moral política se interesan también en esto, á fin de que en adelante los actos en que el pueblo explique su aprecio á la memoria del Libertador, se apoyen en el voto nacional legítimamente expresado, y las demostraciones de agradecimiento y de admiración por sus grandes hechos de patriotismo y de humanidad, no se crean contrarios á las intenciones de los legisladores[11].

La inminencia de violentos estallidos, capaces de cambiar el tono de la hasta entonces oposición legalista, no escapa a los más sagaces observadores. Se temía por sobre todo que el pueblo «(...) cambiase las elecciones, la prensa, la oratoria, y las demás prácticas de la vida legal, por el sistema de la guerra civil(...)»[12], como habría de suceder apenas cuatro años más tarde, reviviéndose de esta manera «(...) los tiempos en que la virtud se refugia en la fuerza, la justicia está en los combates y en la destrucción el mérito. Entonces hay decretos de exterminio y víctimas sin cuento; hay obligaciones de sangre y regeneración de cenizas(...)», como se dice en la *Descripción de los honores fúnebres consagrados a los restos del Libertador Simón Bolívar en cumplimiento del decreto legislativo de 30 de abril de 1842, hecha de orden del Gobierno por Fermín Toro*[13], texto que conviene estudiar con bastante detenimiento, por la significativa condensación que ofrece de este proceso.

La necesidad de evitar semejante estallido, presentido por muchos y muy claramente por el propio Fermín Toro, daba nuevo sentido a «(...) esta oblación debida a los manes del que aún en la tumba protege(...)»[14], pues:

> (...) ¿Quién es grande en estos días? ¿Quién es alto como el cedro y fuerte como la roca para resistir, dominar y serenar la tormenta? (...) ¿Y quién fue grande en medio de estas escenas? Bolívar sólo; Bolívar que en los días de terror sólo puede compararse a los héroes bíblicos que, armados de la ira de Saboath, rodaron su carro sangriento sobre ejércitos destruidos; pero que en los días de reparación fue semejante a los genios bienhechores que presiden a la creación de lo grande, al sentimiento de lo justo y a la concepción de lo bello(...)[15].

Tal había sido la obra histórica de Bolívar, y tal la que aún podía realizar, pues a los venezolanos les había dejado «(...) por herencia la libertad conquistada, el arte de defenderla y los medios de conservarla»[16]. Y ello era posible porque su gloria estaba viva en el pueblo venezolano:

> (...) Nada recuerdan los fastos de Caracas, que haya producido nunca tanta sensación, ni movido tan numeroso concurso; pero aún más importante que el número era la actitud del pueblo en esta grave ceremonia [la repatriación de los restos]. Casi parecería imposible, a no haberse visto realizado, suponer en una multitud tan variada en unidad y condición un sentimiento tan marcado y tan uniforme del decoro y gravedad que requería la ocasión (...) El pueblo de Caracas gozaba en su dolor al ver entrar en su patria con tardo paso y funeral arreo, las cenizas del que tantas veces admiró, como el león, fuerte; como el águila, veloz[17].

Y es que, cosa que Toro advierte claramente, se asistía a una «expansión del sentimiento nacional»[18], hasta entonces no vista.

Pero la objetivación del sentimiento nacional no solo era propicia a la exaltación vaga y un tanto literaria de valores morales. Significaba mucho más, en el orden de los requerimientos concretos nacidos de la lucha política, pues con la presencia de los restos mortales de Bolívar se apuntalaban ejemplos edificantes y soluciones acreditadas que proponer a los requerimientos mencionados, todo con el poderosísimo respaldo constituido por la exaltación de la unidad de los venezolanos, cual supremo legado del Libertador. Así, para Fermín Toro, representativo él mismo de la política conservadora en crisis, era buena la ocasión de subrayar dos elementos de esa política, amparándolos en la figura de Bolívar: la unidad con la Iglesia: «... Bolívar en el templo era el emblema de dos potestades divinas: libertad y religión»[19], y la unidad con el sector militar, cuyo *institucionalismo* quedaba de ahora en adelante expuesto a la mirada de un glorioso e indiscutido censor:

> (...) Militares valientes que, asociados a este hijo de la fortuna, lleváis verdes aun los laureles con que él mismo decoró vuestras cabezas!, acompañad mis sagradas funciones junto a esta tumba [Fermín Toro transcribe aquí las palabras del orador sagrado José Alberto Espinoza], que hoy expone a la contemplación del universo el más elocuente desengaño; aquí os enseñará a vencer el mundo y triunfar de su maligna seducción el mismo que os enseñó a vencer en los campos de batalla y triunfar de vuestros poderosos enemigos; aquí, al considerar el humilde fin de toda grandeza terrenal, aprenderéis a santificar vuestra profesión, consagrándola a un merecimiento eterno. Esta lección os dará el que ha legado a los tiempos la fama de su doble genio guerrero y político[20].

Sin embargo, no radicaba en ello la más fecunda proyección de la figura histórica del Libertador. Importaba, sobre todo, su función como restañador de las terribles heridas que se habían producido en el cuerpo social, pues:

> Los honores públicos decretados por la Representación Nacional a la memoria del Libertador y la inefable efusión de sentimientos exaltados y generosos que esto ha producido en las masas populares (...), comprueban que (...) el mérito eminente de un individuo trasciende por todos los rangos de la sociedad, ofreciendo en el concierto de admiración, respeto y amor

que infunde, el más hermoso símbolo de la armonía de las leyes morales y de su perfecta unidad[21].

Y era el gobierno el que había hecho posible aquella comparecencia de un pueblo ante su propia gloria, limpiándose de paso del cargo de ingratitud que se le hacía, pues,

> (...) la voz de un pueblo, por un órgano incorruptible [el Congreso de Venezuela], proclamó a Bolívar ¡Fuerte y Grande! El silencio de doce años se rompió noblemente. Una sola voz se oyó, hubo un solo pensamiento: los honores a Bolívar son honras a la Patria[22].

Creadas así las condiciones, era obvio el resultado: el gobierno había devuelto a Bolívar a su pueblo, ¡el cual quedaba comprometido por ello a merecer de su héroe, realizando y respetando cuanto aquel quiso realizar y respetó! El propio Páez se apresuró a proclamarlo, para entendimiento de quienes no hubieran alcanzado a comprenderlo, en discurso pronunciado en el Palacio de Gobierno, al término de los actos:

> La prosperidad de Venezuela fue el primer pensamiento de Bolívar, el primer móvil de sus heroicos hechos; nada hemos omitido de cuanto podíamos hacer en honor de su memoria.
> Nos resta, sin embargo, un deber: consagrar al Libertador el monumento más digno de su gloria: la consolidación de las instituciones de Venezuela por la sabiduría de los legisladores, por la prudencia de la administración ejecutiva, por la ilustración del pueblo, por la unión de todos los venezolanos[23].

EL CULTO BOLIVARIANO COMO FACTOR DE SUPERACIÓN NACIONAL

Si Bolívar trazó el camino que habría de conducir rectamente la sociedad venezolana a su propia superación en todos los órdenes, y si los hombres que constituían el Gobierno tenían conciencia de

ese legado, se proclamaban a sí mismos sus ejecutores y no recono-
cían otro Norte que el señalado por él, ¿qué impedía la realización de
tantos sueños soñados en el vivac, en las bóvedas, en los montes y en
los llanos, por años y años? Algo había fallado, algo impedía que se
operase el portentoso tránsito. No era necesario devanarse los sesos
para hallar el obstáculo: era el mismo pueblo por cuya felicidad se tra-
bajaba empeñosamente. Hecho el hallazgo, sirvió de fórmula mágica
para explicarlo todo: el fracaso de los «libertadores» a la hora de construir la nueva sociedad prometida; la libertad con sordina cuando no
pura y simplemente trocada en mal disimulada dictadura; los vicios,
la torpeza, la ineficacia, la ceguedad y demás atributos de una y otra
administración. Todo se explicaba por una sola causa.

Nada de arbitrario, y ni siquiera de ofensivo, había en el señalamiento de esta causa universal, pues su reconocimiento corrió a cargo,
precisamente, de quien le había dado a ese pueblo su nuevo ser, y que,
por ende, lo conocía mejor que nadie y era insospechable en su intención. Todavía más, si bien Bolívar había dicho: «(...) En tanto nuestros compatriotas no adquieran los talentos y las virtudes políticas que
distinguen a nuestros hermanos del Norte, los sistemas enteramente
populares, lejos de sernos favorables, temo mucho que vengan a ser
nuestra ruina(...)», e intuía que habría de ser muy largo el camino hacia la adquisición de esos «talentos y virtudes», descargaba al pueblo
de responsabilidad al considerarlo en esto víctima del poder español:

> Desgraciadamente estas cualidades parecen estar muy distantes de nosotros
> en el grado que se requiere; y por el contrario, estamos dominados por los
> vicios que se contraen bajo la dirección de una nación como la española,
> que sólo ha sobresalido en fiereza, ambición, venganza y codicia[24].

En suma, estas eran las premisas:

• Un pueblo incapacitado, transitoriamente y por causas *ajenas
a su voluntad,* para el disfrute de cuanto se le había prometido y por
cuanto había luchado.

• Un pueblo visto de esa manera por el autor de su libertad, en acto doloroso de rendición ante una realidad que no por lamentable dejaba de ser cierta[25].

• Un pueblo que, en compensación, gozaba del raro privilegio de poseer a la par un ejemplo al cual referirse en todos sus actos, y una voz que perpetuamente habría de estarle señalando el camino para salir de su propia e imperfecta condición y promoverse a otra que le permitiese disfrutar de lo que solo estaba al alcance de pueblos con «talentos y virtudes».

Si a esto añadimos la especie de prestidigitación que permitió a la oligarquía terrateniente y usurera en el poder dejar fuera del juego al Estado, pues este aparecía como fiel seguidor del pensamiento del Libertador y propulsor devoto de su realización, creemos que se redondea la mecánica elemental que ha permitido, históricamente, hacer del culto a Bolívar un factor de superación nacional eficazmente esgrimido, con jugosos proventos políticos, por los gobernantes de la más diversa índole.

Habíase forjado así una eficaz palanca para accionar la ideología popular con arreglo a fines e intereses las más de las veces antipopulares: el culto a Bolívar, en función de fuerza concreta y actuante en la sociedad venezolana. Para ello había sido necesaria toda una empresa de deificación del héroe, la cual pudo realizarse tempranamente con notable perfección, a juzgar por la perdurabilidad de los términos en que realizó esa deificación ya en 1842. Es relativamente fácil reconstruir este proceso guiándonos por las reflexiones que inspiraron a Fermín Toro las honras fúnebres del Libertador.

El proceso ideológico es sencillo: comienza por situar al héroe en... «esa región solitaria e inaccesible donde Bolívar domina como una gran figura de terrible majestad»[26], condición que le era reconocida por el «numeroso concurso» que, a la hora de exhumar los restos para su traslado, «se agita, se precipita, ve, contempla, y hace, fervoroso, reliquias de la tierra de aquel venerado sepulcro»[27]. El mismo concurso, aumentado, que presencia reverente el paso de «(...) la sagrada urna de las cenizas de Bolívar(...)»[28]. Pero, la naturaleza sagrada de esas cenizas no nace del entrañable amor de un pueblo, sino que emana de Dios, como lo puntualiza el canónigo José Alberto Espinoza en su oración: «Dios excelso!, a tu brazo omnipotente se debe todo, y es un relámpago de vuestro solio el que refleja hoy la augusta faz de nuestro Héroe», «(...) el Hijo de Venezuela, su inmortal Genio ha llenado su celestial misión. ¿Y qué mayores timbres podrán ensalzar a un hombre en este mundo?»[29]. Mas, continúa el canónigo, el Héroe convertido en ejecutor de la voluntad divina no es, efectivamente, uno de los innumerables mortales de quienes se vale la Providencia para cumplir sus designios, pues «semejantes héroes son más que hombres(...), son inmortales; son los señores de los hombres y de los siglos»[30].

Se dotaba de esta manera a la conciencia del venezolano de un ejemplo por el que debía normarse, pues ese ejemplo es el de:

> (...) un genio que, rodeado de gloria, poder y majestad, se eleva sobre el vulgo de pasiones y sentimientos comunes, y sólo inspira lo bello, lo noble y lo grande; que, moviendo las más ocultas fibras del corazón y explorando las regiones más altas de la inteligencia, llama en torno a sí el valor, el saber, la virtud, el heroísmo y los altos hechos de libertad; que, arrastrando con mágico poder la multitud asombrada y mostrándole en el porvenir que penetra sus destinos más velados, ella, inspirada y reverente, le sigue, le acata y le deifica[31].

No es Dios, pero tan solo porque proclamarlo habría sido apostasía. Pero sí es un dios, y para su culto naciente habrá de edificarse toda una religión, *la segunda religión*, llamada a complementar en el orden cívico la función que la otra realiza en el orden espiritual y moral. Una religión que tendrá, sobre todo, la virtud de responder a las exigencias muy concretas y urgentes de una conflictiva situación política, en el momento cuando nace, pero que conservará esa propiedad terapéutica y prestará por ello más de un útil servicio a más de una inútil causa[32].

En Bolívar deificado quedaban alienadas, pero sin implicaciones meramente contemplativas, entonces y hasta el presente, las más preciosas potencias del venezolano, a la vez que representada la solución a sus más vivas aspiraciones:

En lo moral
Las virtudes, hijas del patriotismo que ennoblecen la ambición, dan al valor constancia e inspiran desinterés y sacrificios, desterradas durante tres centurias volvieron a su lares. ¿Y quién invocó estas virtudes? Bolívar.

En lo social
La igualdad, noción divina que abre las puertas a la justicia y testifica en todo tiempo y en todo clima la dignidad del hombre, después de renegada hasta en los últimos eslabones de la cadena social, se vio escrita de nuevo en las tablas de la ley como dogma fundamental de nuestra fe política. ¿Y quién proclamó la igualdad? Bolívar.
(...)
Los anales del mundo contienen desde su origen la historia del más enorme crimen, la historia de la esclavitud que ha falseado la filosofía, desmentido la civilización y puesto en duda la severidad de la moral y la luz de la razón; que ha esterilizado las verdades del Evangelio estimulando la avaricia, la crueldad, la depravación del corazón y todos los vicios que deshonran la humanidad; que ha hecho cómplices del tráfico más monstruoso los tronos, las repúblicas, las religiones y, para mayor oprobio de la raza humana, las virtudes mismas y la inocencia; que ha minado en todo el mundo la constitución de la sociedad, sembrando entre raza y raza odios que no se extinguen, venganzas que no se sacian; que ha plagado, en fin, la humanidad entera, como la lepra judaica, con úlceras que no se curan, con dolores que no se aplacan. ¿Y quién descendió con el estandarte de la libertad a esa región sombría de cautividad silenciosa, eterna y triste, de esa cautividad sin recuerdos de la patria que templasen su dureza, sin las arpas de Judá que acompañasen los suspiros del dolor y los himnos de esperanzas ni sus profetas que anunciasen el día del rescate, el término del cautiverio? Bolívar.

En lo cultural

La ilustración temida, espiada y calumniada por la tiranía que triunfa en la ignorancia y por los vicios que germinan en las sombras, recobró su libre influjo y poderosa atracción, y extendiendo su benéfico imperio hizo retroceder la barbarie que degrada, la rudeza que prepara a la crueldad y la injusticia que abre las puertas del crimen. ¿Y quién protegió la ilustración? Bolívar.

En lo político

La tierra que fue heredad de un hombre y arrendada como un huerto, adquirió independencia y nombre, y entró a la vida política y al consejo de las naciones con voluntad propia y con el sentimiento de su dignidad y de sus derechos. ¿Y quién dio a la tierra independencia y nombre? Bolívar.

Las Asambleas Nacionales reemplazaron los tenebrosos conciliábulos del despotismo y en su seno nacieron las instituciones patrias, fuertes en su justicia, ilustradas como el siglo y puras como el espíritu de libertad. ¿Y quién convocó las Asambleas Nacionales? Bolívar[33].

En adelante el claro catecismo bolivariano, comenzado a elaborar por los exegetas y los propagandistas del pensamiento del Libertador, habría de ejercer sobre los venezolanos la influencia regeneradora y purificadora que emanaba de una vida en la cual pureza y perfección constituían la sustancia misma, evidente y ventajosamente asentada no en un ente abstracto sino en uno concreto, mortal, que si bien no era parecido a cualquiera otro, sí permitía que todos intentasen parecérsele. Es más, todos adquirían el grave e insoslayable compromiso de parecérsele, porque solo así podrían compartir los altísimos valores de todo orden que en él se concentraban.

Virtud y gloria habíanse cosificado en la figura de Bolívar, forjada por la historiografía y por su más activa e íntima colaboradora: la política. Más todavía que cosificado, quizá, virtud y gloria se habían agotado en esa figuración histórica, y ahora la tarea más urgente y elemental de los venezolanos no sería propiamente la de llegar a parecerse al principio inmanente de lo venezolano, sino que radicaba tan solo en merecer de él, en ser grandes en Bolívar[34].

NOTAS AL CAPÍTULO I

1   Véanse los variados epítetos empleados en la historiografía venezolana para designar al Libertador Simón Bolívar, en el índice de Germán Carrera Damas, *Historia de la Historiografía Venezolana* (Textos para su estudio), pp. 511-512.

2   Mario Briceño Iragorry, «La historia como elemento de creación». *Introducción y Defensa de nuestra historia*, p. 137.

3   Estas ideas han sido expuestas más ampliamente en nuestra ponencia titulada «Algunos problemas relativos a la organización del Estado durante la Segunda República Venezolana». *Tres Temas de Historia*, pp. 91-165. Nuevo desarrollo y tratamiento recibió este tema en «Para un esquema sobre la participación de las clases populares en el movimiento nacional de independencia, en Venezuela, a comienzos del siglo XIX», ponencia incluida en nuestra obra *Historiografía marxista venezolana*. (Colección Humanismo y Ciencia, N.º 3). Caracas, Dirección de Cultura de la Universidad Central de Venezuela, 1967, pp. 69-99.

4   Aun a riesgo de que el lector pueda considerarlo cuando menos insólito, me permitiré hacer algunos comentarios acerca de esta interpretación de las implicaciones ideológico-políticas de la desmembración de la República de Colombia, en forma de transcripción parcial de una correspondencia sobre el particular sostenida con el distinguido historiador norteamericano David Bushnell, conocido biógrafo de Santander. En carta de 25 de junio de 1967, Bushnell consigna lo siguiente, refiriéndose a esta obra:

«En un solo caso advertí lo que en mi concepto era un simple error, y esta vez sí tengo todavía una copia de lo que escribió Ud. El pasa-

je empieza en la página 10 y versa sobre la disolución de la Gran
Colombia, atribuyéndose la reacción anticolombiana de Venezuela
a un disgusto con las leyes liberales colombianas. Yo creo que lo que
pasó fue todo lo contrario. Las reformas liberales de los congresos
de la Gran Colombia se expidieron todas entre 1821 y 1826; la
mayoría de éstas se suspendieron total o parcialmente bajo la última
dictadura de Bolívar, a partir de 1827; y si tales reformas influyeron
de alguna manera en la separación de Venezuela, fue su suspensión,
y no su adopción, el factor determinante.

»En efecto, cuando yo hacía mis investigaciones sobre Santander,
me impresionó el hecho de que muchas veces la misma medida
administrativa que en Quito criticaban por demasiado liberal, en
Caracas se tildaba de reaccionaria. Pero no me sorprendía necesariamente; pues creía que la estructura económica de Venezuela, con
su activo comercio de exportación y su grado relativamente mayor
de comercialización de la agricultura y ganadería –en comparación
con Nueva Granada y Quito– debería haber dotado a Venezuela de
la aristocracia u oligarquía más "aburguesada" de la Gran Colombia y por consiguiente haber hecho de Venezuela la sección más
liberal, en el sentido del siglo XIX. Claro que había una excepción
bastante obvia aunque también fácilmente explicable a la luz de la
situación económica venezolana: la esclavitud, pues en Venezuela,
a diferencia de Nueva Granada, aún los voceros liberales clamaban
por la modificación, en sentido regresivo, de la ley de manumisión
de 1821. Por consiguiente, esta ley se modificó una vez llevada a
cabo la disolución de la unión, aumentando el período de servicio
forzoso de los manumitidos; pero las demás reformas, eclesiásticas
o fiscales, que había suspendido Bolívar, casi todas se impusieron
de nuevo, y bastante pronto, bajo los auspicios de la llamada Oligarquía Conservadora, que de esta manera dio fe de su ortodoxia
liberal...

»Tal es, brevemente, mi opinión sobre un punto que Ud. tocó sólo
de paso, más o menos tangencialmente. Nunca he estudiado a fon-

do la opinión venezolana bajo la dictadura de Bolívar y en la época de la disolución de la Gran Colombia, y siempre escucharé gustosamente nuevos argumentos; pero mientras tanto, en lo que a esta cuestión se refiere, su obra por lo demás muy convincente no me ha convencido».

La crítica de Bushnell mereció toda mi atención. Luego de cierta reflexión hice las siguientes observaciones, más que réplicas, el 3 de noviembre de 1967:

«Aún no tengo un juicio formado sobre la cuestión suscitada por su acertada y útil observación, pero creo que la explicación de las diferencias de puntos de vista podría hallarse en lo siguiente: recuerde Ud. que el centro-norte de Venezuela, es decir, lo fundamental de la antigua Provincia de Caracas, estuvo sometida al Poder español restaurado desde 1814 hasta 1821. Durante ese lapso de dominio ininterrumpido se soldaron nuevamente estructuras que sólo habían padecido el impacto de los sucesos bélicos de 1812-1814, con la circunstancia de que la mayor parte de la población republicana de la región (incluida Valencia) había muerto o había emigrado. De tal manera que al producirse Carabobo hubo pánico en Caracas y no era propiamente la ciudad de los sucesos del 19 de Abril de 1810 y del 5 de Julio de 1811 la que recibió a los libertadores (por su parte, Valencia había sido desde muy temprano centro adverso a la República). En Caracas, aun bajo el dominio de Morillo, hubo resistencia tenaz a la Constitución de Cádiz, restablecida en 1820, por sus alcances liberales sobre todo en cuanto a igualdad social. Las fuerzas antiliberales de Caracas recibieron a partir de 1821 el refuerzo de los emigrados que regresaban (recuerdo que ya a comienzos de Colombia el Ayuntamiento de Caracas se negó a aplicar el decreto de expulsión de los españoles) y que se reintegraban a la oligarquía terrateniente (se originan los pleitos relativos a Haberes Militares y adjudicación de bienes secuestrados y confiscados, etc.).

»En suma, un cuadro histórico en el cual no se aprecian adelantos en el orden liberal. Antes, por el contrario, hay conatos incluso de persecución ideológica inquisitorial (Asunto de 'La Serpiente de Moisés', etc.).

»La consideración sumaria de estos elementos, y otros que no cabe exponer ahora pero que incorporaré al texto, había servido de base al pasaje criticado por Ud. Sobra decirle cuánto le agradezco su crítica, y el interés con que la tomo para revisar a fondo ese pasaje».

No obstante, el pasaje en cuestión no ha sufrido cambio y se inserta tal cual en la presente edición. No habiendo podido hacer el estudio cuidadoso que requeriría un cambio de concepción sobre el asunto, cumplo con advertir al lector y proporcionarle algunos elementos de juicio.

5   Al respecto, cabe señalar la contradicción que se advierte entre la siguiente afirmación de Laureano Vallenilla Lanz: «(...) En Venezuela el movimiento disgregativo, que en 1810 tuvo el mismo carácter de *Federación de las Ciudades*, se transformó por circunstancias particulares, en *Federación Caudillesca* hasta el reconocimiento de la autoridad del Libertador, que comenzó a hacer efectiva la República decretada en 1811, estableciendo por primera vez en nuestra historia, la solidaridad mecánica bajo las banderas de la Independencia, dejándonos una fuerte tradición de unidad política, y echando las bases del sentimiento nacional, al punto de que aun en medio de las más encarnizadas luchas partidistas no hayamos tenido que lamentar en ninguna época, ni la más leve tendencia hacia las desmembraciones territoriales que desgraciadamente han sufrido otras naciones de América». (*Disgregación e integración. Ensayo sobre la formación de la nacionalidad venezolana*, pp. LI-LII), y lo escrito por Tomás Lander entre 1833 y 1838, dirigiéndose a los próceres militares ansiosos de poder político: «Señores, la presidencia que hoy adorna las sienes del Rey ciudadano [Luis Felipe de Orleáns]. No se extravíen ustedes. Acuérdense que en errores parecidos incurrieron los Bolívares, los Sucres, los Flores, los Bermúdez. La presidencia de Venezuela no es un galardón de los

guerreros. El candidato de ustedes podrá ser émulo o imitador de Alejandro, pero Venezuela no imitará el imperio que se dividió por su muerte en treinta y dos gobiernos o patrimonios de otros tantos generales. Corrimos igual riesgo en otros días, pero la revolución del año 1829 conjuró la tempestad(...)». «Fragmentos Número 6», *La Doctrina Liberal*, Tomás Lander, p. 260.

6 El debate sobre el crédito y la orientación del gasto público que se plantea en el lapso 1840-1845, una de cuyas expresiones más notables fue la polémica en torno a la creación del Instituto de Crédito Territorial propuesto por el Licenciado Francisco Aranda, revela la trascendencia de esta confrontación de intereses de los dos grandes sectores que componían la oligarquía, los cuales se separaron en mucho debido a esa confrontación. De ella arranca un largo alegato, todavía vigente a comienzos del presente siglo en la obra de Domingo B. Castillo, quien ve en el crédito, en la política monetaria y en la orientación del gasto público las causas del mal que afecta a la sociedad venezolana, y halla el remedio en determinados ajustes de los mismos.

7 Laureano Villanueva, *Ezequiel Zamora*, pp. 15-16.

8 *Ibídem*, p. 18.

9 *Idem*.

10 *Ibídem*, pp. 18-19.

11 José Antonio Páez, *Autobiografía*, vol. II, p. 368.

12 Laureano Villanueva, *Op. cit.*, p. 83.

13 Fermín Toro, «Descripción de los honores fúnebres consagrados a los restos del Libertador Simón Bolívar en cumplimiento del decreto legislativo de 30 de abril de 1842. Hecha por orden del Gobierno por Fermín Toro». *La doctrina conservadora, Fermín Toro*, pp. 321-355.

14 *Ibídem*, p. 326.

15 *Ibídem*, pp. 350-351.

16 *Ibídem*, p. 332.

17 *Ibídem*, pp. 337-338.

18 *Ibídem*, p. 332.

19 *Ibídem*, p. 346.

20 *Ibídem*, p. 349.

21 *Ibídem*, p. 322.

22 *Ibídem*, p. 326.

23 José Antonio Páez, *Op. cit.*, vol. II, p. 374.

24 Simón Bolívar, «Contestación de un Americano Meridional a un caballero de esta isla». *Obras completas*, vol. I, p. 168.

25 La lectura crítica del Discurso pronunciado por Simón Bolívar en el acto de instalación del Congreso, en Angostura, el 15 de febrero de 1819, permite concluir lo siguiente:

1º No está claro el concepto de pueblo que anima el pensamiento de Bolívar en este caso: fluctúa entre el concepto de «pueblo-ciuda-dano», de esencia liberal (correspondiente al de «pueblo-vecino», de la tradición colonial) y el concepto de «pueblo-masa».

2º El pueblo venezolano está pervertido y por lo tanto no es apto para el ejercicio de la libertad. Ha de ser regenerado bajo una firme tutela constituida por un Ejecutivo fuerte que lo contenga, más un Senado que lo refrene y un Poder Moral que le inculque virtudes y buenas costumbres.

3º No se encuentran en el discurso expresiones laudatorias, siquie-ra sean mesuradas, respecto del pueblo. Por el contrario, no parece excesivo concebir el discurso casi como una requisitoria contra el «pueblo-masa».

26 Fermín Toro, *Op. cit.*, p. 349.

27 *Ibídem*, pp. 333-334.

28 *Ibídem*, p. 334.

29 *Ibídem*, p. 348.

30 *Ibídem*, p. 349.

31 *Ibídem*, p. 321.

32 El concepto y la expresión «segunda religión» los utilicé en un artículo titulado «La Segunda Religión», publicado en el periódico *El Nacional* de Caracas, el 16 de junio de 1960 (fue recogido con otros en *Crítica Histórica*. Caracas, Ediciones de la Dirección de Cultura de la UCV, 1960, pp. 55-61). En aquel momento no recordé la procedencia de la expresión. La búsqueda bibliográfica realizada posteriormente a 1962, fecha de elaboración de este ensayo, me permitió encontrar en Manuel Díaz Rodríguez (*Ídolos Rotos*, Caracas, Ediciones Nueva Cádiz, s.d., p. 162) un pasaje que seguramente quedó grabado en mi memoria desde el liceo, sin poder precisarlo. Se refiere a un personaje, Romero: «(...) perteneciente a una familia para la cual hacía veces de segunda religión el culto rendido a Bolívar, él halló en este culto el más alto ideal de su existencia». Por su parte, Santiago Key-Ayala señala que: «el 'bolivarianismo', por obra de celosos apóstoles, se ha convertido en una religión como el cristianismo, a la cual no le faltan Sumo Pontífice, obispos, mayordomo de iglesia e innumerables sacristanes». («Luz de Bolívar», *Obras Selectas*, Madrid, Edime, 1955, p. 329).

33 *Ibídem*, pp. 351-352.

34 El 24 de junio de 1896, en corresponsalía fechada en Bruselas, con ocasión de la muerte de Jules Simon, César Zumeta expuso el principio que parece regir en esta materia: «Si es proverbial la ingratitud de las repúblicas, no es menos constante el tributo que los pueblos celosos de su buen nombre rinden a la memoria de sus bienhechores. Acaso ningún otro acto de la vida nacional contribuye tan poderosamente a la elevación del carácter como esos homenajes póstumos a los ciudadanos ilustres por sus virtudes». (*Tiempo de América y de Europa*, p. 41). El principio se vuelve precepto de religiosa observancia en Romero, personaje de Manuel Díaz Rodríguez, quien «Consideró como el fin más noble y justo que pudiera

dar a su vida, el ser útil con toda su fuerza y entusiasmo a la patria, convirtiéndose para ésta en humilde arcaduz de bienestar y fortuna, y de ese modo contribuir a la grandeza y gloria de la herencia moral de aquel hombre [Bolívar], objeto de adoración en el seno de su familia y en el seno de su alma». (*Ídolos Rotos*, p. 162). El precepto se vuelve criterio normativo para el propio Díaz Rodríguez: «Ya su grandeza [de Bolívar], además, no ha menester de nosotros ni de nuestros ensayos o libros. Más bien somos nosotros los que necesitamos, con hombría cabal, con vida viril de trabajo y de honor, hacernos dignos de su casta y de su herencia». («Árbol de Gloria», *Sermones Líricos*, p. 336). Por último, el criterio normativo se vuelve prédica doctrinadora, políticamente útil: «(...) Hoy como ayer son nuestro credo las normas que él [Bolívar] nos trazara y es nuestra ambición la de hacernos dignos de su gloria». (Luis E. Gómez Ruiz, *Discurso en homenaje al Libertador Simón Bolívar*, p. 3).

CAPÍTULO II
EN BÚSQUEDA DE LA FIGURA
HISTÓRICA DE BOLÍVAR

¡Cuánto se engañan los que creen que es meritorio
quitar al culto su pompa, a la religión su poesía!

Fermín Toro, *Descripción de los honores fúnebres
consagrados a los restos del Libertador Simón Bolívar*

Digámoslo de inmediato: no es nuestro propósito intentar delinear
la figura histórica de Bolívar, en contraste con la creada por la historiografía exegética de su culto. Y no lo es porque ello constituiría
una empresa dilatada y difícil, que requeriría una investigación muy
diferente de los apuntamientos críticos que ahora hacemos. Por tal
razón no se busque en estas líneas una «definición», por así decirlo, de
la figura histórica de Bolívar. Una «definición» equivaldría, por otra
parte, ni más ni menos que a un ensayo de valoración sintética de su
significado histórico. Bien comprendemos que esto último ha de hacerse pronto, y que mucho importará su resultado para el desarrollo
crítico de la historiografía venezolana, pero consideramos también los
serios obstáculos que habrá de vencer semejante necesaria y fecunda
labor, obstáculos que nacen de la ya señalada acumulación de toda
suerte de consejas y exageraciones a costa de la vida del Libertador,
y, cosa más grave aún, de la carencia de estudios relativos a muchos
aspectos del proceso de Emancipación, cuyos aportes son indispensables para llevar a cabo una reubicación crítica de la figura de Bolívar

en nuestra historia. Baste decir, en cuanto a esto último, que el estudio de las cuestiones económicas e ideológicas de la Emancipación se hallan todavía en estado disperso, y que apenas la preocupación por las cuestiones sociales ha adquirido algo más de desarrollo.

Lejos de nosotros, pues, la pretensión de colocar al lector ante lo que de alguna manera podría llamarse «la exacta figura histórica de Bolívar». Nos esforzaremos tan solo por exponer las grandes líneas, y explorarlas muy sumariamente, de lo que podría constituir una guía inicial para la apreciación de esa «exacta figura histórica». Para ello trazaremos algunos nortes exploratorios, y estudiaremos con cierto detalle situaciones o documentos que apoyen o ejemplifiquen dichos nortes. Siga, pues, insatisfecho, por nuestra parte, el deseo formulado por el crítico y escritor Enrique Planchart:

> (...) como cada uno de nosotros lleva su Bolívar por dentro, lo siente, lo piensa y lo ama a su modo, estamos como ansiosos de que alguien ponga de acuerdo a todos estos Bolívares, disímiles y parecidos a un tiempo, y veamos surgir el Bolívar grande, total y viviente en su inmortalidad[1].

Al proponernos nuestra meta enfrentamos una objeción que para algunos parecerá decisoria: estudiar fragmentariamente la figura histórica de Bolívar, a más de ser método equivocado, significa la vana pretensión de juzgar por las partes un todo cuya verdadera dimensión es la cósmica. Pero no es, propiamente, nuestro propósito el definir el todo por las partes. Lo es, en cambio, el estructurar en rasgos bastante amplios la que podría considerarse una crítica de la figura historiográfica de Bolívar, y las ejemplificaciones solo tendrían el carácter de señalamientos de cómo entre la figura historiográfica de Bolívar y su realidad histórica existen vacíos que la crítica revela, y, más todavía, cómo la importancia de esos vacíos o de esas incongruencias permite pensar que la realidad histórica del Libertador difiere bastante de la que han construido empeñosamente sus panegiristas y defensores sin enemigo al frente.

En todo caso, cabe dudar de la efectividad del método tradicionalmente seguido por los estudiosos de Bolívar, centrado en el análisis minucioso de su testimonio –algunas veces completo–, pero animado sobre todo por la secreta y emocionada esperanza de aprehender lo que podría ser el principio heroico del grande hombre. Cuestión de poder decir, en conclusión, «lo que fue Bolívar». Es un método comparable al propuesto por Juan Marinello para el estudio de la obra martiana: «... no hay otra vía para verle la magnitud entera que tocarle la intimidad heroica y entrar en el conocimiento exacto y contrastado de cuanto salió de su pluma. De otro modo, rondaremos la cálida eternidad sin avanzar en el enjuiciamiento cabal»[2].

Sin entrar a considerar, por no venir al caso, las razones que podrían recomendar semejante método para el estudio del pensamiento –fase fundamental de la obra de Martí– de quien se señaló particularmente por sus valores intelectuales y espirituales, podemos decir que esas mismas razones seguramente lo desaconsejarían como procedimiento para el estudio de quien, como Bolívar, tuvo en la acción lo esencial de su vivir. El conocimiento «contrastado», en tal caso, impone ante todo el estudio de la realidad en la cual y sobre la cual se ejerció la acción.

Se trata, en suma, de asomarnos a la visión de un Bolívar al ras de los tiempos. Queremos decir de *su tiempo*, y no del de sus vehementes defensores, el cual, abusivamente, le han forzado a compartir en innumerables ocasiones, distorsionando para ello su realidad al extralimitarse en la valoración de su robusta proyección histórica. Tenemos conciencia del esfuerzo casi sobrehumano que impondrá al investigador de historia –con más fuerzas y mejores instrumentos que los nuestros– la realización plena de esta tarea de crítica histórica. Y quizá debe partir el investigador que se propusiera llevarla a cabo, del reconocimiento sincero de que pesa tanto el culto heroico a Bolívar que el empeño de estudiar sus manifestaciones sin ceder a la visión heroica llega a suscitar inesperados sabores de mezquindad. Y de la mezquindad ridícula, para que más pese, ya que todo intento sugerirá inevitablemente la comparación dimensional entre crítico y criticado, la cual proporcionará, obviamente, «el arma definitiva» a los defensores cortos de argumentos o perezosos de buscarlos. La hallarán, por cierto, en el nutrido arsenal de la defensa bolivariana, pues fue de las primeras en ser forjadas. Juan Vicente González supo blandirla, en el estilo epistolar que tan bien desahogaba su intelecto agresivo y apasionado: «imaginan que ganan algo, rebajando el mérito eminente de Bolívar, y sólo consiguen poner a descubierto su propia pequeñez... ¡qué mengua, querido amigo!»[3].

Todo intento crítico revalorativo de la figura histórica de Bolívar ha de partir del estudio metódicamente realizado de su teatro histórico, con el cual está consubstanciado: la guerra de Emancipación. Pero Bolívar no es solo el principal actor de ese proceso, sino que es también su principal testigo, a diferencia de lo que acontece con otros primeros actores de la historia[4]. Al menos, en tal lo ha convertido la historiografía tradicional, ceñida de manera servil y anticientífica a su rico y elocuente testimonio, expresado en una obra abundante y, sobre todo, continua, que ha proporcionado el esquema al parecer ineludible para la reconstrucción historiográfica de la Emancipación.

Aparte de la aceptación tácita de esta manera de apreciar el testimonio de Bolívar, que aparece por doquier en la historiografía venezolana sobre la Emancipación, son incontables los ejemplos de expresa admisión de la misma. Van desde la ciega sumisión: «(...) ese Libertador de cinco naciones, cuyo testimonio es una prueba abrumante, cuya opinión supera a todas las opiniones»[5], pasando por el mero reconocimiento de la importancia del testigo: «Bolívar, a quien siempre hay que acudir como a uno de los historiadores de la Revolución»[6], hasta culminar en una mezcla de consideración privilegiada y discreta reivindicación de los fueros de la crítica histórica: «un testimonio de Bolívar, uno de sus juicios, cualquier que sea la materia de que trate y sobre todo si se relaciona con la compleja ciencia política, es siempre pieza de primer orden y reclama del historiador atento y cuidadoso examen»[7].

La historiografía bolivariana ha obtenido así su mejor triunfo en el campo de la heurística, al conseguir, por una parte, convertir el testimonio de Bolívar en el *canevas* necesario que ya hemos mencionado, y, por otra, al hacer parecer todos los demás testimonios como meramente complementarios. Esto lo ha conseguido pese a que esos testimonios que hacen figura de complementarios emanan también de testigos que el más riguroso metodólogo no vacilaría en considerar «calificados», puesto que se trata de hombres como Manuel Palacio Fajardo, Juan Germán Roscio, Francisco Javier Yanes, José Antonio Páez, Martín Tovar, etc., todos ellos dotados de la preparación necesaria, y lo bastante cercanos a los hechos de que dan testimonio, como para que se les reconozca más importancia de la que hasta ahora se les ha concedido. Al acopiar las fuentes para su vasto y documentado estudio sobre el general Santiago Mariño, Caracciolo Parra-Pérez pudo observar: «es verdad que para mucha parte de los que se ocupan de escribir historia entre nosotros, multitud de documentos o de cartas que no son de Bolívar ni están dirigidas a éste parecen carecer de interés»[8].

Pero algo equivocados andaríamos si redujéramos el planteamiento crítico a la confrontación de testigos y de testimonios, y si nos enfrascásemos en una discusión acerca de su competencia respectiva. Esto, pese a que los excesos son evidentes: sirva de ejemplo el hecho de que la visión historiográfica de la Primera República venezolana (1811-1812) ha adoptado generalmente como línea única la crítica que de ella hizo Bolívar en el llamado Manifiesto de Cartagena[9], con preferencia absoluta a la hecha por primeros actores de esos sucesos como Manuel Palacio Fajardo, Juan Germán Roscio y Francisco Javier Yanes, entre otros, y pese, también, a que para entonces el coronel Simón Bolívar no era en modo alguno primera figura de los acontecimientos, ni estaba en el vértice de su dinámica, como sí lo estaría más tarde. De esta manera, no sabríamos decir si viola la historiografía tradicional el que parece ser su más firme principio metodológico, o si reafirma su voluntad de restringirlo al testimonio bolivariano. Nos referimos a la fórmula siguiente:

Un suceso cualquiera de la vida humana es narrado con más fidelidad por sus autores. La tradición conserva la verdad, pero desfigurada; los documentos de referencia posteriores al acto, pueden adolecer de involuntarios errores o de juicios parciales; y los historiadores muchas veces no hacen sino novelas, cuando se empeñan en exornar los hechos con la inventiva del ingenio. Pero cuando se ha levantado el proceso verbal del acontecimiento; cuando tenemos escrita la relación sencilla, rápida, llena de las impresiones del momento supremo, por los mismos autores de un drama heroico, de una empresa llevada a la cima con éxito brillante y fecundo, por ánimos resueltos, por ilustres varones que son los fundadores de la Patria, el sentido común solicita con avidez la palabra consagrada[10].

Pero cuando la historiografía tradicional ha querido tomar en consideración otros testimonios además del bolivariano, lo ha hecho generalmente usando este último como punto de referencia, o piedra de toque reveladora, en última instancia, de la verdad que es objeto de controversia testimonial. Se ha llegado a tal exceso en esta práctica dogmática, que de hecho resulta inútil todo esfuerzo crítico acerca de un tema sobre el cual existe testimonio bolivariano, que ha de prevalecer siempre[11].

Todo nos lleva a concluir, pues, que es el estudio histórico propiamente dicho el que nos puede proporcionar el «testimonio» de contraste, y este duerme en los archivos, en forma de los incontados documentos de todo orden que permitirían, como ya deberían haberlo permitido, la reconstrucción del cuadro histórico, si a esos documentos se les hubiese dedicado siquiera una parte de la atención, el cuidado y el estudio que se han prodigado a los documentos bolivarianos. No en balde mientras estos últimos han sido objeto de pacientes búsquedas y de ediciones que los ponen al alcance del investigador, los otros le presentan un reto en razón de su dispersión, de su falta de clasificación en los archivos y hasta de la desidia que ha acarreado su destrucción.

El estudio de esos fondos documentales no solo proporcionará el cuadro histórico —si nos fuere admisible esta manera de ver la historia como un teatro compuesto de primeras figuras y telones de fondo–, sino que permitirá, como ya lo hace en la reducida extensión en que se ha efectuado ese estudio, apreciar críticamente el testimonio bolivariano al considerarlo –y esta sería una más científica comprensión de la historia– como un componente, aunque principal, del cuadro histórico. De este último, así logrado, surgirá la más verídica dimensión histórica de hombres y sucesos. Están muy lejos de haberse creado, por tales razones, las condiciones para la valoración de la figura histórica de Bolívar, si obedecemos a un criterio que mucho difiere del bastante simplista expuesto por el ya citado Enrique Planchart: «A primera vista, la tarea no parece tan difícil, porque el material está ahí; falta sólo el obrero que reúna las condiciones requeridas, las cuales, si grandes, no han de ser por fuerza excepcionales»[12].

Quizá de esta manera pueda algún día ser deshecho el artificio que ha determinado que en la historia de Bolívar este aparezca como su propio autor...

EL LARGO APRENDIZAJE DE UN POLÍTICO REALISTA

En pura lógica heroica y deificante, Bolívar escapa a toda posible clasificación y se aviene mal con cuanto signifique aprendizaje. Por lo primero, Bolívar fue todo cuanto se propuso ser, e incluso también aquello que ni siquiera sospechó ser. Desde guerrero insigne hasta escritor original, es extensa la gama de las facultades que se le atribuyen, y todas realizadas en grado superlativo –de ese que suele destacarse mediante el recurso a las letras mayúsculas–. Son innumerables los testimonios que podrían citarse como prueba del afán de demostrar la omnisciencia del Libertador. Todos ellos tienden, por ejemplo, a hacernos «convenir en que Bolívar no fue sólo el Gran Guerrero, el Gran Político, el Gran Legislador, el Gran Estadista, el Gran Constructor de Naciones, sino especialmente, el Gran Educador, porque nos enseñó a conducirnos hacia nuestro destino, aunque no fuera su culpa que no siguiéramos el camino que nos trazó»[13].

De esta manera, cada vez que conviene a los fines de la oratoria de ocasión, o al propósito muy de actualidad, se inventa y se destaca una nueva facultad del Libertador, la cual, sin opacar por ello las muchas otras ya proclamadas, ocupa momentáneamente el primer plano. El procedimiento es sencillo: basta rastrear en la extensa obra de Bolívar una frase que venga bien a la empresa, o proyectar sobre la actualidad alguna de sus actitudes u opiniones. Lo demás lo pone el fervor bolivariano.

A tal exceso se ha llegado en esta insensata atribución al Libertador de las más inverosímiles facultades[14], que José Rafael Pocaterra se mofa de ello, con certera captación satírica de la realidad, al mencionar en una de sus novelas al «doctor Gragireña Vicuña, el *attaché* de la legación chilena (...) a quien dábanle un almuerzo con motivo de su último opúsculo *Bolívar, campeón de ajedrez*»[15].

En cuanto al aprendizaje, supo Bolívar más por intuición que sus coetáneos por el estudio, y si bien se le conocen preceptores que deben al haberlo sido su actual figuración histórica, se subraya orgullosamente lo poco que de ellos aprendió. También en este aspecto ha llegado a tanto el exceso del culto a Bolívar que ha sido necesario hacerle «correcciones» capaces de atenuar los efectos críticos. Para ello se ha encontrado la fórmula de circunstancia que consiste en admitir que alguna influencia benéfica se ejerció sobre Bolívar, pero que esta no era en modo alguno necesaria, dada la naturaleza genial del discípulo, como sostiene Cristóbal L. Mendoza.

> Aun admitiendo con Lecuna [Vicente], como creo lo cierto, que el temperamento genial del Libertador, su madurez precoz y sus incontrastables impulsos no necesitaban de ninguna ayuda para manifestarse en toda su fuerza y que para ello sólo se requirió el espectáculo de la América en cadenas, aun así, no es aventurado presumir que sus pláticas con el antiguo maestro de primeras letras y ahora experto filósofo [Simón Rodríguez], pláticas cuyo tema exclusivo era, sin duda, la libertad del hombre y la emancipación de los pueblos subyugados, contribuyeran no poco a dar

fisonomía más cabal y más metódico fundamento a los arranques iniciales del Libertador[16].

Mal puede compaginarse esta concepción, entonces, con la de un Bolívar que no solamente es visto como político, sino que se le califica de realista y se le hace tributario de un largo aprendizaje.

Hay renuencia a aceptar que en Bolívar predominase la condición de político, y tal renuencia se fundamenta no solo en el rechazo de toda limitación impuesta a la capacidad universal del Genio, sino también a la incompatibilidad presente, en este caso, entre la más vulgar de las virtudes ciudadanas y la condición deificada del sujeto. No obstante, vista la clara presencia de la acción política como constante en la vida histórica de Bolívar, tan solo dos salidas han quedado: depurar al máximo el concepto para, una vez purificado, atribuírselo a Bolívar; o situar a este en un plano superior a lo humano, del cual se *desprende* lo político, sobre todo en las dimensiones humanas del concepto.

Más difícil de aceptar es la afirmación de que Bolívar no solo fue esencialmente un político, sino que entre los muchos calificativos que cuadran a la especie le corresponde el de realista, y esto es así por las implicaciones supuestas del término. Por político realista suele entenderse el inescrupuloso, o, en todo caso, aquel que no teme abandonar la esfera de los elevados principios. Otra cosa sería, quizá, si al calificativo de realista añadiésemos de seguida: entendido como atributo del hombre público o estadista cuyo pensamiento y cuya acción se hallan siempre vinculados a la realidad del acontecer, sin que por ello resulte afectado su alto vuelo habitual. No hay duda, creemos, de que esto último vendría justo cuando nos referimos a Bolívar, pero es igualmente cierto que su realismo político no vaciló en transgredir los límites que sus cultores le imponen, guiándose para esto por los dictados de una moral política que no siempre es apreciada históricamente. Es natural, pues, que más de una conciencia se alarme cuando no ve coincidir la representación que del héroe se ha hecho con la realidad de su vida histórica, y comprensible también, tratándose de tales conciencias, que no se haya vacilado en mutilar, en disimular, en tergiversar lo que les parecía incongruente con su enfoque, hasta el punto de que bien podríamos pensar que el culto a Bolívar acabará por hacer de su vida ese relato insulso, muestrario de virtudes y predestinación, en que han sido convertidas las vidas de santos para uso catequístico.

Sin embargo, a todo lo largo de la vida histórica de Bolívar predomina el rasgo político, hasta el punto de que su obra militar –y por supuesto la de estadista– se subordina a ese carácter. De allí, por otra parte, su superioridad como dirigente de la guerra. De allí también su condición de estratega rico en recursos, a diferencia de los otros jefes militares cuya destreza en este campo, con todo y ser notable, distaba mucho de poseer el sentido creador que en él tenía, y de alcanzar los altos niveles de concepción que le eran familiares, aunque de ninguna manera exclusivos, pese a la presentación clásica del Libertador como una suerte de profeta cuyos íntimos motivos se imponían a los demás por su grandeza insospechada, y no por corresponder a lo que bien podría llamarse conciencia colectiva surgida al calor de la guerra. Es la forma mítica de «explicarse» los hechos heroicos, propia de nuestra literatura histórica:

> Bolívar fue en busca de Piar [a Guayana, en 1817] con quince compañeros. ¿Qué traía? ¡Un sueño! Él venía de Casacoima en donde había realizado en los limbos de profético delirio la redención del continente. Esa visión era una fuerza incontrastable. Sólo él la comprendía, sólo él se sabía capaz de realizarla, cuando él hablaba lo hacía en nombre de prodigios que por entonces sólo existían en su mente; en nombre de Bomboná, de Pichincha y de Ayacucho no nacidas a la historia; por eso su palabra bajaba de tan alto y se imponía. Cuanto repugnaba a su plan o no encajaba en él; cuanto no ajustaba ordenada y dócilmente dentro de la inmensa órbita de su inmenso empeño debía ser aniquilado y destruido como superfluidad nociva a la empresa colosal que él se proponía[17].

La idea de que la capacitación política de Bolívar fuese el producto de un prolongado y accidentado aprendizaje resulta chocante a la historiografía bolivariana, la cual ha soslayado la dificultad invocando su genio creador, auxiliado por potencias que solo en él adquieren carácter de facultades. Incluso la exégesis bolivariana más reciente ha insurgido contra tales excesos: «Se equivoca la Escuela Tradicional cuando tras calificativos que pretende elogiosos, predica como característica bolivariana el *impromptu*, la dispersión mental y la casualidad», observa J. L. Salcedo Bastardo. Mas tal hace para perfeccionar, a partir de allí, la visión de Bolívar como ajeno al influjo de la realidad entendido como aprendizaje, pues el mismo autor añade: «Las líneas sustanciales de este programa coherente [de la Emancipación] que Bolívar perfecciona y explana en el curso de su existencia, están declaradas desde el año primero de su acción pública», «Desde 1810, aunque en estado embrionario, existió el programa orgánico y sincrónico que rigió la conducta del Libertador hasta su muerte»[18]. En otras palabras, la experiencia tan solo habría servido para robustecer y enriquecer lo que ya existía, en cierto modo, como perfecto en la mente de un joven y exaltado político que se hizo merecedor, por entonces, de estos severos juicios: «Hasta la época de la revolución de la independencia, la opinión de Sanz [Miguel José] fue que Bolívar era incapaz de grandes ideas; y Gual [Pedro], otro testimonio de valía, juzgó que hasta 1812 aquél no había revelado las grandes manifestaciones con que apareció más tarde»[19].

Por obra de esta corrección aportada a la tesis tradicional, habría habido en Bolívar una pre-visión de lo que sería la Emancipación ya en un momento tan temprano como 1810, cuando contaba veintisiete años y se iniciaba apenas una desconcertante cadena de acontecimientos que trajo perplejidad a más de una mente sólida, instruida y sagaz. Para construir semejante prodigio tómanse como argumentos de apoyo referencias a ideas que además de dispersas eran bastante comunes a los partidarios de la independencia. Tal operación es posible mediante la personificación –a posteriori– de esas ideas generales en Bolívar.

Independientemente de la poco firme fundamentación de esta tesis, si se le aceptara resultaría del todo incomprensible la incesante cadena de aciertos y errores, y por ende de rectificaciones, observable en la acción política de Bolívar. Menos comprensible todavía resulta la cautela que el propio Bolívar exhibe en sus opiniones acerca del curso futuro de los acontecimientos, incluso en momentos cuando ya la lucha por la independencia contaba con un pasado en qué apoyar las previsiones: «Todavía es más difícil presentir la suerte futura del nuevo mundo –dice en la llamada «Carta de Jamaica», del 6 de setiembre de 1815–, establecer principios sobre su política, y casi profetizar la naturaleza del gobierno que llegará a adoptar. Toda idea relativa al porvenir de este país me parece aventurada»[20].

No es difícil ejemplificar este que llamamos largo aprendizaje de un político realista. Hay a mano muestras procedentes de las diversas esferas en que se ejercitó la acción de Bolívar. A reserva de que cada una de esas muestras merecería más amplia y mejor fundamentada exposición que la que ahora hacemos, las presentaremos en sus líneas generales.

En el orden político general puede señalarse como el más instructivo tránsito, de los recorridos por Bolívar, el que lo llevó desde la posición encendida y hasta enconada que asumió como censor, en 1812, al juzgar ante la opinión americana la conducta y los hechos de los fundadores de la Primera República Venezolana, hasta la «rectificación» política y el no menos «político» y «estratégico» uso de esos mismos hombres cuando así convino a sus altas metas.

En sustancia, dicho tránsito consta de las siguientes etapas:

a) Abrumadora condena de los hombres que fundaron la Primera República Venezolana (1811-1812), al señalarlos como responsables principales del fracaso de la misma, y ello tanto por su incapacidad política como por la improcedencia de sus principios y por su propia condición personal. (Véase la *Memoria dirigida a los ciudadanos de la Nueva Granada por un caraqueño*, fechada en Cartagena de Indias el 15 de diciembre de 1812)[21]. Esta actitud la mantendrá hasta su entrada a Caracas, el 6 de julio de 1813, al cabo de la llamada Campaña Admirable, y se refleja en la severa comunicación que dirige al Arzobispo de Caracas, en términos de: «Instruido por una experiencia cruel he descubierto que las contemporizaciones y la impunidad en tiempo de la primera junta suprema y de los poderes ejecutivos dieron audacia a los conspiradores y a los enemigos(...)». (Simón Bolívar al Arzobispo Narciso Coll y Prat, Caracas, 10 de agosto de 1813)[22], y se expresa con toda crudeza en carta al Gobernador de Barinas: «Lamento ciertamente que reproduzcáis las viciosas ideas políticas que entregaron a débil enemigo una república entera, poderosa en proporción». (Simón Bolívar a Manuel Antonio Pulido, Caracas, 13 de octubre de 1813)[23].

b) Llegado a Caracas, al comprobar la tenaz supervivencia de los principios que informaron el primer ensayo republicano, comprende que su criterio no es generalmente admitido, de ninguna manera, e invita a los letrados a opinar sobre la organización del nuevo Estado. Las respuestas más cuidadosas y razonadas, emanadas de la pluma de Francisco Javier Ustáriz y de Ramón García Cádiz[24], si bien admiten parcialmente rectificaciones importantes al primer orden republicano, demuestran a Bolívar que ese orden todavía es defendido en lo esencial. La contrariedad le hace decir, refiriéndose al proyecto de Ustáriz, al enterarse de que había sido aceptado por la población de la isla de Margarita: «Este papel nunca ha pasado de mero proyecto de un particular(...)». (Simón Bolívar a Juan Bautista Arismendi, Gobernador de la isla de Margarita. Caracas, 18 de noviembre de 1813)[25]. En otras palabras: había solicitado el apoyo de aquellos mismos a quienes culpaba del anterior fracaso, y las respuestas de estos demostraban la supervivencia de sus posiciones.

c) Al desmoronarse este segundo intento republicano, de manera no menos aparatosa que el primero y pese a la enérgica política proclamada y practicada por Simón Bolívar, primero de hecho y luego al ser designado tardíamente dictador, proclama en su *Manifiesto de Carúpano*, del 7 de setiembre de 1814: «Es una estupidez atribuir a los hombres políticos las vicisitudes que el orden de las cosas produce en los estados, no estando en las esferas de las facultades de un general o un magistrado contener en un momento de turbulencia, de choque y de divergencia de opiniones el torrente de las pasiones humanas, que agitadas por el movimiento de las revoluciones se aumentan en razón de la fuerza que les resiste»[26]. Preludiaba con esto la defensa de su actuación en Venezuela que haría poco después ante el Congreso de la Nueva Granada: «(...) un conjunto de causas inexplicables por sus enlaces y extensión han concurrido poderosa e inevitablemente a nuestra ruina»[27]. En vano buscaríamos semejantes ponderación y ecuanimidad en el citado Manifiesto dado en Cartagena el año anterior.

d) Arrinconado a la más difícil situación de su carrera, obligado a dejar la Nueva Granada sin haber podido reconquistar el favor de la opinión pública, que veía en su política la causa del nuevo desplome de la República de Venezuela, Bolívar se enfrenta a la crítica de sus propios compañeros de causa, algunos de los cuales formulan en su contra la acusación de tiranía y despotismo militar, refiriéndose a esa misma política[28]. Pasado el alto reflexivo que condensa en su llamada «Carta de Jamaica», apenas pone pie en Margarita, el 8 de mayo de 1816, proclama su voluntad de convocar el Congreso[29]. Más tarde, en vista de nuevas dificultades, en proclama dada en Margarita el 28 de diciembre del mismo año reivindica políticamente a los autores del fracaso de 1812: «Si aquellos que fueron legítimamente constituidos por los representantes de los pueblos en el primer período de la República, existiesen libres y entre nosotros, les veríais ocupar las dignidades que les fueron conferidas; pero la más deplorable fatalidad nos priva de los servicios de estos funcionarios. Los más se hallan ausentes, muchos oprimidos, muchos muertos y otros son traidores. No obstante que su autoridad ha prescrito, habiendo terminado sus funciones, yo los habría convidado a continuar de nuevo el Gobierno de la República», aunque bien vale la pena apuntar que a nada concreto comprometía este reconocimiento, ya que las circunstancias permitían añadir: «(...) Ellos no aparecen en el seno de la patria libre; es, pues, indispensable reemplazarlos»[30].

e) Todo quedaba dispuesto, de esta manera, para cerrar el ciclo: Bolívar lo hace ante el Congreso reunido en Angostura en 1819, cuando las disidencias habían sido liquidadas en lo fundamental y cuando varios de los mismos encausados en 1812 se habían sumado –transitoriamente, es cierto– a su política. Allí la exaltación de los méritos de la obra de los fundadores de la República es «(...) no menos vehemente y apasionada que la condena formulada en Cartagena siete años antes, aunque preservando su propia concepción del Estado fuertemente centralizado que de manera consecuente se desarrolla a lo largo de su obra»[31].

En suma, el análisis histórico siquiera medianamente crítico de textos y sucesos permite poner en tela de juicio la actitud asumida por la historiografía tradicional sobre este punto: aceptación casi absoluta del testimonio bolivariano. Esta aceptación esta encuadrada en el criterio de Rafael María Baralt al respecto, cuando nos dice que en ese manifiesto Bolívar:

> (...) probó que tenía igualmente el ojo certero de un buen político, la energía de un hombre de revolución y los vastos y atrevidos proyectos de un guerrero. Por dos respectos igualmente importantes interesa a la historia aquel escrito: el primero, porque explica con verdad y claridad un suceso notable: el segundo porque nos revela su modo de pensar acerca de varios puntos capitales de la política americana[32].

Estas dos líneas estimativas trazadas por Baralt han quedado definitivamente grabadas en los estudios históricos sobre la Primera República Venezolana, y la repetición mecánica y fiel de las críticas de Bolívar constituye la «explicación oficial» de los hechos. Son contadas las voces que se han atrevido a decir, como Laureano Vallenilla Lanz, que: «Infundadas fueron en mucha parte las amargas críticas con que el Coronel Simón Bolívar fustigó en 1813 [1812] la obra de nuestros primeros constituyentes en la Memoria que dirigió desde Cartagena de Indias al Congreso de la Nueva Granada, exponiendo los motivos que produjeron la pérdida de la Primera Patria»[33].

En resumidas cuentas, ¿en qué consiste este aprendizaje de Bolívar como político realista? Procesos como el que hemos trazado a grandes rasgos, dan prueba de su capacidad para captar la realidad y para adecuarse a ella con el mayor provecho para las metas perseguidas. En el caso que acabamos de ver existe una constante: Bolívar rechaza la forma federal de gobierno y promueve la formación de un gobierno fuertemente centralizado. Ahora bien, observamos que a todo lo largo de las situaciones que hemos estudiado, la posición de Bolívar permanece substancialmente inalterada, pero sabe admitir enmiendas —algunas reales, otras aparentes— en las cuestiones secundarias, generales o marginales, hasta el punto de variar su posición al respecto siempre y cuando lo juzgue conveniente —y sobre todo oportuno— para el logro de un objetivo político.

La evolución de la actitud de Bolívar ante el problema de la esclavitud, y más todavía la manera como se desenvuelve durante la prolongada pugna con los caudillos orientales hasta su alianza con José Antonio Páez en 1818, son también demostraciones magistrales de realismo político, realismo que llega a adquirir nivel de intenso dramatismo en el proceso y ejecución del general Manuel Piar.

Al lector poco familiarizado con los modos de historiografía venezolana —más que con la Historia de Venezuela—, podrá parecerle extraña y quizá censurable esta necesidad de demostrar lo que a otras historiografías resulta obvio, es decir que los grandes hombres son a la vez ductores y aprendices de sus propias obras. Sin embargo este principio general, que responde a la naturaleza dinámica del hacer histórico, ha sido tergiversado hasta el punto por el culto heroico al Libertador que se hace necesario reivindicarlo, aun a riesgo de ser tomado por descubridor de cosas sabidas. La explicación de esta circunstancia podría hallarse en la notable distorsión de la perspectiva histórica a que hacíamos referencia al comienzo de este capítulo, distorsión que ha consistido en enfocar los hechos de Bolívar a partir de su figuración como el Libertador y Padre de la Patria, refiriendo a esta realidad culminante todo el proceso que a ella condujo, el cual se ve convertido así en una especie de mero preanuncio de la misma.

EL PADRE DE LA PATRIA

La Campaña de la Nueva Granada, vasta y arriesgada operación que marca una transformación profunda en la concepción estratégica de la guerra emancipadora, da como resultado no solamente un cambio de la relación de fuerzas, hasta entonces favorable al eficaz dispositivo militar montado por Pablo Morillo al frente del único ejército organizado que había actuado en Venezuela. Produce, lo que no es menos importante, al Padre de la Patria, al Padre de Colombia, al Libertador admirado, temido y acatado. El triunfo magnífico echaba al olvido una trayectoria militar en la cual no escaseaban, al lado de victorias espléndidas, victorias a medias por mal consolidadas y hasta puras y simples derrotas aparatosas. Poco podía el hiperbolizado brillo de la Campaña Admirable de 1813 en contraste con el abrumador derrumbe de la Segunda República bajo los golpes de José Tomás Boves. Y ese era, hasta el momento, el más notable hecho militar de Bolívar en tierras venezolanas. No en balde otros jefes, Piar[34] y Mariño entre ellos, no hallaban nada descabellado el equiparar sus propios méritos con los de Bolívar.

Pero Boyacá alumbró al Padre de la Patria. En adelante sería ridícula toda pretensión de los jefes de segunda fila de disputarle a Bolívar el primer rango. No solo en Venezuela se afirmó el poder y el prestigio del victorioso general. La opinión pública de la Nueva Granada, que le fuera tan adversa en 1814, cuando de nada valieron protestas y explicaciones para disipar la desconfianza nacida de la política de guerra a muerte practicada en Venezuela[35], dio un vuelco total: la represión ejercida por Morillo y la increíble cuanto definitiva victoria de Boyacá obraron el portento. Ya el 18 de abril de 1820 los carteles pegados por las calles de Bogotá invitaban a un acto literario que debía efectuarse el mismo día en el Convento Máximo de esa ciudad, y lo hacía en los siguientes términos: «Al Xefe Supremo / al héroe incomparable / Espanto de la Iberia y Gloria de la Patria, / al Guerrero Invicto / Azote de los tiranos y Protector de los Hombres, / al Genio de la Empresa, / Sereno en la Adversidad, Modesto en la Elevación / y / siempre grande/ Simón Bolívar / Libertador, Presidente y General de las Armas de la / República de Colombia, / la Provincia de Franciscanos de Cundinamarca, en señal de gratitud, obsequio y admiración»[36]. Unos cuatro años antes, refiriéndose a los bogotanos asediados que resistían a las fuerzas del Congreso, bajo su mando, Bolívar había dicho: «(...) esos cobardes tanto como fanáticos me llaman irreligioso y me nombran Nerón; y yo seré pues su Nerón, ya que me fuerzan a serlo contra los más vehementes sentimientos de mi corazón»[37].

La conformación del Padre de la Patria es un hecho histórico de singular trascendencia para los venezolanos. No es un hecho único, pues otros comparables o similares se han producido en diversos pueblos. Llámanles fundadores de la Patria, o creadores, y presiden simbólicamente los orígenes de una nueva estructura de la nacionalidad. Asocian su nombre a un acto inicial, fuente visible de un estado de cosas que contrasta marcadamente con el precedente, y por ello personifican el cambio mismo. Bastará, entonces, mencionarlos para evocar toda una situación histórica. Pero la condición de Padre de la Patria reconocida a Bolívar desborda bastante los límites de esa transfiguración histórica, porque en esa designación va implícita la noción de creador mismo de la Patria, de supremo hacedor, y una vez admitido esto se derivan consecuencias lógicas que llevan el pensamiento por caminos característicos. Son estos caminos lo que interesa observar para los fines de nuestro ensayo, sin detenernos a examinar el fundamento histórico de los mismos más que ocasionalmente, y en cuanto sea imprescindible para su estudio.

La condición de Padre de la Patria implica unicidad, y sitúa a quien la vive en un nivel de grandeza y originalidad exclusivos. Estas cualidades le han sido reconocidas a Bolívar: «En todo fue grande, en todo fue original»[38] y elevadas por el culto heroico a tal grado de perfección que se les hace consustanciales con la personalidad del glorificado, apareciendo la grandeza y la originalidad como modos de su ser. De esta manera se vacía el concepto de originalidad de su contenido histórico, al vérsele en forma absoluta, y se hace recaer sobre el mortal a quien tal cualidad se atribuye la tremenda responsabilidad de ser original, con olvido de que «(...) la influencia histórica y la importancia absoluta de una idea no dependen jamás de su novedad sino de la profundidad y de la fuerza con que ha sido comprendida y vivida»[39], o lo que es lo mismo, que el máximo de originalidad a que puede aspirarse depende de la posibilidad de hallarse situado en la culminación de un proceso, o sea de la posibilidad de representar la más clara e intensa vivencia de una idea socialmente compartida.

De tal suerte, lejos de existir el original, en el sentido de la novedad absoluta de sus recursos, es forzoso volver a una concepción más mesurada de la originalidad, es decir más histórica, y el solo recuento de los antecedentes de la originalidad define sus límites. Pero no es esta una convicción arraigada en el pensamiento venezolano, y la originalidad de Bolívar resiste victoriosamente los asaltos de la razón, bien sea mediante la simple ignorancia de los mismos, bien sea mediante adopción de nuevas formas que buscan preservar lo que encubren. Así, aunque pareciera que Arístides Rojas limita la originalidad atribuida al Padre de la Patria cuando lo hace tributario de un desarrollo histórico, al decir que:

> (...) desciende de todas las épocas del progreso moderno. Nace, cuando Washington de pie sobre el pedestal de la gran República saludaba a las futuras nacionalidades del continente. Crece y desarróllase en medio de los triunfos de la Revolución Francesa. Piensa, ambiciona, obra, cuando una idea fecunda, la libertad del hombre, comunicaba su calor a todos los pueblos de la tierra. Bolívar desciende de la intentona de Gual y España en 1797, y de la

expedición de Miranda, en 1806. Bolívar desciende de los sucesos de 1808 y 1809, cuando bajo la sombra del árbol sagrado, funda el partido radical. Bolívar desciende del 19 de Abril, porque sus compañeros son los que salvan la revolución en los momentos de su nacimiento. Bolívar desciende del 19 de Abril, porque él abre las puertas de la diplomacia americana en las naciones del viejo mundo(...)

Y más aún cuando concluye, refiriéndose a los inicios de la Emancipación, que la «(...) obra de esta época es el resultado de una idea gestatoria [*sic*] en su lucha contra la tradición, las preocupaciones, los hábitos, el temor»[40], en realidad lo que hace es montarle un nuevo escenario al criterio de originalidad aplicado a Bolívar como Padre de la Patria, por cuanto él sobresale como figura que poco o nada tiene en común con su propio contexto histórico inicial, y su distinción y singularidad emanan de una cualidad personal:

> (...) Un carácter tan definido [el de Bolívar] era necesario y provechoso en una época que participaba de la influencia deletérea de prolongados años de servilismo colonial, en la cual los hombres vacilaban por la carencia de ideas fijas, y se comprometían ante la autoridad, como imprudentes y débiles, por la más completa ausencia de carácter moral[41].

Y en Bolívar sobresalía, precisamente, una idea fija, una constante inclinación que se entronizó en su *psiquis* hasta el punto de convertirse en rectora de sus actos históricos. Esa idea fija está representada por la solicitud de la gloria, por la conciencia de la propia grandeza. Si algún rasgo de la personalidad del Libertador ha sido reconocido unánimemente, es precisamente su deseo de gloria. Testimonios expresos y directos fundamentan ese reconocimiento. El balance de su personalidad, juzgada por sus actos políticos, militares y morales, lo confirma. Y es de sobra conocida su declaración de fe quijotesca, ubicándose a sí mismo dentro de un tipo de personalidad que ha sido objeto de minuciosa caracterización:

El ansia de gloria y renombre es el espíritu íntimo del quijotismo, su esencia y su razón de ser, y si no se puede cobrarlos venciendo gigantes y vestiglos y enderezando entuertos, cóbraselos endechando a la luna y haciendo de pastor. El toque está en dejar nombre por los siglos, en vivir en la memoria de las gentes. ¡El toque está en no morir! ¡En no morir! ¡No morir! Ésta es la raíz última, la raíz de las raíces de la locura quijotesca. ¡No morir!, ¡no morir! Ansia de vida; ansia de vida eterna es la que te dio vida inmortal, mi señor Don Quijote; el sueño de tu vida fue y es sueño de no morir[42].

El sentido de la propia grandeza y la ambición de gloria, dadas en un grado de particular intensidad en el Padre de la Patria, se confunden, en este orden de ideas, con su originalidad, la cual se acrecienta al comparársele con la menor intensidad de esos rasgos en quienes le rodearon de cerca, y con su casi total ausencia en quienes le siguieron. Elevada al grado de obsesión, la ambición de la gloria hace del Padre de la Patria un gran practicante del vicio definido por San Agustín cuando, al explicar la grandeza del Imperio Romano, lo veía confiado por Dios a «hombres apasionados de la alabanza y el honor, que cifraban la gloria en la de la Patria y estaban siempre dispuestos a sacrificarse por su salvación, triunfando así de su codicia y de todos los demás vicios gracias a este vicio único: el amor a la gloria. Pues no debemos disimulárnoslo, el amor a la gloria es un vicio...»[43].

El amor a la gloria, como el comprobado desprendimiento exhibido por Bolívar en los demás órdenes de apetencias, le hace tributario de un vicio único, así definido. De él puede afirmarse, siguiendo a Unamuno, que: «El deseo de la gloria fue su resorte de acción»[44]. Y cabría añadir, objeto preferente de su preocupación, si damos fe al testimonio de Daniel Florencio O'Leary, aunque no a su conclusión, nacida seguramente de su acreditada devoción y fidelidad al Padre de la Patria: «Muchas veces le vi –dice O'Leary–, lleno de ira, o más bien sufriendo indecible tormento, con la lectura de un artículo escrito contra él en algún despreciable papelucho. Puede esto no ser característico de un alma grande, pero sí manifiesta gran respeto a la opinión pública»[45].

El grande hombre que se perturba ante cualquier atentado a su prestigio, denota, más bien, cuánto vale para él la pureza de su gloria, y no propiamente un exagerado respeto por quienes podrían juzgarle. Pero la gloria de un grande hombre, como todo producto histórico, puede ser vista como un ciclo, como un desarrollo en el cual se aprecian momentos o etapas de significación propia y relativa. El ciclo de la gloria del Padre de la Patria es sumamente claro y se evidencia —una manera entre muchas— en su reacción ante atentados como los mencionados por O'Leary: las feroces diatribas de José Domingo Díaz en la *Gaceta de Caracas*, y en sus manifiestos políticos dejaban indiferente —por intocado— a quien, «lleno de ira», se estremecía bajo los golpes de algún pequeño enemigo emboscado entre las escuálidas páginas de un «papelucho». Marcan, estos extremos, el camino recorrido por la gloria de Bolívar hasta convertirse en el Prestigio del Padre de la Patria. La gloria en combate es menos vulnerable que la gloria en reposo, porque la primera se defiende a sí misma mientras la segunda se ve obligada a alimentarse del pasado.

El Padre de la Patria es, como producto histórico, la confluencia magnífica de una multitud de actos notables y gloriosos, que integran un prestigio, amplio y sólido hasta el punto de que se hace difícil concebir su intensidad visto a la distancia histórica. Buena muestra de la vastedad de ese prestigio, que desbordaba sobradamente el ámbito colombiano, es la correspondencia destinada a Bolívar que procedía de los hombres más notables de su tiempo, muchos de ellos representativos en sus respectivos países de las ideas más avanzadas y de las concepciones más progresistas[46]. El historiador soviético José Lavretzki aporta una demostración de este hecho al informarnos que: «(...) La prensa progresista rusa de la época, las revistas que respondían a la corriente llamada decembrista, que preparaba una sublevación republicana que estalló el 25 de diciembre de 1825, con mucha simpatía, seguía las luchas de los patriotas latinoamericanos», e insertaba biografías de Bolívar, Sucre, Santander y otros próceres[47]. El mismo historiador, en su biografía de Bolívar, aún inédita en castellano, recoge un fragmento de un artículo aparecido en *El Telégrafo Moscovita*, dos años antes de la muerte de Bolívar, en el cual, luego de un somero recuento de sus trabajos y proezas, se pregunta: «¿Se precisa acaso de otros prodigios para merecer el título de héroe?»[48].

Seguir la secuencia cronológica de los testimonios de la admiración suscitada por la obra de Bolívar permite apreciar el proceso de integración de su máxima condición de Padre de la Patria. El clímax de este proceso se sitúa aproximadamente entre los años 1825 y 1826, cuando consolidada la Emancipación de Colombia, Perú y Bolivia, pudo decirse de la gloria de Bolívar lo que asienta la Municipalidad de Caracas en un acta del 1º de marzo de 1825: «Las sublimes plumas de Europa y de América, se han remontado en el elogio de Bolívar: los oradores le han ensalzado, y le ha imitado la pintura. ¿Por qué a la escultura se ha de imponer la injusta prohibición de inmortalizarle?»[49].

¿Cómo ha apreciado este prodigioso ascenso el pensamiento venezolano, al configurar la imagen de Padre de la Patria? Bien puede decirse que, primeramente, ha reflejado el asombro ante la trayectoria de quien partió de una condición inicial más bien modesta, presentada así por Rafael María Baralt:

> Ya hemos visto cómo había caído por traición el joven Coronel en manos de Monteverde. Poco temido hasta entonces y generalmente amado en su patria, obtuvo poderosas recomendaciones para el capitán general; y éste, muy torpe para penetrar las pasiones y el espíritu de aquel hombre, le vio con más indiferencia que a otros muchos patriotas infinitamente menos peligrosos[50].

Y se elevó a un rango cuya majestad hizo retroceder la pluma del biógrafo Ramón Azpúrua, quien en 1877, al componer sus *Biografías de Hombres notables de Hispanoamérica*, justifica la omisión de la reseña biográfica de Bolívar en estos términos:

> Ningún rasgo de este género concreto al Libertador, debiéramos colocarlo en esta pequeña obra; y como explicación de la deliberada omisión, diría-

mos —que nos parece ser deficiente todo esbozo biográfico, tratándose de hombres como Bolívar. Los fastos de cinco naciones, obra del patriotismo, inteligencia y heroísmo del Genio portentoso de que fundadamente se honra Caracas, son la biografía del Padre y fundador de aquéllas: por donde quiera que se abra la historia de gran parte de Hispanoamérica, se encontrará el nombre de Simón Bolívar[51].

Todo por efecto de sus propias obras, cuyo inventario, impresionante por el esfuerzo que suponía tal cúmulo de dificultades, hacen de Bolívar un héroe singular. Basta considerar la relación de «los trabajos de Bolívar», hecha por Juan Vicente González al establecer el parangón con Washington, para comprender la inevitabilidad de la derivación mitológica. Pero más interesante aún es que esos trabajos, por su índole, conducen a la visión de Bolívar como un hombre prodigioso, lleno de recursos propios, capaz de suplir las carencias del medio en que se mueve apelando a las potencias de su propia naturaleza: «(...) Sin ejército, ni recursos, todo debe salir de su cabeza; los congresos nacen con sus victorias, ni tienen más asilo que el círculo que les traza su espada; nada tiene confianza sino su corazón; los hombres no tienen fe sino en él»[52]. De allí que se impusiera su carácter de hombre necesario, visto imaginativamente venciendo monstruos salidos de los mundos de la caballería medieval o de la historia sagrada, ya que «para libertar la Patria era necesario un Simón Bolívar, puesto que sus enemigos no eran tan sólo España y los realistas, sino multitud de obstáculos que como la sierpe de la fábula por cada cabeza que perdía, recobraba dos[53].

Nada más lógico que el prestigio de quien había sido capaz de vencer tantas dificultades creciese a medida que la fama de sus triunfos penetraba las conciencias y los sentimientos de los americanos. Para estos, tanto las causas del prestigio del héroe como la fuerza de su ascendiente derivaban de hechos que transformaron sus vidas hasta el punto de que los colocaba en el trance de reconstruir la sociedad. No era, pues, asunto de inculcar el respeto y la admiración por un prestigio cuyas raíces nacían de la vida de todos: «(...) el ascendiente extraordinario que sobre sus compatriotas había adquirido el genio de Bolívar (...) podría justificarse por las victorias de Bomboná y Pichincha, por la feliz campaña del Perú con los inmortales triunfos de Junín y Ayacucho, y por la definitiva independencia del Continente Americano»[54].

Pero no solo de sus obras era hijo el prestigio del Padre de la Patria. Sus triunfos, al difundirse por los vastos territorios libertados, fueron adquiriendo el tono mítico que la conciencia popular siempre pone a los hechos extraordinarios, lejanos y mal conocidos. Al crecer y mitificarse la grandeza de las hazañas cumplidas, no podía dejar de hacerlo la personalidad de quien las realizó. Y así quiso la leyenda que no fuese sino un ser extraordinario, diferente, casi mágico, el que guio los esfuerzos de pueblos enteros en su lucha emancipadora. Vino de inmediato el descubrir y el proclamar los rasgos que singularizaban el personaje y daban satisfacción a la aspiración de lo divino implícito en la mitificación del héroe. Con el tiempo, lo que fue elemental, primitiva reacción del alma popular, se convirtió en un influjo que sobre ella ejerció la mitificación intelectualizada por escritores e historiadores, como lo apunta Mario Briceño-Iragorry:

> No desdigo de que ciertos hechos de la vida de Bolívar se eleven a la luminosidad del mito: el pelotazo al birrete del futuro Fernando VII, el juramento en el Monte Sacro, el delirio en el Chimborazo, el salto sobre el Tequendama, así estén en tela de juicio, dan contornos de eficacia creadora a la figura del padre inmortal. Sobre ellos se escribirá siempre con provecho para entender la singular voluntad del grande hombre[55].

Realidad y mito se confunden así para integrar la persona del Padre de la Patria. Su inmenso prestigio se funda por igual en la destrucción de poderosos ejércitos y en signos anunciadores de una predestinación y de una superioridad indiscutibles —de las cuales nos ocupamos en otra parte de este ensayo—. En suma, si la proeza militar se explica por las cualidades superiores de su realizador, estas últimas se justifican por la primera. El resultado global es la institución del prestigio del Padre de la Patria, elevado a una altura que lo hacía héroe singular en todos los tiempos históricos, y que, aún más allá, no encuentra paralelo ni siquiera en la edad nebulosa de los dioses y semidioses. Así lo asienta la Municipalidad de Caracas en el acta, ya citada, del 1º de marzo de 1825:

> Los grandes guerreros que celebra la fama son a proporción pequeños al lado de nuestro héroe. Si Hércules derribó tres tiranos, Bolívar ha libertado tres naciones con sólo un golpe de su brazo. Esa barrera impenetrable de acero se evaporó al constante soplo de su inimitable valor; los campos de Boyacá, Carabobo, Pichincha, Bomboná, Junín y Ayacucho, estas aras ilustres de la libertad, serán otros tantos motivos de veneración para el viajero, y de admiración para las edades futuras. Cuando afirmada la paz, cese el ruido de los tambores y cornetas, un himno de gratitud al héroe desde el Desaguadero al Orinoco, se comunicará por los Andes, y Bolívar, el sólo nombre de Bolívar, formidable siempre a los tiranos, será eternamente el Paladión de toda la América del Sur[56].

Agotada la posibilidad de parangonarlo, seca la fuente de adjetivos, desbordada la gratitud y la admiración de los pueblos, difícilmente habría podido imaginarse mayor concentración de poder en un hombre: los pueblos no solo obedecían sus mandatos sino que emulaban entre sí en el empeño por expresar gratitud a quien veían como el autor universal de su nueva existencia. Esta existencia tan ansiada, tan trabajosamente alcanzada, aparecía convertida en el don de un ente superior y mítico denominado Padre de la Patria, y en esta denominación se halla implícita la relación que con él guardaban los ciudadanos comunes.

Pronto, cuando en la obra del Padre afloraron contradicciones; cuando la edificación levantada tan esforzadamente se reveló inoperante, defectuosa, más propia para desunir que para unir, el empeño del Padre por preservarla se volvió incómodo para acabar siendo intolerable: «Bolívar redobló sus esfuerzos para verla restablecida [a Colombia]; pero su conducta lo hacía cada vez más temible(...)»[57]. A su renovado empeño conservador correspondía el aumento del temor, de manera que, cuando:

> (...) a su vuelta de Colombia le propuso esta Constitución [de Bolivia] declarando que en ella estaba consignada la *profesión de su fe política*. Esta exposición alarmó a todos los pueblos, y todos empezaron a temer a un hombre de tantas glorias, que se encontraba a la cabeza de un ejército formidable. Bolívar comenzó entonces a perder su inmenso prestigio, porque trabajaba a favor de unas instituciones que *la nación no quería darse*(...)[58].

Mueve a asombro constatar cómo pudo derrumbarse tan rápida y aparatosamente un prestigio incomparable, dotado de incuestionable base real, conseguido al término de muchos años de esfuerzos extraordinarios. Bastaron unos pocos años para que –muchas son las causas y muchas las consideraciones a que estas darían lugar– el padre, autor y protector de los pueblos se viese convertido en una inmensa carga, insoportable para quienes en procura de sus intereses sociales ignoraban las glorias del pasado, ocupados como se hallaban por organizar el presente en acuerdo con esos intereses. De muchas maneras podrá intentarse la justificación de este cambio. Menos de una: el reconocimiento de los beneficios esperados. Pero quizá la más especiosa de las explicaciones, la más impresionante por su aparente riqueza argumental, sea la construida por Antonio Leocadio Guzmán en el acto académico celebrado en la Universidad de Caracas el 28 de octubre de 1841, basada justamente en el peso de un prestigio que resultaba abrumador hasta el punto de convertirse no ya en una amenaza, sino en un obstáculo insalvable para la nueva organización de la sociedad:

> (...) Era Bolívar –dice– el Jefe de todos los grandes capitanes, el caudillo de todos los valientes, el Libertador de todos los pueblos, el Fundador, en fin,

de la Patria. ¿Cabría en ella como ciudadano? No hay que compararlo con mortal alguno; ninguno de los que han descendido del poder para empuñar el arado había sido lo que fue Bolívar en América. Sí; él era un obstáculo invencible para la *organización económica* del país; *yo se lo oí decir mil veces*; él lo repetía a cada instante. ¿Por qué prescindimos de la naturaleza de las cosas? ¿Por qué desconocemos al hombre? ¡Veinte años de triunfos, veinte años de prodigios! ¿Cómo no había de ser su mirada un rayo, su palabra un decreto, su voluntad un destino? Aunque él no lo quisiera. ¿Quién arrancaba de las masas la profunda admiración, el inmenso respeto, el amor entrañable y hasta desordenado? Él no era el Presidente ni el General, él era Bolívar. ¿Cabía este elemento en el régimen que queríamos y que tenemos?[59].

Al presentar a Bolívar como el ciudadano imposible, Guzmán no hacía más que darle el mismo tratamiento que desde julio de ese año venía empleando para minar el prestigio —más cercano y nada pequeño— de José Antonio Páez. Recuérdese la «epístola», citada por José Gil Fortoul, en la cual el periodista liberal, en uno de los mejores momentos de su pluma de periodista combatiente, dice al caudillo llanero cuánto pesa su gloria y cuánto fatiga al pueblo la interminable deuda de gratitud con él contraída por sus méritos ciertos:

(...) El pueblo conoce vuestros servicios; pero los ve recompensados de una manera superabundante. Ninguno de los héroes de la Patria la ha mandado como vos veintiún años. No tiene que castigar usurpación; pero ve que vuestras artes os mantienen perdurablemente en el mando supremo. Intendente, Comandante General, Director de la Guerra, Jefe Civil y Militar, Jefe Superior, Presidente Constitucional, General en Jefe y otra vez Presidente; bajo Colombia, contra Colombia, en el campo y en el Gabinete; en Venezuela conmovida y en Venezuela consolidada, siempre sois vos el que da, el que quita, el que crece, el que manda. Sácianse los pueblos de obedecer y hasta de querer y de admirar(...) Es hastío, señor, es saciedad lo que siente Venezuela por vuestro agradecimiento. Por eso no victorea vuestro nombre(...) Tiempo es, sin embargo, si queréis hacer el sacrificio de las pasiones; respetad la opinión pública; aprended a ver al pueblo como soberano y a cada hombre como igual a vos. Sobre todo, dejad alguna vez de mandarnos y de disponer del mando. Con fe sincera, con desprendimiento positivo, dejad a Venezuela que marche por el camino de su propia voluntad. No seáis caudillo de un partido, sino ciudadano de la República. Veréis entonces cómo el pueblo, este mismo pueblo, os recompensa y os bendice[60].

Cuando, en octubre de ese año, Guzmán hacía la teoría de la incompatibilidad del gigantesco prestigio del Padre de la Patria con las necesidades concretas de los pueblos, ¿la utilizaba como arma contra Páez? ¿O, en cambio, no hacía más que emplear su reciente hallazgo periodístico para exculparse ante la renaciente gloria del Libertador por su complicidad en la demolición del Héroe? Cualquiera que sea la respuesta apropiada a estas interrogantes, comprueban el peso que semejantes argumentos podían tener en la conciencia de un numeroso sector de los venezolanos. Cabe señalar, en todo caso, que el pensamiento liberal radical persiste en esta línea, puesto que todavía en el «Manifiesto del Partido Liberal a la Nación», fechado en Caracas el 31 de julio de 1893, se esboza una explicación de la destrucción del prestigio del Padre de la Patria como un requisito, doloroso pero necesario, para el advenimiento del nuevo orden:

Colombia, la heroica Colombia, fue despedazada...! Y Bolívar, el Libertador, el Padre de la Patria, sucumbe agobiado por el dolor y proscrito de su tierra natal...!
Entonces se anunció al mundo el advenimiento de la nacionalidad venezolana...![61].

Era el fin natural de un creador, desbordado por su propia obra como sino característico de la especie. Casi no se resiste la tentación de pensar que la culminación del prestigio del Padre de la Patria fue el momento inicial de su destrucción, al verse convertido en el Creador omnipotente, supremo dispensador de bienes y de males, de cuya voluntad pendía la vida de todo un pueblo.

El proceso ideológico de estructuración del Creador es por demás expresivo de la derivación seudorreligiosa de la admiración provocada por las realizaciones del Héroe. Está constituido ese proceso por etapas que siguen la línea ascendente de la hipérbole constante, urgida de nuevas formulaciones y abocada a la exageración literaria. Así, en 1826 se inicia el ciclo con la constatación de que mientras «(...) otros hombres han hecho grandes cosas disponiendo para ello de medios proporcionados; el general Bolívar tiene esto de particular, que de nada hizo siempre mucho»[62].

En adelante la distancia entre los medios de que dispuso y la magnitud de lo creado va creciendo, poniéndose de relieve que solo un hombre dotado de muy especiales aptitudes podía salvar semejante separación:

(...) Bolívar, en un país aristócrata, tocado por el genio oriental y africano de los españoles, requería, para seducir y arrastrar a sus proyectos, el prestigio del valor, la magia de la elocuencia, el encanto de una imaginación rica y brillante, el poder de increíbles hazañas y victorias. En Bolívar el mando era un derecho natural. Con las sublimes cualidades de Bolívar, Washington habría despertado temores en los ardientes puritanos del Norte; con las modestas virtudes de Washington, Bolívar no habría adelantado un día la época de la independencia del Sur[63].

Pero, en medio de esa dispareja relación de medios a fines, Bolívar no es un agente más. Él es, a diferencia de otros grandes hombres, el eje en torno al cual giran recursos y propósitos:

(...) Napoleón no es el centro de todos los vastos sucesos de la Revolución Francesa; sino un episodio, brillante, heroico, pero un episodio de su época; mientras que Bolívar es el centro único de todo lo acontecido en esta guerra milagrosa de la libertad sudamericana. Napoleón es el héroe del consulado, del imperio; Bolívar lo es de la independencia, de la libertad de un mundo[64].

Él es, en suma, el principio ordenador, el *creador*, porque «(...) ¿qué existía en la espantosa noche del caos? Después de la luz, mundos salieron de la nada; sin libertad no hay creaciones; todo yace en los abismos de una espantosa noche(...)»[65], y Bolívar era, precisamente, el autor de la libertad, el supremo dispensador a quien, ¡tanto era su poder!, fue posible acusar de:

> (...) haber *preferido dejarnos la anarquía, la inquietud, la nulidad más bien que la prosperidad, la paz y la ventura, que si ÉL hubiera querido, hoy pudiéramos estar disfrutando...* Lamartine habla del mismo modo a Dios en su *Desesperación*: «Tú podías, sin duda, a medida de tu deseo, crear para tus hijos la felicidad y la vida en tu eternidad... El espacio, el poder, el tiempo, nada te cuesta(...) Sin duda tú lo podías; pero tú no quisiste[66].

En este orden de ideas, al examinar someramente el pensamiento venezolano observamos que, a partir de esta construcción ideológica de Juan Vicente González, parece haberse cumplido la previsión de la Municipalidad de Caracas cuando, en el acta varias veces mencionada, se declaraba consciente de que «(...) todo elogio a Bolívar es pequeño»[67]. Y ello era así porque no podía ser otra la suerte de las loas dirigidas a un creador cuya majestad empequeñece cuanto se le refiere.

Pero la condición de *creador* condena a la soledad a quien la posee. El creador ha de ser único artífice de su obra, más todavía cuando, como en este caso, es evidente el sentido religioso del culto. Por ello Bolívar se encuentra súbitamente privado de los apoyos que otros grandes hombres, aunque de menor rango, suelen encontrar para la ejecución de sus trabajos:

> Tal es la grandeza incomparable de Bolívar –replica el Presidente polemista Antonio Guzmán Blanco a Felipe Tejera, censurándole su crítica al *Decreto*

de guerra a muerte–: haber hecho Patria, a pesar de los españoles y a pesar de los americanos también; a pesar de todo y de todos; él sólo, Bolívar contra todo el mundo, y a pesar de las trepidaciones de la tierra misma[68].

Santiago González Guinán le hace coro, al año siguiente, cuando, en su discurso ante la Municipalidad de Caracas, presenta a Bolívar como un «(...) hombre extraordinario que concibió maravillas y realizó empresas de cíclope en una época de hombres pequeños y de fraguas apagadas»[69]. Esas empresas de cíclope las había resumido poco antes Cecilio Acosta en una asociación histórica no menos reveladora de los poderes del creador: «(...) Colón halló a América para la geografía, y Bolívar la engastó en la corona de la libertad»[70].

La reciente historiografía venezolana acoge esta tesis de la soledad del creador, y la lleva a sus últimos desarrollos, alentada por la intensificación simultánea del culto bolivariano. Monseñor Nicolás E. Navarro la expuso en términos que no dejan lugar a dudas acerca del propósito que anima a un grueso sector de la historia oficial, de fortalecer a toda costa el mencionado culto:

Pero Bolívar no fue solamente un incomprendido, Bolívar fue único. Él no tuvo colaboradores, en la rigurosa acepción de la palabra: los adalides que le acompañaron en la ejecución de la magna gesta no pudieron compartir toda la alteza de su inspiración, y no fueron sino los órganos más o menos adecuados para la consecución inmediata y material del fin propuesto. No es lícito escatimar a ninguno de nuestros héroes el mérito de sus hazañas, y locura sería negar la parte eficientísima que a tales proezas corresponde en la obra emancipadora. Pero es preciso convenir en que no fue ésta sino tarea de auxiliares, y, no pocas veces auxiliares estorbosos; preciso es convenir en que una mejor inteligencia de la finalidad última de la empresa y una mayor docilidad para llevarla a término, habríanla facilitado infinitamente y no se habría retardado sobremanera la segazón de sus beneficios. Esa clara inteligencia y esa recta voluntad sólo Bolívar las proveyó, y por esto no es la menor, entre las grandes virtudes que en él resplandecieron, la de esa constancia inquebrantable en su propósito, por medio de la cual venció toda la índole bravía de sus subalternos y llevó a feliz remate la jornada, a despecho de los obstáculos que tantos Aquiles iracundos le interpusieran[71].

Al emitir estos conceptos, monseñor Navarro recogía y elaboraba con más amplitud el pensamiento de Juan Vicente González, quien en 1841, al establecer la comparación entre Napoleón y Bolívar, o mejor, al utilizar la figura de Napoleón como contraste para que más resaltasen las incomparables cualidades de Bolívar, observó que este: «... lucha casi solo contra ejércitos aguerridos, si son venezolanos sus soldados, venezolanos le resisten diestros en las fatigas de la guerra; la mayor parte de sus generales eran menos experimentados que los jefes enemigos. ¿Y qué recursos tuvo, con qué vara milagrosa obró tantos prodigios? Con su *genio*»[72].

Mas al demostrar la soledad del Padre de la Patria, para vigorizar con ello su condición de creador, se le convertía en un héroe sin pueblo. A este extremo, que bien visto resultaría incluso nocivo a los fines del culto bolivariano, han llegado escritores e historiadores, perdido el pie en medio de las loas y las frases hechas. Nada digamos, en embargo, de cuanto pueda haber en todo esto de subvaloración del pueblo, al calor de experiencias personales o de pesimistas visiones de su papel histórico. Retengamos, tan solo, que el que a simple vista parecería un error de enfoque imposible de cometer, es decir, vaciar la historia de la Independencia de la participación popular y convertirla en el hecho extraordinario de un solo hombre, ha sido en la historiografía venezolana la obra natural de un criterio histórico imbuido hasta lo indecible de un individualismo cerril, de un idealismo desbocado y de resabios teológicos no digeridos. Si puede sorprender el nacimiento de esta tesis antihistórica, no sorprende menos la elementalidad de la refutación que puede hacerse de ella:

También se habla de Bolívar como de un hombre sin pueblo. Pero ésta como tantas otras es una observación superficial. Pues ¿de dónde salen esos

soldados desnudos, descalzos, que no reciben paga y acampan al raso en
marchas interminables; los que acompañan al Libertador en las Antillas,
en los congresos y en los consejos, todos esos hombres y mujeres que tanta
constancia demuestran en la adversidad, tanta vocación de sacrificio? A poco que se reflexione se verá que tras de Bolívar se halla un pueblo entero[73].

Y no solo tuvo el Héroe un pueblo tras de sí, que bien le vendría aunque no fuese más que como telón de fondo sobre el cual se
proyectasen sus hazañas, sino que al parecer contó igualmente con el
auxilio nada despreciable de hombres que, si bien no le igualaron en
pujanza heroica, sí supieron rodearle y acompañarle... y quizá hasta
contribuyeron en algo a las realizaciones del Héroe creador, pese a las
afirmaciones contrarias de la Historia Oficial, si hemos de seguir a
Manuel Pérez Vila cuando dice que:

> (...) En el Estado Mayor, o a la cabeza de los distintos cuerpos del Ejército
> patriota, la acción del Libertador se ve secundada por un selecto haz de co-
> laboradores: son oficiales de carácter bien templado y valor a toda prueba,
> dotados asimismo de la sólida y variada formación intelectual exigida por
> las responsabilidades que sobre ellos pesan[74].

Todo este esfuerzo por hacer de Bolívar, como Padre de la Patria, el creador de la independencia venezolana, y, por ende, de la nacionalidad emancipada, exagerado hasta el punto de condenarlo a una
soledad divina, encuadra en la concepción teológica de la historia, en
su versión creacionista: hay una sustitución de dioses, para un momento histórico determinado, pero el sentido de la explicación de la
historia permanece el mismo. Juan Vicente González sugirió esta tesis
en términos de: «La Independencia de la América del Sur era imposible; Bolívar la realiza, deseándola»[75]. Esta explicación de la historia
predomina en un extenso sector de la historiografía venezolana, adop-
tando diversas presentaciones que no por aparentemente diferentes no
pueden ser reducidas a un fondo conceptual único. No en balde pudo

afirmar Laureano Vallenilla Lanz, refiriéndose a la versión que da la Historia Oficial de los orígenes de la Emancipación, fuertemente cargada de creacionismo: «He allí el mismo concepto bíblico de la creación del mundo aplicado al nacimiento de la nación venezolana»[76].

Una de las formas disimuladas de afirmar la soledad divina de Bolívar, sin incurrir en los excesos que acabamos de enunciar, consiste en sacarlo de su tiempo, que, de otro modo, habría forzosamente compartido con los colaboradores y seguidores cuya existencia se ha intentado negar. De esta manera se consigue, también, singularizarlo en sus concepciones al poner gran distancia entre él y quienes pudieron pretender influirle, que se quedaron rezagados con respecto al adelantado de la Emancipación: «(...) se había adelantado un siglo a sus conciudadanos; pertenecía a la escuela de Miranda y Madariaga»[77]. También esta tesis, exagerada para servir los fines del culto heroico, ha provocado la reacción crítica de quienes no pueden dar satisfacción a su propia concepción del culto —más sensata, más comedida o más crítica–, con un Bolívar desligado de la realidad, ubicado por sus cultores en un cielo lejano e inaccesible:

> (...) se ha escrito mucho acerca de la superioridad de Bolívar sobre el medio. Se ha querido presentarle en dramático contraste. Por el contrario, responde completamente a sus necesidades y apremios. Su contradicción es sólo aparente. Ni está más allá, ni más acá de su época. Obedece a las señales, a las voces que vienen del fondo de los tiempos. Precisamente, en Bolívar, su genio y su fortuna decaen cuando ya no responde a las necesidades del medio. Esta clase de hombres —caudillos, profetas, intérpretes, hombres históricos, o como quiera llamárseles– no han estado nunca desligados de su medio, de su país o de su época. Uno y otro se expresan en ellos[78].

De esta manera la figura del Padre de la Patria, al restársele su atribuida condición de creador, se perfila en sus más justos rasgos como la del árbitro y guía supremo de un pueblo que le debe su existencia política, cuando menos. No es ya el hombre omnipotente que creó esa realidad, pero sí quien puede determinarla con su función de regulador o de rector de la misma, influyendo en su orientación de manera decisiva. Esta imagen corresponde, históricamente, a la versión original del complejo ideológico configurado en la del Padre de la Patria. Rafael María Baralt la expuso de manera harto elocuente al recoger la actitud de los pueblos ante los últimos actos políticos del Libertador:

> (...) oprimidos y opresores, pueblos y gobiernos se volvían a Bolívar como al objeto de todos los temores y de todas las esperanzas. El bien o el mal estaban en su mano: a su voz podía reaparecer el orden: la paz y la libertad cobrar su imperio, o derramarse a torrentes la sangre colombiana. Latían con pena corazones embargados por la inquietud y la afanosa zozobra de la incertidumbre, cuando esparcida por la fama, sobrecogió los ánimos de todos la nueva de un gran suceso: la muerte de Bolívar[79].

El rango de guía y factor de la nueva sociedad lo deriva el Padre de la Patria de su condición de fundador del nuevo orden de cosas, pues «(...) a pesar de mezquinas pasiones, de la envidia que fermenta siempre con más fuerza donde hay menores masas, Bolívar establece, en un país de hábitos monárquicos(...), una República»[80]. Esta función diferenciaba a Bolívar de otros héroes fundadores de pueblos, como Washington, pues «(...) terminada la guerra, ambos emprenden la centralización de los pueblos libertados; pero Washington pudo contraerse exclusivamente a esta obra, mientras que Bolívar tuvo que empezar al mismo tiempo la educación política de los pueblos»[81], lo cual, por otra parte, no era sino continuación del papel que desempeñara durante la guerra, cuando hubo de actuar en medio de un pueblo que «ignoraba que tuviese derechos políticos, había aprendido por hábito a obedecer [y] veía con horror cuanto hablase de principios y de libertad», condiciones adversas que le impusieron la tarea suplementaria de «(...) atacar y destruir preocupaciones, crear la opinión, educar pueblos, conduciéndolos al mismo tiempo contra ejércitos poderosos que ocupaban entero el territorio»[82]. Por eso había sido él, si no el autor casi milagroso de las instituciones y del orden que los pueblos vivían ahora, sí el que les había enseñado a «(...) vitorear la igualdad santa, la libertad santa, la celestial independencia»[83].

El papel de Bolívar como guía y orientador de la sociedad surgida de la guerra fue un componente real de la acción política de esa sociedad, y en vida del guía este quiso hacer efectiva su orientación, avalada por el derecho innegable del conductor de la guerra, moldeándola con arreglo a criterios que eran vistos como la esencia misma de su concepción constitucional. Fue obstinado en su propósito, y quizá fuera esta insistencia en promover sus ideales, en pugna con intereses mejor definidos, robustecidos e impulsados por la guerra, el punto de partida de la declinación de su poder como guía de la sociedad. Así lo presenta Francisco Javier Yanes, hijo, en 1835, cuando intenta explicar los orígenes de la Revolución de las Reformas:

(...) el general Bolívar desde los primeros años de su gloriosa carrera manifestó a sus conciudadanos sus opiniones sobre la forma de gobierno que, en su concepto, les convenía: él no creyó nunca que pudiesen marchar bien con una Constitución tan liberal como la que hemos tenido hasta el presente. Que esto sería incompatible con la educación que habíamos recibido por trescientos años y con las preocupaciones políticas y religiosas con que aquélla nos había familiarizado; que no era dado gozar de una libertad completa a hombres que habían vivido esclavos, y que serían turbulentos al momento en que se viesen del todo desembarazados de los eslabones de su servidumbre. [...Se] recordará la Constitución que propuso al Congreso de Guayana para cuya formación le sirvió de modelo la de la Gran Bretaña: en ella establecía, entre otras cosas, un *Senado vitalicio y hereditario*. Hizo cuantos esfuerzos pudo para que aquella Asamblea la adoptase, pero todos fueron frustrados por la opinión opuesta de sus conciudadanos. Bolívar, sin embargo, no desistió de sus proyectos; y en Bolivia logró establecer el gobierno de su conciencia, con un *Presidente vitalicio*, etc., etc. [...] Él insistía y la nación porfiaba, y en medio de esta lucha señalada con muchas desgracias, desapareció el grande hombre sin poder ver establecido un gobierno a que le daba el nombre de enérgico, y que, en su concepto, era el único que podía salvar la Patria de los grandes males que él preveía[84].

Pero si bien su poder como guía de la sociedad declinó hasta el punto de perderse en un descrédito inimaginable, fue tan solo para cambiar de condición y resurgir despojado de lo contingente, convertido en la pura imagen del Padre de la Patria, rector prestigioso e indiscutible, juzgado capaz de realizar eternamente la misma misión que le condujo, en vida, al fracaso. Porque ahora el Padre de la Patria, vuelto símbolo, no asocia su prestigio a causa alguna, por sí mismo, y sí lo presta, en cambio, para que otros lo utilicen como instrumento que igual sirve para que «(...)el Padre de la Patria misma [enseñe] con mudo pero elocuente lenguaje, aun a las generaciones más distantes, las verdaderas y seguras sendas que conducen la gloria»[85], que para embridar militares ariscados aplacando en ellos veleidades peligrosas, o dirigiéndoles por caminos que se presentan como acordes con sus gloriosas acciones bajo la jefatura del que fuera capitán insustituible, como pretendió hacerlo Antonio Leocadio Guzmán en 1842:

¡Veteranos, padres de la patria, fundadores de tantos pueblos y de tantos derechos, hombres heroicos, vosotros representábais en aquel momento una época entera de grandezas y prodigios! Allí veíamos todos, sobre vosotros y en torno de vosotros, laureles segados en San Félix de Guayana y en los antiguos muros del templo del Sol; laureles de Boyacá y de Ayacucho; laureles de Carabobo y Bomboná. Y aquella marcha lenta [en el cortejo fúnebre de 1842] que el dolor hacía vacilante, nos recordaba en contraste la marcha arrogante de los días de sangre y gloria, cuando esas frentes andaban erguidas y esas espadas empuñadas(...) Pero ¡ah!..., entonces os presidía el hombre de la Victoria, que hoy(...) tendido en un sepulcro(...) Sí, debéis llorar, a torrentes, como esos ángeles que van delante de vosotros, y agregar vuestras lágrimas a las suyas, porque con lágrimas debe ablandarse la carrera [sic] de ese sepulcro, y porque en torno suyo deberían derramar lágrimas todas las generaciones americanas. Empapad en lágrimas esas insignias, que el Gran Capitán puso sobre vuestros hombros, en los días del heroísmo. Y cuidad que no se sequen esas lágrimas, las últimas y más sublimes pruebas de vuestra virtud[86].

Cuanto pueda sospecharse de arbitrario en este uso del prestigio de Bolívar, adquiere legitimidad en los primeros momentos del culto, cuando la memoria reciente del Libertador halla buen campo de aplicación en un país enfrentado a una aguda crisis estructural. Los rasgos de esta crisis, algunas de cuyas expresiones más notables presentamos en el siguiente capítulo, constituyen las condiciones objetivas apropiadas al cumplimiento de las funciones históricas a que estaba llamado ese culto.

NOTAS AL CAPÍTULO II

1   Enrique Planchart, «El Bolívar de Don Salvador de Madariaga». *Prosa y Verso*, p. 47.

2   Juan Marinello, *Martí desde ahora*, pp. 3-4.

3   Juan Vicente González, «Mis exequias a Bolívar, 1831», *La doctrina conservadora. Juan Vicente González*, t. I, p. 438. Este texto forma parte de una serie publicada anualmente por el autor, desde 1831, que recogió en Libreo en 1842, con el título de *Mis exequias a Bolívar. Colección de varios rasgos. Dedicados a la nación venezolana.*

4   Téngase en cuenta «el hecho inconcuso de que en los anales del mundo no había uno solo, entre los más famosos personajes de la antigüedad, y mucho menos de estos tiempos, que ofrezca una tan completa relación documentada de su vida, de sus pasiones, de sus obras, en fin, como el Libertador. *Las Cartas* son, a ratos, verdaderos diarios de su vida, confesiones meridianas de sus intenciones, de su generosidad y de sus ambiciones nobilísimas; y gracias a la meticulosa escrupulosidad de su teniente irlandés Daniel Floren-

cio O'Leary, ahora poseemos el monumento de las *Memorias* que vienen a ser el complemento de los datos autobiográficos que tanto abundan en las Cartas». Diego Carbonell, *General Simón Bolívar, Libertador-Presidente de la República de Colombia. Autobiografía*, t. I, p. 14.

5   Rafael Seijas, «¿El 19 de Abril de 1810 es o no el día iniciativo de nuestra independencia nacional?». *El 19 de Abril de 1810*, p. 78.

6   Enrique Bernardo Núñez, «La Historia de Venezuela. Discurso de incorporación a la Academia Nacional de la Historia». *Una ojeada al mapa de Venezuela*, p. 233.

7   Caracciolo Parra-Pérez, *Historia de la Primera República de Venezuela*. Vol. II, p. 469.

8   Caracciolo Parra-Pérez, *Mariño y la Independencia de Venezuela*, vol. I, pp. XXVIII-XXIX.

9   Simón Bolívar, «Memoria dirigida a los ciudadanos de la Nueva Granada por un caraqueño. Cartagena de Indias, 15 de diciembre de 1812». *Obras completas*, vol. I, pp. 41-48.

10   Santiago Terrero Atienza, «El 19 de Abril de 1810 fue el día en que se inició la independencia *sudamericana*». *El 19 de Abril de 1810*, p. 101.

11   Contra este exceso insurge el historiador chileno Francisco A. Encina, cuando observa en relación con la carta de 29 de agosto de 1822, dirigida al Libertador, suministrada por San Martín a Lafond, carta que dio lugar a una encendida polémica internacional de reciente memoria: «En los últimos años los eruditos bolivarianos han tachado de apócrifa esta carta. Pero los argumentos que han hecho valer para justificar su aserto, distan mucho de ser convincentes.

«El primero y el más fuerte a sus ojos, es la contradicción entre los datos que San Martín consigna en la carta de 29 de agosto de 1822, con los que, según Bolívar, le dio en la conferencia, con los contenidos en otros documentos emanados del propio Protector y con los que la investigación histórica ha logrado establecer en nuestros días.

«Si se acepta este argumento, eco atrasado del simplista concepto que el erudito tiene de la verdad histórica, habría que declarar apócrifa la casi totalidad de la correspondencia de todos los actores de la historia moderna, empezando por Bolívar. Formando contraste con la admirable unidad interna de su pensamiento, sus cartas, juzgadas con el criterio arcaico que se ha aplicado a la de San Martín, son un tejido ininterrumpido de las mayores contradicciones concebibles, rebelde a toda inteligencia racional. En un mismo día escribió comunicaciones oficiales y cartas privadas, en las cuales emite juicios y consigna datos en tal medida contradictorios, que obligan al historiador a prescindir del ochenta y más por ciento de su contenido, y a recoger sólo lo que está de acuerdo con su pensamiento, inferido de su temperamento, de su carácter, de los rasgos centrales de su genio, del momento que atravesaba, de los obstáculos que necesitaba vencer y del propósito que perseguía». *La entrevista de Guayaquil*, pp. 181-182.

12 Enrique Planchart, *Op. cit.*, p. 47.

13 Ángel Francisco Brice, «Constitución bolivariana». *Revista de la Sociedad Bolivariana de Venezuela.* Caracas, 17 de diciembre de 1958, vol. XVII, N.º 57, p. 549.

14 Tulio Febres Cordero observa que «no solamente era entendido el Libertador en el arte de Vulcano: en obsequio de la Patria, fue también sastre y hasta tintorero, pues él mismo daba los moldes para el corte de las chaquetas e instrucciones para teñir la tela». «Bolívar en los talleres de artes y oficios». *Obras completas*, vol. II, p. 346.

15 José Rafael Pocaterra, «La casa de los Ábila». *Obras selectas*, p. 684.

16 Cristóbal L. Mendoza, «¿Cuáles fueron las influencias que pudo tener Don Simón Rodríguez sobre el Libertador?». *Boletín de la Academia Nacional de la Historia*. Caracas, octubre-diciembre de 1958, t. XLI, N.º 164, p. 440.

17 César Zumeta, «Bolívar y Piar, Episodios Históricos (1816-1830)», por L. Duarte Level, *La doctrina positivista*, t. II, pp. 282-283.

EL CULTO A BOLÍVAR

18 José Luis Salcedo Bastardo, *Visión y revisión de Bolívar*, p. 61.

19 Lisandro Alvarado, «Neurosis de hombres célebres de Venezuela». *La doctrina positivista*, t. I, p. 298. Esta obra de Alvarado fue publicada por primera vez en *El Cojo Ilustrado* del 1.º de noviembre de 1893. Los juicios que de ella hemos extraído quizás se expliquen mejor relacionándolos con los siguientes de Arístides Rojas: «Radical por convicciones e innovador por sistema, llegó [Bolívar] a fundar un círculo político en oposición con la mayoría de sus relacionados y compatriotas que desechaban toda reforma que pudiera turbar el orden de cosas existentes. De aquí sus luchas en los círculos de familia, de aquí la opinión general que lo juzgaba como visionario, como un espíritu atolondrado, como un demagogo cuyas ideas debían rechazarse por perniciosas». (Arístides Rojas, «¿El 19 de Abril de 1810 es o no la fecha iniciativa de nuestra independencia?». *El 19 de Abril de 1810*, p. 85). El Texto de Rojas fue publicado originalmente en el *Certamen Científico y Literario*, octubre de 1877, p. 92.

20 Simón Bolívar, «Contestación de un americano meridional a un caballero de esta isla. Kingston, 6 de setiembre de 1815». *Obras completas*, vol. I, p. 164.

21 Simón Bolívar, *Obras completas*, vol. I, pp. 41-48.

22 *Ibídem*, p. 59.

23 *Ibídem*, p. 70.

24 Véase: Francisco Javier Ustáriz, «Proyecto de un Gobierno Provisorio para Venezuela». Academia Nacional de la Historia, *El pensamiento constitucional hispanoamericano hasta 1830*, vol. V, pp. 123-134; y Ramón García Cádiz, «Plan de Gobierno Provisorio para la República de Caracas». *Gazeta de Caracas*, N.º XIX, del 29 de noviembre de 1813. (Véanse también los números XX y XXI). Edición facsimilar de la Academia Nacional de la Historia, París, 1939.

25 Simón Bolívar, *Obras completas*, vol. I, p. 72.

26 *Ibídem*, vol. II, p. 611.

27 Caracciolo Parra-Pérez, *Mariño y la Independencia de Venezuela*, vol. II, p. 11.

28 La existencia de esta opinión se halla reflejada en una extensa carta de Juan Germán Roscio a Martín Tovar, fechada en Kingston el 16 de junio de 1816. Véase: Juan Germán Roscio, *Obras*, vol. III, pp. 44-54.

29 Simón Bolívar, *Obras completas*, vol. III, p. 633.

30 *Ibídem*, pp. 637-638.

31 Germán Carrera Damas, «Los ingenuos patricios del 19 de Abril y el testimonio de Bolívar», *Crítica Histórica*, p. 53.

32 Rafael María Baralt y Ramón Díaz, «Resumen de la Historia de Venezuela desde el año 1797 hasta el de 1830». Rafael María Baralt, *Obras completas*, vol. I, p. 715.

33 Laureano Vallenilla Lanz, «Influencia del 19 de Abril en la Independencia Sudamericana». *El 19 de Abril de 1810*, p. 122.

34 Mucho se ha escrito sobre la rivalidad surgida entre Bolívar y Piar, una vez que este último adquirió el prestigio que le dieron sus hechos de armas en Guayana, en 1817. Desde el punto de vista que nos ocupa en este ensayo, quizá sea ilustrativo el siguiente juicio: «Aquellos dos hombres no se odiaban, pero cada uno de ellos conceptuaba al otro nocivo a la salud de la patria y se tenía a sí propio por más apto para rematar la obra emprendida. Una de las dos pretensiones debía prevalecer. Piar entendió que fuera de la de él y recordando promesas anteriores aspiró a limitar la autoridad del Jefe Supremo. Meses más tarde el Congreso de Angostura hará este deslinde de jurisdicciones conforme a las ideas de Piar; pero cuando él lo propuso, Bolívar lo tuvo por novedad peligrosa(...)»

»(...) Si no pareciera irrespetuoso, y no es mi intento que lo sea, diría que la sangre de Piar ungió la persona de Bolívar, consagró su contestada omnipotencia y lo hizo indiscutible». César Zumeta, «Bolívar y Piar. Episodios Históricos (1816-1830), por L. Duarte Level». *La doctrina positivista*, t. II, pp. 283-284.

Una idea semejante es desarrollada por Caracciolo Parra-Pérez en los capítulos XVII («Casabe en caldo caliente») y XVIII («Día de luto para mi corazón»), de su *Mariño y la Independencia de Venezuela*, t. II, pp. 349-370 y 373-385.

35 Véase: «Carta de Simón Bolívar a Juan Jurado». Campo de Techo, 8 de diciembre de 1814. Simón Bolívar, *Obras completas*, vol. I, p. 106.

36 Manuel Pérez Vila, «Testimonios de la devoción bolivariana». *Revista de la Sociedad Bolivariana de Venezuela*. Caracas, 19 de Abril de 1959, vol. XVIII, N.º 58, pp. 121-122.

37 «Carta de Simón Bolívar a Juan Jurado», Campo de Techo, 9 de diciembre de 1814. Simón Bolívar, *Obras completas*, vol. I, p. 107.

38 Laureano Vallenilla Lanz, «Prefacio de la Traducción francesa de Cartas, Mensajes y Discursos del Libertador». *Boletín de la Academia Nacional de la Historia*. Caracas, octubre-diciembre de 1934, t. XVI, N.º 68, p. 353.

39 Werner Jaeger, *Paideia. Los ideales de la cultura griega*, vol. I, p. 294.

40 Arístides Rojas, «¿El 19 de Abril de 1810 es o no la fecha iniciativa de nuestra independencia? *El 19 de Abril de 1810*, p. 95.

41 *Ibídem*, pp. 86-87.

42 Miguel de Unamuno, *Vida de Don Quijote y Sancho*, p. 237.

43 San Agustín, *La Ciudad de Dios*. Citado por G. V. Plékhanov en *Les questions fondamentales du marxisme*, p. 154.

44 Miguel de Unamuno, *Op. cit.*, p. 29.

45 Daniel Florencio O'Leary, *Narración*, vol. II., p. 95.

46 Véase: *Bolívar y su época, Cartas y testimonios de extranjeros notables*. (Compilación de Manuel Pérez Vila), II vols.

47 José Lavretzki, «Por qué escribí la biografía de Bolívar». *Revista de*

Historia, Caracas, febrero de 1961, N.º 6, p. 14.

48 José Lavretzki, *Bolívar*, Moscú, Ediciones en Lenguas Extranjeras, p. 271.

49 «Acta de la Municipalidad de Caracas», *Revista de la Sociedad Bolivariana de Venezuela*, Caracas, 24 de julio de 1962, vol. XXI, N.º 71, pp. 215-216.

50 Rafael María Baralt y Ramón Díaz, *Op. cit.*, vol. I, p. 713.

51 Ramón Azpúrua, *Biografías de hombres notables de Hispanoamérica*, vol. I, p. 7.

52 Juan Vicente González, *Op. cit.*, p. 446.

53 Lucila de Pérez Díaz, «Influencia del 19 de Abril de 1810 en la Independencia Sudamericana». *El 19 de Abril de 1810*, p. 188.

54 Rafael Villavicencio, «Discurso de incorporación a la Academia Nacional de la Historia, el 23 de mayo de 1900». Luis Villalba Villalba, *El Primer Instituto Venezolano de Ciencias Sociales,* p. 220. Es el momento cuando, dice Caracciolo Parra-Pérez, «Bolívar, en la cima, crea a Colombia, liberta el Perú, y entonces, según frases lapidarias del gran argentino Alvear, tiene en sus manos la espada de América y encarna la conciencia nacional del continente». *Discurso de incorporación del individuo de número Dr. Caracciolo Parra-Pérez,* p. 16.

55 Mario Briceño-Iragorry, *Mensaje sin destino*, p. 27. Conviene recordar aquí lo dicho por el mismo autor al observar que en la historiografía inmediatamente posterior a la Independencia, «el aspecto heroico de este período miró a la exaltación providencialista de los hombres». «Nuestros estudios históricos», *Introducción y defensa de nuestra historia*, p. 18.

56 «Acta de la Municipalidad de Caracas», *Op. cit.*, p. 215

57 Francisco Javier Yanes, hijo, «Epístolas Catilinarias. Primera». *Conservadores y liberales. Los grandes temas políticos,* p. 23.

58 *Ibídem*, pp. 22-23.

59 Ramón Díaz Sánchez, *Guzmán, elipse de una ambición de poder*, p. 248.

60 José Gil Fortoul, *Historia Constitucional de Venezuela*, vol. II, pp. 235-236.

61 Domingo A. Olavarría (Luis Ruiz), *Historia Patria. Décimo estudio histórico político. Refutación del «Manifiesto liberal» de 1893*, p. 17.

62 Cristóbal Mendoza, «Prefacio a Colección de Documentos relativos a la vida pública del Libertador de Colombia y del Perú, Simón Bolívar». *Boletín de la Academia Nacional de la Historia*, Caracas, octubre-diciembre de 1941, t. XXIV, N.º 96, p. 413.

63 Juan Vicente González, *Op. cit.*, p. 447.

64 *Ibídem*, p. 456.

65 *Ibídem*, p. 451.

66 *Ibídem*, p. 453.

67 «Acta de la Municipalidad de Caracas». *Op. cit.*, p. 214.

68 Francisco González Guinán, *Historia contemporánea de Venezuela*, t. XII, p. 384.

69 *Ibídem*, p. 482.

70 Cecilio Acosta, «José María Torres Caicedo». *Cecilio Acosta*, p. 494.

71 Nicolás E. Navarro, «Discurso de contestación al de recepción académica del Dr. Cristóbal Mendoza». *Boletín de la Academia Nacional de la Historia*, Caracas, enero-marzo de 1928, vol. XI, N.º 41, p. 41.

72 Juan Vicente González, *Op. cit.*, p. 457.

73 Enrique Bernardo Núñez, *Op. cit.*, p. 232.

74 Manuel Pérez Vila, «Lecturas del Vivac». *Revista de la Sociedad Bolivariana de Venezuela*. Caracas, 24 de julio de 1962, vol. XXI, N.º 71, p. 364.

75 Juan Vicente González, «28 de octubre», *La Doctrina Conservadora, Juan Vicente González*, t. II, p. 676.

76 Laureano Vallenilla Lanz, «La influencia de los viejos conceptos». *Disgregación e integración*, t. I, p. VII.

77 Arístides Rojas, *Op. cit.*, p. 86.

78 Enrique Bernardo Núñez, *Op. cit.*, pp. 231-232.

79 Rafael María Baralt y Ramón Díaz, *Op. cit.*, t. II, p. 652.

80 Juan Vicente González, «Mis exequias a Bolívar». *La Doctrina conservadora. Juan Vicente González*, t. I, p. 457.

81 *Ibídem*, p. 447.

82 *Ibídem*, p. 445.

83 Antonio Leocadio Guzmán, «El 17 de diciembre de 1842». *La Doctrina liberal. Antonio Leocadio Guzmán*, t. I, p. 261.

84 Francisco Javier Yanes, hijo, *Op. cit.*, pp. 22-23.

85 «Acta de la Municipalidad de Caracas». *Op. cit.*, p. 216.

86 Antonio Leocadio Guzmán, *Op. cit.*, p. 260.

CAPÍTULO III
LAS CONDICIONES IDEOLÓGICAS
PRIMARIAS DE UN CULTO

También me ocurre a mí varias veces que nos engañaban al hablarnos de batallas, de naciones libertadas, de trofeos, de glorias. No sé para qué fue alucinarnos en nuestro colegio con ficciones que irritasen nuestra fantasía: esta Patria silenciosa, sepulcral, no es la que nos habíamos soñado. Si todo era un prestigio, ¿por qué no aguardó para disiparse a que lo hubiésemos gozado? Salimos al mundo y ¿qué hallamos? Un sepulcro y viuda la victoria

Juan Vicente González, *Mis exequias a Bolívar*, 1831

De viejo venía la pugna. Más de una peluca se desplazó en el ardoroso debate. Argumento tras argumento fueron construidos, enmendados, remozados, alegados. Mucho era lo que se pretendía probar. Mucho lo que se defendía. Ante la insoportable arrogancia que asumía el europeo en presencia del criollo, gargantas se agitaron, corazones apasionados se exaltaron.

El cúmulo de probatorias conclusiones que en representaciones al monarca urdieron los cabildos americanos, encontró su condensación en una consigna lanzada por el prócer mexicano Ignacio López Rayón en el curso de la lucha, cuando los criollos parecían someter su aspiración de justicia al máximo juicio de Dios: la guerra. Dijo Rayón: «Capaces somos de disciplina y de elevarnos a la cumbre del poder»[1]. En todo caso, las armas lo decidirían, pues bien reclamaban disciplina para su triunfo, y bien era este el puente tendido hacia el disfrute de un poder tan anhelado.

En las peripecias de la contienda, a lo largo de una América sacudida, mucho y frecuentemente se dudó de esa capacidad. Desavenencias político-militares, y hasta simples envidias, turbaron con su demacrada presencia el desarrollo de planes emancipadores. Campañas se perdieron o peligraron a causa de irritantes porfías por preeminencias. Cupo la incertidumbre y reiteradas expresiones de desaliento hállanse en cartas y memorias de próceres destacados. Al cabo privó la unión, cuando menos ante el enemigo común.

Vencidas las armas españolas debía hacerse frente a la más difícil tarea. Las circunstancias de la lucha armada, los inesperados y hasta indeseados contingentes que en ella participaron trastocando planes iniciales y defraudando esperanzas nada altruistas, prometían y cumplieron una paz tensa, peligrosa, en la que habrían de aclararse *cosas que quedaron pendientes.*

Alguien que vivió intensamente los altibajos de la lucha, y movido al parecer por consideraciones de índole social poco acordes con la figura enaltecida por la historia oficial, resumió esa expectativa de nubarrones. Nuestro primer soldado feliz, si usamos su sentencia en dolorosa glosa, Bolívar, desde el fondo de combates todavía indecisos, expresó su temor por una paz que amenazaba con su cercanía.

Destruido el mal, barridas las sombras que cerraban el camino de pueblos llamados a desarrollos de felicidad y bienestar, hubo que dar lo prometido: la República, hecha a la imagen de sociedades hasta entonces más aspiración que realidad, considerada como el destino natural de los pueblos.

Nada fácil resultaba la tarea. Año tras año desfilaron en incesante sucederse de asaltos al poder y de pronunciamientos que parecían desafiar la razón, por su atolondrada y fugaz trayectoria. Cundió el desaliento. ¡Se había apresurado la aurora y no llegaba el nuevo día! Los herederos de la colonia y los tránsfugas acobardados por las dificultades preconizaron el retroceso. Era esa la solución, decían, *su* solución.

Tratábase de restablecer lo que se intentó destruir, y que todavía se hallaba presente con desigual vigor en los países recién liberados:

el orden colonial. Bastaba disfrazarlo con los colores de monarquías constitucionales o de «dictaduras liberales», como aconsejaría Napoleón III a Maximiliano.

Pero, la lucha no fue en vano. Algo se adquirió de manera estable: el convencimiento, consolidado en los pueblos, de que esa salida estaba definitivamente cerrada. Solo faltaba liquidar sus últimos reductos, y a ello se aplicaban decididamente. La aristocracia criolla, desangrada por la guerra de independencia, sobrevivió para ver demoler, por un enemigo numeroso y decidido, sus postreros basamentos.

República habían prometido y República habían de dar. Inadaptados caudillos y frescos estadistas aplicáronse a construirla. Pero los hechos contrariaban los designios, frustraban los esfuerzos. En poco tiempo, el fracaso de planes y programas pareció confirmar la dureza de la realidad.

¿Dónde quedaban la capacidad y la disciplina, cuando todos parecían complacerse, ahora, en reconocer que solo incapacidad e indisciplina había? Fue necesario hallar respuesta a tan espinosa cuestión. Espinosa porque pudo ser formulada cuando ya había sido removido el señalado hasta entonces como único obstáculo a la felicidad y prosperidad de los pueblos: el nexo colonial.

Comenzó la búsqueda del culpable, del responsable de una situación insatisfactoria por inestable y lejana de lo prometido. El curso torrentoso de los acontecimientos —con sus breves y distanciados altos de paz y de relativo progreso— demostraba, creíase, que solo de los hombres —tomados como individualidades— dependía la bondad del resultado obtenido. El distanciamiento de la pauta marcada por la ley buena, y hasta su tergiversación, era culpa de quienes la aplicaban. Cuando pudo aceptarse que no era así, la culpa recayó en quienes aparecían como incapaces de transformar la realidad haciéndola propicia a la fructificación de la ley.

El criollo colonial y sus poco gratos compañeros de armas —ese nuevo tipo de propietario de la tierra hecho por la suprema razón de la violencia— encontrábanse atascados en su marcha. Era fácil concluir, y no perdieron la oportunidad de hacerlo europeos y reaccionarios, en un sonado fracaso histórico. La capacidad parecía ser, pues, cuestión de papeles. La tan encendida controversia entre criollos y peninsulares, que tenía por objeto afirmar los méritos de los primeros, veíase desvirtuada. Los hechos daban razón al europeo.

En auxilio de los angustiados constructores de repúblicas acudió el tradicional culpable: la masa de los que constituían el pueblo. De la que habían surgido en un momento dado, a la par de quienes en definitiva impusieron la independencia, los más decididos y eficaces combatientes por la causa del Rey. Si durante la guerra, cuando las armas de la independencia padecieron aniquiladoras derrotas a manos del mismo pueblo por cuya felicidad proclamaban luchar, los libertadores lo exhibieron como ignorante de los altos principios, fanatizado por la religión y alentado en sus bajos instintos por caudillos demagogos que ofrecían saqueo y desenfreno como premio de ímpetus bélicos. Terminada la lucha se mantuvo el anatema. Pero ahora por el nada débil partido de los derrotados y de quienes pronto vieron esfumarse ilusiones de usufructuar plácidamente un poder del que erróneamente se creían únicos autores: los llamados conservadores.

Fue en ese sentido como pudo decir Juan Vicente González que José Tomás Boves, el terror a caballo, había sido «el Primer Jefe de la Democracia Venezolana». Entiéndase, cuando por democracia se aludía al feo espectáculo en que, para su desgracia, los conservadores no fueron espectadores, sino actores, aunque más valdría decir víctimas[2].

El temor que inspiraban las masas arrastradas por banderías no siempre claras, contribuyó a acuñar la convicción: era menester cambiar y aumentar la población de los países latinoamericanos si se quería alcanzar el resultado por el que tanto se había sacrificado. Esperando unos sobre todo orden y respetuoso acatamiento de privilegios, y otros la ciencia, el trabajo, las artes y hasta la moral que les hacían falta para la correcta elaboración de su sociedad, conservadores y liberales formaron coro en el cantar loas a la colonización con inmigrantes.

El fenómeno no solo fue unánime entre los partidos, sino general en los países latinoamericanos. En todos presentó motivos y consecuencias similares: desprecio efectivo por la masa del pueblo y ocultamiento del problema nacional fundamental, tanto que aún sigue siéndolo en alguno de esos países. En cuanto a motivos, donde no se contaba con grandes núcleos de población indígena que continuasen llevando entre sí –los indios parecían hechos para cargar– la responsabilidad de un atraso del que más bien eran presa que autores, pardos y negros ocuparon su lugar. El segundo aspecto es el más importante. En las recién creadas repúblicas el problema fundamental estaba representado por el más grande lastre que dejara la sociedad colonial: el pueblo sumido, efectivamente, en una ignorancia y una superstición religiosa con que pretendían hacerlo dócil quienes de ello derivaban abundantes beneficios que esperaban continuar percibiendo.

Sobradamente claro estaba, afirmaban, que se requería gente nueva para constituir repúblicas. En ello convenían liberales, conservadores y hasta la tendencia avanzada representada por quienes sostuvieron que esa gente nueva sería el resultado de la atención prestada al pueblo, como lo hizo Simón Rodríguez, el fecundo y mal estudiado filósofo trashumante que tan certeramente penetró las causas de esa situación.

Las divergencias fueron obra de procedimientos, si nos mantenemos intencionalmente en el respeto de las miras aparentes que se señalaban las tres tendencias, y que eran todas de desinterés y abnegación. Quienes buscaban una solución perentoria creyeron hallarla en la importación no solo de hombres sino hasta de valores morales e ingenios. En cambio, para los que sabían de la lentitud obligada del proceso de reformación de un pueblo, más aún en el tránsito violento de la monarquía a la república, la tarea se presentaba como progresiva y sostenida labor de educación y formación de ciudadanos empleando el material disponible. Para estos el trance era de elaboración, no de sustitución.

No faltó quien soñara con colonos europeos transformadores de trópicos implacables en feraces campiñas. Tampoco quien pusiera en el mestizaje con inmigrantes su esperanza de salvar a la sociedad, pensando absorber de este modo el sector de la población que creían padecía un atraso ya patológico: los indios. El fantasma del desarrollo impresionante de los Estados Unidos turbaba su reposo. Aunque reconocido peligro para las trastabillantes repúblicas, el vecino codicioso fue también para los liberales ejemplo de progreso, de pujanza, de sociedad en que las fuerzas del hombre, en su más libre ejercicio, tenían efectos envidiables.

Pronto surgió la comparación simplista, con la resultante de que la vía del progreso constaba de dos elementos: la desaparición, en una u otra forma, del indígena y de lo que este significaba, y la libre entrada de multitudes de inmigrantes europeos que aportasen los elementos indispensables para el progreso y el bienestar. A partir de entonces todo fue subordinado a esa meta. Aunque no debe subestimarse el esfuerzo práctico rendido, este se quedó con frecuencia en el dominio de las leyes y planes cuidadosamente estudiados, que casi siempre yacieron en interminable y estéril añejamiento.

¿UNA CONSTANTE DEL PENSAMIENTO VENEZOLANO?

Es notable la constancia con que se muestra en la producción literaria venezolana –y también en la historiográfica y sociológica, desde el momento en que puede considerarse que estas disciplinas adquieren desarrollo autónomo– un arraigado sentimiento de insatisfacción, de desaliento causado no por la comprensible renuencia del escritor a someterse a determinado orden de cosas, sino por la franca desesperación surgida de lo que suele llamarse *visión de la realidad nacional*. Con esta frase hecha se alude a una rápida operación mental, supuestamente crítica, que valora el estado general del país refiriéndolo a un esquema, añorado o soñado, casi siempre escandalosamente prejuicioso y personal.

Este sentimiento general de insatisfacción con respecto a Venezuela, entendida esta como una sociedad llegada a un determinado momento en su desarrollo histórico, ha figurado entre los más arraigados conceptos manejados por literatos y pensadores. Es posible seguirlo como una ininterrumpida cadena que nace en los comienzos de la Venezuela independiente y se extiende a lo largo de la vida republicana. Salta del manifiesto político a la nota periodística, entristece el poema, pesa en la novela, trasciende en todo esfuerzo reformador, *regenerador, restaurador, rehabilitador,* etc.

Basta recorrer las instancias cronológicas de *Mis exequias a Bolívar*[3], de Juan Vicente González —1831, 1833, 1839, 1940, 1841—, para sentir crecer el desaliento y la desesperación vividos por quien no veía volverse realidad en la patria las hermosas promesas no hacía mucho formuladas. ¿Sería erróneo considerar las actas de la Sociedad Económica de Amigos del País como el registro inicial de la búsqueda de una Venezuela ansiada y eternamente inalcanzada? El esfuerzo crítico y divulgador de José María Vargas, tendiente a disipar simples creencias en cuanto al determinismo geográfico que podrían resultar inhibidoras, traduce el desaliento y la insatisfacción entonces imperantes. Los incesantes esfuerzos de escritores y pensadores por comprender y explicar nuestra realidad, y por hallar palancas capaces de transformarla, constituyen la mejor muestra de preocupación por el provenir de un país que ha sido visto siempre como viviendo un presente negador de sus posibilidades. Por eso cuando se ha querido insuflar ánimo a los venezolanos, se ha pensado que la mejor manera de conseguirlo es poniéndolos ante una realidad «objetiva» que difiera mucho de la realidad «sentida». Esto pretendió, por ejemplo, la exposición organizada con ocasión del centenario del nacimiento del Libertador, en 1883, tan minuciosamente descrita por Adolfo Ernst: quiso ser un acto de fe, de optimismo, capaz de hacer que un pueblo tomase conciencia de sus fuerzas y dejase desesperar de sus posibilidades. Porque, y vale la pena apuntarlo, el sentimiento de marras avasalla tanto a quienes mueve solamente una

conciencia ciudadana, como a quienes intentan utilizarlo a manera
de resorte del poder. Por ello, detrás de la ramplona glorificación
de Antonio Guzmán Blanco, con motivo de la Exposición, es posible ver el propósito ya señalado. Las palabras políticas de Antonio
Leocadio Guzmán[4], los pensamientos retóricamente patrióticos de
Cecilio Acosta[5], los breves cuadros sentidos y partidarios de Laureano Villanueva[6], el desaliento y la decepción hechos preocupación
ideológica incipiente en Jesús Muñoz Tébar[7], el análisis *científico y
desapasionado* de José Gil Fortoul[8], la mezcla todavía indefinida de
preocupación científica y acomodaticio *realismo* de Laureano Vallenilla Lanz[9], el *desvelo por Venezuela* que todo político pretende
monopolizar, todos son muestras de una actitud ante Venezuela y lo
venezolano que, en su aspecto más exterior y común, denota insatisfacción, desaliento, angustia de un porvenir que tarda en realizarse.
No en balde en la política de *principios* y en la de *montoneras* pululan
los salvadores...

Pero este sentimiento, traducido ideológicamente, tiene para la
época republicana que ahora nos ocupa un punto de arranque. No
decimos de origen porque siempre será posible rastrearle anuncios y
embrionarias manifestaciones en un pasado todavía más remoto. Ese
punto de arranque puede situarse en el momento cuando los venezolanos se sienten definitivamente y por entero dueños de sus destinos.
Nos referimos al año 1830, cuando pasado ese tremendo estallido de
optimismo en la estimación de nuestras posibilidades como pueblo
que fue, en los hechos y en sus planteamientos ideológicos, la guerra
de Independencia, se planteó la tarea de construir una sociedad que
con la paz perdía un vivo estímulo, puesto que ya no se trataba de
demostrar nuestras bondades y capacidades a un enemigo tenido por
obtuso y mal intencionado, sino que se trataba de demostrárnoslas a
nosotros mismos con otros y mejores argumentos que los empleados
en la polémica de guerra.

Existe un admirable documento que sintetiza las líneas fundamentales de este momento crucial en el proceso de definición de la

conciencia nacional. Es un inventario de las dificultades enfrentadas hasta entonces, vistas, sin embargo, como el preludio de la nueva realidad:

> Después que la España abandonó por los esfuerzos del valor venezolano esta tierra privilegiada por la naturaleza, pero estéril y anonadada bajo la influencia pavorosa del cetro colonial; después que la orgullosa metrópoli, cuidando solamente de entretener su dominación, detenía los progresos del genio ecuatorial, y cegaba [sic] los gérmenes de prosperidad y de dicha, la Emancipación de Venezuela, arrojando hasta las columnas de Hércules a los fieros castellanos, abrió las puertas del saber y de la virtud, y entre ríos de sangre sembró la semilla indestructible de la libertad y del amor a la Patria. Las oscilaciones políticas consecuentes y siempre indispensables de un nuevo régimen social, que pugna con hábitos y preocupaciones de tres siglos, con intereses encontrados, con aspiraciones renacientes, y con todos los obstáculos que una guerra de catorce años debía necesariamente oponer al orden, al reposo y al nivel de los derechos y garantías civiles, no dieron tiempo a Venezuela a reconcentrar sus miras y sus desvelos sobre su propio bien, ni aun a meditar siquiera acerca de los elementos de prosperidad que ella misma posee. En vano algunas leyes patrias redigidas [sic] desde 1821 a 1828 intentaron desarrollar estos vehículos de la abundancia pública; ellas debieron ser apoyadas por la cooperación eficaz de los venezolanos, la cual no era posible lograrse sino por el sistema de asociaciones económicas, que la experiencia en muchos pueblos cultos ha demostrado que son los únicos agentes de este desarrollo de existencia y de vida[10].

En estos términos compendia la situación de un país necesitado de amigos la recién fundada Sociedad Económica de Amigos del País. Su testimonio tiene la elocuencia suplementaria que le presta la circunstancia de expresar un sentir y un pensar colectivos. De esta manera la Sociedad ubicaba históricamente su propia existencia, puesto que sus miras son las que por entonces alientan todos los venezolanos, o sea conseguir que de un terreno tan costosamente desbrozado comenzasen a nacer los frutos que pronto harían olvidar los «ríos de sangre» en medio de la abundancia y el bienestar. Y esto era así por cuanto no cabía la menor duda sobre la posibilidad –y más aún, la necesidad– de esos resultados entrevistos. No era esta una cuestión de ingenua credulidad, lo era de mera comprobación objetiva de la existencia de los elementos con que construir tan risueño porvenir. La misma Sociedad los exhibe, como garantía de sus propios objetivos:

> Al ver por la lente del patriotismo que sólo nos falta la voluntad para colocarnos entre los primeros y más felices pueblos de la tierra, preciso es [...] que cada venezolano se sienta conmovido por los estímulos del bien común que envuelve al individuo. Nuestra posición geográfica es la más comercial, y nuestro país reúne cuanto hay de más útil y de más precioso en la naturaleza: diversos climas ya en vastas llanuras, ya en estrechos recintos bajo una temperatura que, sin participar del calor africano ni del hielo de los polos, goza de una graduación templada, procreativa y florida; la multitud de infinitas producciones tan varias como provechosas a las necesidades, a la riqueza y al lujo de la especie humana; los bálsamos, resinas y aromas; las gomas y aceites olorosos; las maderas preciosas, de construcción y de tintes; las minas de oro, plata, cobre y demás metales; las carnes y grasas de toda especie; la peletería y la innumerable procreación de ganado mular, caballar, vacuno y cabrío; y el cacao, café, añil, algodón, quina, zarza y demás frutos exportables por el tráfico extranjero, ¿no nos ofrecen mil motivos de conveniencia y de interés público para dedicarnos a poner en acción todos los resortes que alientan y animan la industria territorial, y esparzan sobre este afortunado suelo la abundancia y la prosperidad?[11].

En suma, con los colores empleados por la Sociedad se componía un cuadro alentador capaz de producir frutos siempre superiores a los que en realidad produjo en el orden ideológico, y que se condensan en una irresoluble interrogante: una sociedad poseedora de un extraordinario «capital constante» y de una insatisfacción que no lo ha sido menos. En medio, un dramático ¿por qué?

Los hechos van madurando su elocuencia con el correr de los años, y nada pueden los contados y fugaces indicios de progreso para cambiar el signo del proceso general. Se forma de esta manera una constante del pensamiento venezolano –no queremos decir la única, ni siquiera la más significativa, porque para ello se necesitarían más cuidadosos y detenidos estudios. Pero sí queremos decir la existencia de un permanente interrogarse acerca de nuestra realidad de pueblo y de sus posibilidades de desarrollo, y bien puede afirmarse que ese interrogarse constituye parte importante de la definición de la conciencia nacional venezolana, por cuanto no se trata solamente de una inquietud referida al bienestar y a la abundancia conseguidos a partir de una generosa dote natural, y gracias al esfuerzo inteligente y creador, sino que abarca de lleno el disfrute de las formas sociales y políticas concomitantes. Es decir, se trata de un preguntarse sobre las posibilidades históricas globales de un pueblo.

Ha sido posible deslindar corrientes en esta constante del pensamiento venezolano. Si bien de aparente signo contrapuesto, ambas tienen su nacimiento en una misma fuente de inquietud: la constatación de un presente que es juzgado insatisfactorio. En 1896, José Gil Fortoul puntualizó así la presencia de esas corrientes:

> (...) Los publicistas americanos se apegan á menudo á uno de estos dos sistemas, igualmente inaceptables: ó al optimismo lírico que, abstraído de la realidad de las cosas, lo ve todo brillante y halagüeño, ó al pesimismo disgustado que concentra en la América intertropical todos los vicios y defectos, y, extraviado por una ilusión óptica, acuerda siempre á Inglaterra, á Suiza y á los Estados Unidos el privilegio de las instituciones liberales y de las costumbres democráticas[12].

«La ilusión óptica» de que habla José Gil Fortoul presupone la buena fe del observador. Vale la pena señalarlo, pues con frecuencia ha sido también burdo ardid retórico para servir fines políticos de bajo nivel. Así, para poner de relieve la mala gestión de un gobierno, se hace contrastar el sombrío estado de cosas actual con el cuadro de una riqueza potencial llena de los mejores augurios de abundancia y bienestar. Otras veces el «optimismo lírico» ha servido para tonificar los ánimos en horas de difícil prueba, y es fácil asombrarse ante el apriorismo ingenuo de quienes en esas horas se dieron a pintar cuadros evidentemente «abstraídos de la realidad», para que algún historiador erudito pueda calificarlos de *certera visión del futuro*. En el pensamiento de los ideólogos de la Emancipación se halla fuertemente arraigado el «optimismo lírico», que más tarde habrá de transformarse en lo que hemos llamado el «alucinado optimismo» de los liberales de la República. Una de las muestras mejor logradas de esa postura, notable también por las circunstancias en que se produjo, se halla en el *Informe* presentado por el Secretario de Hacienda, Antonio Muñoz Tébar, el 31 de diciembre de 1813. En presencia de un país devastado ya por un terremoto y por la guerra, ante la inminencia de una creciente reacción realista, el Secretario tiene esta visión:

Venezuela es sin duda un País que ofrece á los cálculos del especulador la más vasta perspectiva. Empecemos por esos valles de nuestra Agricultura, que por el Cácao han hecho conocer los Valles de Barlovento y Caracas. Vengamos a los Valles de Aragua, cuyo aspecto encantador, cuya Población unida, cuyas riquezas y el carácter vivo é industrioso de sus habitantes, parecer formar una República separada, y nos recuerdan los principios de aquella República de Atenas, donde despues la libertad, hizo nacer las artes y la gloria: recorramos el alto y baxo Llano: pasemos a las riberas meridionales del Apure, donde los llamados inmensos Llanos, no sólo van á igualar á los primeros en la multiplicación de los ganados, sino que deben excederlos, aumentando esa fuente inagotable de un comercio el más productivo: adelantémonos hasta el Occidente de Caracas, país de la industria Venezolana, donde nuestras manufacturas, para suplir en un todo a las extrangeras, no requieren más que la tranquilidad de aquel distrito agitado, y algunas máquinas particulares: penetremos á Barinas, Truxillo, á esas montañas de Mérida, cubiertas siempre de nieve, país que en el medio día sufre las estaciones del Norte, brota las producciones de los países fríos; y ofrece en ella recursos al Estado para establecer Rentas fixas[13].

La mecánica de este optimismo del ministro de Hacienda es bastante sencilla: consiste en ensartar verdades elementales con hilos de futuro progreso... Pero no queda allí este pensamiento. Se extiende por doquier y resiste tenazmente la confrontación con la realidad. A él se acogen los espíritus atribulados cada vez que el presente miserable los pone en derrota. Allí se juntan con los poetas hacedores de eglógicos panoramas. El resultado es obvio: se pierde de vista la realidad hasta el punto de que el investigador se siente tentado de desdeñar en bloque todo un pensamiento que parece artificioso e irreal cuando se le aprecia en su solo contenido, pero que gana nuevo y más auténtico significado cuando se le mira como expresión de un estado de ánimo cargado de insatisfacción y desaliento. No faltan, tampoco, espíritus realistas que intenten poner las cosas en su sitio, al preciarse de encarar las tareas con decisión constructiva. Surge así la oposición entre el *optimismo lírico* y el *pesimismo sistemático*.

Buen ejemplo de lo que acabamos de decir lo tenemos al contraponer el poético cuadro que pinta Rafael María Baralt de la Zona Tórrida:

> (...) donde destituido el hombre de necesidades y cuidados, vive feliz en suaves climas al abrigo de una tierra feraz que le ofrece cosechas tempranas y abundantes. Bastan cortos terrenos para la subsistencia de un gran número de familias, y escasa industria al cultivo de plantas generosas, que crecen y prosperan sin el trabajo del hombre: virgen allí la naturaleza, no necesita de los auxilios de la ciencia para dar al cultivador frutos óptimos, y a la sombra del plátano pasa el hombre la vida dormitando, como el salvaje del Orinoco al dulce murmurio de sus palmas(...)[14].

Con el que de manera muy diferente –que incluso vacilaríamos en calificarlo de pesimismo y antes bien lo tendríamos por realista–

presentan los burgueses agrupados en la Sociedad Económica de Amigos del País. En 1833, la urgencia de llevar a la práctica el que fuera
programa de la Emancipación les hace decir, dirigiéndose a la Diputación Provincial de Caracas, que:

> En vano nos haríamos una grata ilusión gloriándonos de poseer este inmen-
> so país animado de un sol vivificador que le engalana con los adornos de
> una perenne primavera y le fecunda de las más varias y preciosas produc-
> ciones, pues por más feraz y magnífica que en él sea la naturaleza, mientras
> él se conserve en el estado primitivo de la creación bajo un aspecto inculto
> y salvaje, nada seremos en el gran teatro a que nos llama la mejora creciente
> de la industria y la civilización europea. Si nos contentáramos con las bellas
> pinturas de la edad de oro de los poetas, preferiríamos la vida vaga y errante
> de los salvajes del Orinoco, a cuyas márgenes la tierra generosa les ofrece
> gratuitamente las frutas y los animales agrestes con que les alimenta[15].

Mas semejantes pruebas de realismo son efímeras y no logran
cambiar la tónica general de pensadores y estadistas. El resultado será
que en vez del éxtasis poético propio del «optimismo lírico» se impondrá el «alucinado optimismo» liberal, que ya hemos mencionado,
consistente en la pintura –no menos vehemente que su antecesora
puramente lírica– de lo que habría de ser Venezuela una vez que la razón y la ciencia pusieran en acción la palanca del progreso. Esta nueva
actitud se impone incluso en la propia Sociedad, y en el 1834 Domingo Briceño y Briceño invita a los socios a contemplar el siguiente
prodigio:

> Figuraos por un momento a Venezuela unida y animada por el espíritu de
> empresa, marchando por la nueva ruta que abre el patriotismo: y vosotros
> veréis correr los caudales particulares a colocarse en obras públicas, para
> limpiar los puertos, formar los muelles, construir acueductos, secar las cié-
> nagas, excavar canales, allanar caminos, establecer bancos, abrir bazares,
> formar paseos, iluminar las calles; vosotros veréis el tesoro de la sabiduría,

depositado en los talentos de los particulares, consagrarse a la empresa de difundir las luces en escuelas normales y en cursos públicos de agricultura, química, botánica; aplicar en fin los principios científicos a las artes útiles y necesarias, para alejar de nuestra educación el fatal gusto a las sutilezas metafísicas, o teorías irrealizables con que se recargan las cabezas para dejar sin tacto las manos destinadas a manejar los negocios públicos, o a trabajar en los campos y en las artes; vosotros veríais, ¡qué portento!, la educación y moral públicas convertidas en instrumentos de industria[16].

Y así, entre un optimismo recurrente e ineficaz, que con sus alucinaciones solo consigue levantar un inventario de las desgracias que lo alimentan, y un pesimismo bueno para toda suerte de acomodaticias renuncias, transcurre en el pensamiento venezolano la constante insatisfacción que traduce, en el orden ideológico, la elemental confrontación histórica de la burguesía venezolana con las tareas que ella misma se fijara en el momento cuando proclamó su decisión de asumir la dirección del país. Seguir paso a paso ese proceso no es el objeto de nuestra ocupación presente. Creemos poder afirmar, sin embargo —y sobre esto habrá de hablar con más propiedad la historia de nuestra literatura—, que es posible rastrear esa constante sin tropezar con soluciones de continuidad, gracias a los incontables testimonios de nuestra novelística, donde cuaja con más sentido y visible dramatismo. Si algo habría que observar es que tal dramatismo, al pasar por Manuel Vicente Romero García, Luis Manuel Urbaneja Achelpohl, Manuel Díaz Rodríguez y Rómulo Gallegos, entre muchos, tiende a resolverse en el puro pesimismo, con sabor a renuncia de luchar, que ha llevado a escribir hoy, que «Nuestra historia de ahora, de estos últimos años, no es sino la danza de los coroneles, el espectáculo [...] donde los Coroneles bailan a Venezuela, donde bailamos todos una farsa». En suma, una situación que permite decir a uno: «Yo me voy de esta tierra para morir en paz», y a otro: «Yo me quedo en esta tierra para poder escribir la vida de todos: 'El Ballet de los Coroneles'. No está terminado todavía»[17]. Y a otra voz, aún, entre historiador y literato, proclamar, concluyente, la «verdad» de que «nuestra historia no es sino una repetición de los mismos errores y de las mismas caídas»[18].

DE LOS MALES DE LA SOCIEDAD Y SUS CAUSAS

Si bien no es nuestro propósito actual –como acabamos de decirlo– estudiar con detenimiento el fenómeno que hemos presentado como una constante del pensamiento venezolano, sí debemos detenernos, aunque sea sumariamente, en algunas de sus manifestaciones más sobresalientes, para los fines específicos de este ensayo, pues creemos que existe cierta estrecha relación entre ese fenómeno y la formación del culto bolivariano. Nos referimos a la relación que puede haber entre el estado general de la sociedad en un momento histórico determinado y sus expresiones ideológicas. Mas podría parecer simplista la conclusión de que si ese estado general, considerado desafortunado, se prolonga en sus efectos por largos períodos o por todo el tiempo que la sociedad en cuestión lleva vivido, también se proyectan en sentido paralelo las formas ideológicas correspondientes. Decíamos que podría estimarse simplista una conclusión semejante por cuanto parecería fundarse en la antihistórica creencia de que es posible que una sociedad inmersa en la intrincada y ágil maraña de interrelaciones del mundo moderno, haya podido permanecer poco menos que estancada. Sin embargo, bien poco pesa semejante objeción cuando las formas ideológicas consideradas trasponen el ámbito de las ideologías para ingresar al del culto, como veremos en otra parte de este ensayo.

Por ahora observemos el hecho, que nos parece cierto, de que en diversos momentos de la vida de la sociedad venezolana ha brotado el desaliento y la inconformidad referidos a los más diversos aspectos de esa vida, y que periódicamente se reafirman las constataciones de un malestar que a juzgar por su perdurabilidad llega a ocupar todo el período republicano. Dichas constataciones preceden, por lo general, a la búsqueda racional de causas, a la proposición de remedios que suelen ser únicos y portentosos, y a la estimación de los resultados obtenidos o esperados. Yendo de la tierra hacia el hombre y sus pensamientos, los testimonios –contemporáneos o no, historiográficos o literarios– componen una representación desalentadora de la Venezuela republicana y con ello nos proporcionan el marco general de la vida ideológica, pues sabido es que esta puede fundarse tanto en el estudio y en la comprensión cabal de la realidad como en su más prejuicioso y viciado enfoque. Por igual, ambas posturas nutricias promueven la pugna ideológica, y por igual son responsables, históricamente, de la pervivencia de determinadas formas.

Veamos, en una sucesión de hitos representativos, la continuidad del pensamiento venezolano referido al estado general del país.

Al término de la guerra de Emancipación Venezuela ofrece un cuadro de desolación y pobreza que ha sido observado por numerosos testigos. En líneas generales, y concediendo lo suyo a la vena poética de los observadores, puede admitirse, con Juan Rodríguez del Toro, la verosimilitud aproximada del siguiente panorama que pone de relieve, sobre todo, «(...) el efecto destructor de las guerras»[19] de independencia, cuya magnitud y cuya importancia no han sido todavía cuidadosamente estimadas, pese a los señalamientos hechos por testigos de la época y por historiadores del presente. Así veía Rodríguez del Toro la sociedad venezolana en 1830:

> La sociedad trabaja sobre un campo devorado por las llamas de una guerra desoladora de veinte años, que sólo ha dejado cenizas y escombros, tristes, pero patéticos monumentos del furor de los partidos. Aún humean las hogueras en que se inmolaron a la Patria las más brillantes fortunas; estos fragmentos no es fácil transformarlos repentinamente en campiñas doradas de espigas, ni en majestuosos bosques en que vegeten nuestras preciosas producciones; aún se resiste al arado la endurecida tierra cubierta de malezas; aún desalienta las fatigas del agrónomo la falta de recompensas de su sudor; aún teme los asaltos del crimen, o deplora la crueldad de las estaciones.

Ceres y Mercurio, hijos de la paz, no prodigan sus dones sino al extremo opuesto del globo en que el fiero Marte fija su asoladora planta[20].

La guerra. Ella es la raíz de nuestra vida republicana, y sus ecos, en lugar de atenuarse con el tiempo, se reproducen en un estado general de efervescencia bélica que ocupa todo el siglo XIX. Pero la guerra debió ser raíz de algo bien distinto: la paz, el progreso, la abundancia, la fraternidad, eran tan solo algunos de sus esperados frutos. Mas, si bien es cierto que el alto precio pagado puso impaciencia en los espíritus de los beneficiarios de tan hermosas promesas, no lo es menos que al poco tiempo se propagó el desaliento legítimamente fundado en una realidad que no solo no se acercaba a lo prometido sino que tendía a alejarse de ello. Como consecuencia muy natural de este estado de cosas surge la desconfianza en las instituciones recién creadas. Y esta desconfianza es general, pues mientras unos les objetan su ineficacia revolucionaria otros les objetan su inoperancia conservadora: «(...) ¿nos han librado estas instituciones, que nos complacemos en llamar liberales, de esos monstruos [*revoluciones* y anarquía] que devoran a las repúblicas modernas?»[21], se pregunta Juan Vicente González en 1840, y con ello hace eco a lo que según Rafael María Baralt era una característica del estado de descomposición de la República de Colombia en 1825, cuando: «Nadie tenía confianza en las instituciones»[22].

Pero las instituciones no eran, en modo alguno, cascarones vacíos, o independientes de la voluntad de los hombres. Por el contrario, el sentido liberal de las mismas las supedita por entero, en su existencia y en su funcionamiento, a los hombres que las rigen. Obviamente recaía en estos últimos la responsabilidad del descrédito de un edificio tan penosamente levantado. Nace así, para Venezuela, esa inagotable mina de argumentos demagógicos disfrazados de constataciones sociológicas, y de juiciosos exámenes científicos no menos proclives a la demagogia, que es la crisis de hombres. Porque, si hemos de dar fe a esta manera de distorsionar la historia, sucedió que:

Inmediatamente después de Carabobo, envainados los aceros y salidos los actores de la escena de la epopeya se les mira empequeñecerse. Los héroes de la víspera resultaron al subir al solio de la altura que de ordinario alcanzan los magistrados supremos en las democracias, altura que por ilusión de perspectiva aparece mayor por la majestad de la época. Eran del tamaño de la presidencia de una sección de Colombia, o de una rivalidad antipatriótica como la que provocó los acontecimientos de 1826, o de una conjuración como la de septiembre, o de una infamia como la de 1830[23].

El contraste brutal de los esperado con lo efectivamente logrado revelaba una verdad que sabía amarga a más de un espíritu: fueron hombres y no otra cosa quienes hicieron lo que era tenido por máximo orgullo de todos, la Independencia. Brotan, de pronto, la codicia, la pequeñez, la torpeza, y algunos parecen sorprenderse de que ellas existan, como José de Austria cuando, «Habitante de un lugar solitario, en los hermosos campos de Aragua y a las márgenes del lago que los fecundiza», se ve a sí mismo, luego de haber pagado su cuota a la guerra de Emancipación,

> (...) contemplando a la naturaleza en sus variados aspectos, ora risueña, ora horrible, pero siempre grande, majestuosa y admirable; pensando en los hombres, sus ingratitudes, sus odios, sus venganzas, su vida tiznada con las funestas impresiones de sus pasiones; confuso y melancólico al recordar la expresión de Pope, que define a estos seres predilectos del Criador como el honor, el oprobio y el enigma de la naturaleza[24].

Se daban así los elementos para componer la marcada desolación espiritual que puede apreciarse en numerosos testimonios emanados de hombres que vivieron de alguna manera las horas lentas y voraces de la guerra, que tuvieron conciencia de participar en una grande empresa y de que todo cuanto hacían o cuanto consentían representaba un paso hacia amaneceres cuya grandeza todo lo justificaba. La quiebra mezquina y cotidiana de tanta ilusión produjo en

quienes vivieron semejante situación no solo con su intelecto sino
también –y quizá fundamentalmente– con sus sentimientos, un mal
certeramente diagnosticado por Luis Correa que consistía en:

> (...) bañarse en los últimos resplandores de la epopeya bolivariana y tener
> que limitar sus ambiciones a la lucha sin gloria y a la intriga sin fortuna; vi-
> vir, en una palabra, en contradicción con sus ideales, he aquí la historia, no
> ya de Juan Vicente González, sino de toda la juventud venezolana surgida
> con la República a las actividades de la acción política y de la inteligencia
> constructora. Baralt, Toro, José Hermenegildo García, sufren del mismo
> mal sin remedio y pasan por las mismas penas, íntimas y desgarradoras[25].

Desacreditadas las instituciones y disminuidos los hombres, el
venezolano pasó a ser un «pueblo huérfano»[26]. Mas no solo huérfano
sino también urgido de protectores, necesitado de la mano rectora de
quienes poseyesen la suficiente audacia o el magnífico descaro –simple
cuestión de límites–, de irrogarse la función de redentores de una Patria cuyo fracaso inicial la ponía al alcance del atrevimiento de todos.
Se abre el período de la incesante guerra civil, cuya contabilidad se
ocupó de levantar Antonio Arráiz[27], y que arroja un saldo sobreco-
gedor de violencia frecuentemente estéril. Era buen terreno para que
proliferasen los salvadores, y uno de estos, al gloriar su propio partido,
formó esta impresionante y reveladora secuencia:

> (...) cada vez que se trataba de salvar los intereses de la Patria amenazada,
> se vieron siempre unidos para defenderla todos los venezolanos honrados
> sin distincion: así sucedió en 1830, cuando Monagas hizo su primera re-
> volución militar; así sucedió en 1831, cuando el mismo Monagas hizo su
> segunda revolución militar; así en 1835, cuando el mismo Monagas hizo
> su tercera revolución militar; así en 1834, cuando Farfán hizo una cuarta
> revolución con iguales tendencias y con más notables extravagancias; así en
> 1846, cuando Guzmán una quinta revolución, bajo todos aspectos diso-
> ciadora(...)[28].

En adelante, y a juzgar por los testimonios, el devenir de Venezuela estará compuesto por una monótona sucesión de redenciones frustradas, con ocasión de cada una de las cuales se decretará muerto un pasado oprobioso y oscuro, y se anunciará el advenimiento de una nueva era toda de luz y progreso. La burda contraposición servirá tan solo para poner de relieve los méritos de la obra cumplida por el redentor de turno. El todo será una historia hecha de negaciones absolutas y de perpetuo recomenzar, muy propia para infundir desaliento en cualquier espíritu poco crítico. En esta sucesión de asaltos pareciera estar por completo ausente todo sentido de continuidad en la construcción de un país, en la estructuración de una sociedad. De allí que resulte muy natural la sensación de vacío presente y la desesperación por una estabilidad que permitiera consolidar algún resultado. Nada pueden, para disipar esos estados de conciencia, los verdaderos momentos de relativo progreso, pues pronto ha de cubrirlos la negación del nuevo constructor, necesitado de hacer *tabula rasa* del pasado para empinarse por encima de su propia estatura. Destaca más la figura del ordenador sobre un fondo de caos, y el sentido histriónico de Antonio Guzmán Blanco, por ejemplo, bien supo explotar este recurso cuando en 1883 pudo exponer ante los venezolanos, semiilusionados por las nuevas edificaciones y por la pompa oficial, este contraste que realzaba sus luces de caudillo civilizador:

> (...) aquella Venezuela de que nos despedimos hace quince años, sumida de vergüenza en el exterior y de verdaderos dolores en el interior [...], aquella Venezuela sin libertad, sin garantías, sin orden, sin riqueza y sin condiciones de nacionalidad de ninguna especie; aquella Venezuela a quien parecía habérsele ocultado el sol para siempre. Comparémosla con esta nueva Venezuela, que en presencia del gran deber del centenario del Padre de la Patria se ostenta regenerada, plena de fuerzas, de vitalidad, de espíritu público y de todos los benefactores progresos de la civilización[29].

No satisfecho con la elocuencia de tan expresivo contraste, Guzmán Blanco echa mano de la interrogante para consolidar el efecto:

«¿Cuál habría sido nuestra suerte quince años antes, cuando tenía que ser Ministro de Hacienda un buen ciudadano, menos por lo bueno que porque podía conseguir bajo su crédito personal 1.000 pesos que necesitaba el gobierno para racionar la guarnición de la plaza de Caracas? ¡En presencia de qué abismo hemos estado!»[30].

En el mismo abismo en que íbamos a sumirnos de inmediato, si es que alguna vez se salió de él o pudo eludírsele, habría podido respondérsele, a juzgar por el aspecto que ofrecerá Venezuela apenas unos quince años más tarde de aquel momento solemne en que habló Guzmán, cuando, definitivamente apagada su estrella, será otro el encargado de restaurar la Patria, imprimiéndole un nuevo tono a una retornante peripecia histórica:

Es la tragicomedia de un país estancado, sin legítima jerarquía, sin esperanza, donde el riñón supurante de don Cipriano [Castro] se ha convertido en el símbolo de la putrefacción colectiva, del agotamiento de los años de guerra civil, de la administración sin técnica, de la rebatiña, violencia e ilegalidad que se habían tornado crónicas.

Todo como mero preludio a una nueva redención, pues:

(...) para mejorarnos o cambiar ya muchos doctores pensaban en las recetas de un brujo llamado Juan Vicente Gómez. Acaso para continuar integrándose —así como los países europeos necesitaron digerir en el comienzo de su historia una inmensa ración de bárbaros— Venezuela debía también asimilarse aquellos capitanes de hordas que en los días de Castro y de Gómez desplazarán a los inteligentes y a los cultos, del poder político. Durante largos lustros el país casi se olvida de pensar, o piensa —de acuerdo con la mente rural de los jefes— en el gallo de pelea del General o en ser compadre del Comandante de Armas para que no le lleven a la cárcel. Y la derrota peor es aquella en que se eclipsa toda conciencia moral, todo sentido de sanción colectiva[31].

Es decir, el retorno –o el nunca haber salido de ella– de la Venezuela que Guzmán afirmaba haber regenerado para ofrendarla al Padre de la Patria en el centenario de su natalicio. Se gesta, de esta manera, un estado crónico y calamitoso cuyo sentido cuaja, en el pensamiento, en el término *crisis*. Y hay consenso al respecto. La frecuencia con que se emplea esa denominación ominosa para designar nuestro presente de todos los tiempos permite afirmar que: «Esto de las 'crisis' parece ser tema de permanente actualidad entre nosotros».

Pero ya no es una crisis de las instituciones que se revelaron incapaces de funcionar y más aún de producir los bienes esperados. No lo es tampoco de los hombres encargados de hacerlas obedecer a las esperanzas de todos. Se trata, redondamente, «de un fenómeno general: en Venezuela, desgraciadamente, hay sobre todas las crisis, una crisis de pueblo».

Así, al cabo del proceso, todo un pueblo se halla sumido en una crisis integral para la cual ya es inútil buscar responsables –personas o instituciones–. Quedan de hecho eximidos de culpa ambiciosos y depredadores, grupos y clases empeñados en ciega defensa o en afanosa conquista de sus intereses. Nada tienen que ver en este abrumador resultado la tozudez retrógrada del latifundismo, ni la vacilación y la incoherencia de una burguesía cobardona y torpe en el trance de su autodefinición como clase dirigente de la República. Todo se resuelve en que «(...) no somos 'pueblo' en estricta categoría política, por cuanto carecemos del común denominador histórico que nos dé densidad y continuidad de contenido espiritual del mismo modo que poseemos continuidad y unidad de contenido en el orden de la horizontalidad geográfica»[32].

No en balde pudo hablar el general Eleazar López Contreras, en 1937, de «una crisis de hombres»; no en balde ha podido hablarse recientemente de «erosión moral». (Ver acotación N.º 1, p. 197).

Pero ¿no es legítimo preguntarse acerca de la validez de esta conclusión? ¿No cabe sospecharla de encubrimiento de la verdad? ¿Es, al fin y al cabo, una causa lo que se señala al hablar de «crisis de pueblo»? ¿No es esta más bien resultado o producto de un análisis racional que acaba por refundir la supuesta explicación del fenómeno con la simple descripción de los rasgos más aparentes del mismo?

Abrimos de esta manera el que sería inacabable capítulo de las «causas» del acontecer histórico de un pueblo. En formarlo se han afanado en todos los tiempos inteligencias lúcidas y talentos mediocres con fuerte propensión demagógica. Las huellas de sus afanes constituyen un surtido muestrario de todo cuanto puede servir para suavizar, justificar o explicar una frustración: son las causas de nuestro atraso, frase hecha que rebota una y otra vez en discursos, proclamas y memorias para definir el eterno esperar de un pueblo, pero también concreción de una angustia de la que derivaban fuertes imperativos éticos quienes creían asistir a lo que parecía ser el incontrolable desmoronamiento de una sociedad. En todo caso, es en la justificación de la búsqueda de esas causas hecha por quienes a ella se entregaron, donde puede hallarse buena prueba de la perdurabilidad del fenómeno que la suscitaba. Cambia la expresión, permanece la angustia. Si Jesús Muñoz Tébar, en 1890, una vez disipado su sueño de útil encauzamiento ordenador de la autocracia, pudo motivar su obra *El personalismo y el legalismo*, diciendo que:

> El sentimiento del amor a la Patria, dilatado luego en generoso sentimiento de amor a la felicidad de todos los pueblos; i la necesidad de emplear en buena obra el ejercicio de la facultad investigadora que el estudio de las ciencias desarrolla en el hombre, nos llevaron al empeño de averiguar las causas principales que promueven en unas naciones la estabilidad i la dicha, i en otras, la vida vacilante e infeliz[33].

A su vez, Mario Briceño-Iragorry, más de medio siglo después, y al término de una ilusión semejante a la que vivió Muñoz Tébar, pudo escribir que: «Nunca como al presente necesitó nuestro país de una atención mayor en el examen de sus problemas de pueblo, porque nunca como ahora se hizo tan notoria la crisis de sus valores sustantivos. Tampoco jamás desde la edad heroica nuestro país se había confrontado con mayor número de problemas a la vez»[34].

Establecida y justificada la necesidad de buscar las causas del estado insatisfactorio de la sociedad, quedaba por decidir dónde buscarlas, con la intención de precisarlas, una vez que las fórmulas vagas y retóricas demostraron su vaciedad. No bastará ya con responder a la manera de la Sociedad Económica de Amigos del País en 1831: «Recórranse los campos y las poblaciones, consúltese a todos los hombres imparciales y se sabrán las causas que han producido la decadencia»[35], ni podrá admitirse la respuesta sectaria y cargada de reciente odio guerrero que dio indirectamente, en 1834, Domingo Briceño y Briceño, cuando condensó su desasosiego en este interrogante: «(...) ¿Pero cómo podremos concebir que cambiado el sistema absoluto en el racional de la República, nosotros seamos aún españoles de hecho, vegetando en la inacción de un aislamiento fatal?»[36].

Y así hubo primero que despejar el camino para la búsqueda que se emprendía, echando a un lado la insinceridad sectaria, reivindicando los fueros del análisis sociohistórico y sobreponiéndose, de paso, a las desconcertantes conclusiones, mezcla de sinceridad y de rabioso despecho, dramáticas en su expresión pero estériles de proyección, cual la audazmente expresada por José de Austria en 1855, que más parece nacer del desaliento causado en el autor por situaciones que le eran contemporáneas al momento de escribir, que de ponderada evaluación del proceso histórico. Presenta, sin embargo, el tentador atractivo de señalar para bienes y males una única y heroica fuente, centralizando por entero la responsabilidad en el acontecer posterior a ese punto de arranque:

Llegó, por fin, el día 19 de Abril de 1810. Aurora de gloria; también de inauditas desgracias. En el gran libro del destino estaba escrita la libertad de la Patria, la ruina de algunas ciudades, la muerte de nuestros deudos y amigos. Sublime contraste, reservado al supremo regulador del universo. Las cadenas forjadas en trescientos años se rompieron en aquel venturoso

día; los gérmenes de la creación, que principiaban a desarrollarse, se obstru-
yeron en aquel día infortunado. Se derramó la semilla de los laureles y de la
palma de un triunfo heroico; se regaron los campos con la preciosa sangre
de ilustres patriotas. A la paz sucedió la guerra; a la tiránica dominación de
un monarca, la libre soberanía de un pueblo; a la opresión, la libertad; y
más después se emprendió una carrera siempre peligrosa: carrera de aprendizaje, de ensayos, de contradicciones; de libertad y de tiranía, de virtudes
y de crímenes[37].

Se había producido una fisura en la línea vital de un pueblo.
En sí ella no era ni buena ni mala. Era tan solo el comienzo de una
«carrera siempre peligrosa», la cual, en última instancia, estaba llamada a darle sentido a la ruptura que desencadenó el proceso. Solo que
saltaba a los ojos de todos que la primera etapa de esa carrera había desembocado en «una sociedad cuartelaria en la que eran excepciones los
que no soñaban con *gozar del fruto de las adquisiciones de su lanza*»[38].
Pero había en todo esto algo que resultaba difícil de concebir
para algunas mentes: ¿cómo era posible que fuera tal el desenlace de
una gesta heroica que condensaba los supremos valores de un pueblo?
Era, por lo visto, inevitable el admitir que esos constructores heroicos no pudieron dar a su obra el verdadero sentido con que la conci-
bieron. Pero, ¿no significaba esto último disminuir los méritos y las
facultades casi divinas de los constructores? Sí, había que resignarse
a admitirlo, pero siempre quedaba el recurso de aminorar tan cruel
mutilación de la visión heroica de los constructores de la epopeya,
apelando a la conjetura sobre cuán diferentes habrían sido los resultados de no mediar factores y circunstancias que, más que limitaban los
poderes del héroe, expresaban la propia culpa de quienes no supieron
secundarlo en su empresa fundadora y regeneradora de la sociedad.
Se compone así un curioso cuadro en el cual figuran las que podrían
llamarse «causas por ausencia» —correspondientes a la conjetura— y
«causas por presencia» —que testimonian de nuestra propia incapacidad de pueblo—. Esta constituye la primera respuesta a la inquisición

de causas, y Juan Vicente González supo condensarla admirablemente en 1840:

> (...) Bolívar no era un dios; tampoco tenía asegurada la infalibilidad, habrá errado muchas veces en la elección de los medios; pero, ¡ah!, si la paz se hubiera conservado en Colombia; si a su vuelta del Perú no hubiera hallado en anarquía la República y despedazada por facciones, Colombia hoy sería una nación rica, grande, poderosa, y nuestras más ambiciosas esperanzas, la realidad; pero si en su ausencia el demonio de la discordia invade Colombia; si se da el escandaloso ejemplo de una revolución, y los hombres pierden este temor, ese respeto saludable con que debieron ver siempre a la bella, hermosa y poética Colombia, ¿pueden echársele en rostro los desórdenes que siguieron, la anarquía, al hombre que, diciendo un adiós eterno a la paz que demandaba su cuerpo gastado de fatigas, se lanza en las borrascas civiles, y desaparece, despedazada el alma, por no haberlas podido conjurar?[39].

Ya no era en el pasado colonial donde había que buscar las causas del fracaso. Estaba la República de Colombia como antecedente más inmediato. De esta manera se revela cómo el análisis histórico se vuelve arma de doble filo, pues sirve para indagar antecedentes que ayudan a ubicar y a corregir faltas, aunque no sea más que mediante su mejor comprensión, pero sirve también para rehuir la verdad escudándose en un pasado por el cual no se es directamente responsable. Por eso, cuando el pasado colonial quedaba bastante atrás y perdía fuerzas como explicación general e indiscutida de todo cuanto afectaba negativamente a la República, se echó mano de Colombia y de paso se satisfizo una necesidad política de la hora. La condición de entidad poco menos que artificial, y de imposición caprichosa, que por entonces se le reconocía a la gran República, artificialmente desligada, por cierto, del prestigio perdurable de Bolívar, hizo posible anotar una causa que no habría podido señalarse para Venezuela en momentos cuando se iniciaba la administración surgida de los sucesos de 1830: se trata del mal gobierno ejercido en Colombia y que se intentaba ahora rectificar luego de la desmembración:

> (...) basta echar una rápida ojeada sobre el estado de Colombia para reconocer que el lastimoso cuadro que presenta su riqueza y su tranquilidad no es más que una consecuencia inevitable de los errores cometidos en el gobierno de la República. Se descuidó mejorar la condición de los ciudadanos; se abusó del crédito [...], se accionaron leyes fiscales con la misma facilidad con que se revocaron, y por resultado de todo se desmoronó el edificio, quedando nuestra buena fe en problema, la confianza destruida, el comercio aniquilado, la población disminuida y los recursos agotados[40].

Refiéranse las causas al pasado colonial o al fresco derrumbe del edificio colombiano, todo se resumía, según Rafael María Baralt, en «(...) los esfuerzos que hacían los patriotas a fin de asegurar el fruto de su revolución». Estaba comprometido en el intento cuanto de más vital podía haber en un pueblo consciente del alto significado de su Emancipación, pues: «No era ésta un suceso extraordinario y de pasajeras consecuencias, sino una época que debía marcarse en los anales del país, y juntamente la resolución de un problema político de grandes consecuencias para los pueblos de la América antes española». Era, pues, un problema político inherente al proceso que acababan de vivir los pueblos. Al señalarlo así, Baralt sitúa en el presente las causas tan solicitadas y las expresa en su forma más general y directamente visible por todos:

> (...) Tratábanse de decidir si sería dable a los próceres de la independencia abusar siempre del influjo que les dieran sus servicios para mantener a la nación en perpetuo pupilaje; o si había llegado el tiempo en que los pueblos cansados de ser el juguete de ajenas pasiones y el instrumento de su propio descrédito, debían recobrar su honor perdido y adquirir la libertad que con perfidia le ofrecieron sus opresores y que ellos esperaron vanamente hasta entonces[41].

Queda apuntado así el militarismo como causa del infortunio de los pueblos. Bueno es hacer constar que se trata en este caso de una de las causas más tenaces, y que su presencia trasciende de incontables testimonios como la representación de todo un estado de cosas, en el cual se mezclan aparatosamente despotismo, violencia e ilegalidad, produciendo un caos que políticos y escritores consideran como característico de casi todo el siglo XIX venezolano. La aspiración desaforada a ejercer el poder público, vista como culminación natural de una carrera militar, quizá tenga su mejor representación en la actitud de los próceres militares de la independencia, quienes pretendieron resarcirse de sus sacrificios con los despojos de su propia obra de destrucción heroica. A ellos se dirigió Tomás Lander, entre 1833 y 1838, uniendo la sátira al razonamiento apaciguador, en una síntesis de lo que había sido el militarismo como factor de desorganización política, de lo que era como aspiración y de lo que representaba como aptitudes:

Señores, la presidencia de la República de Venezuela, ni es el trono de Alejandro, ni es la corona que hoy adorna las sienes del Rey ciudadano [Luis Felipe de Orleáns]. No se extravíen ustedes. Acuérdense que en errores parecidos incurrieron los Bolívares, los Sucres, los Flores, los Bermúdez. La presidencia de Venezuela no es un galardón de los guerreros [...]. Los generales y los que no lo son, han sido llamados por la Constitución y según sus capacidades a ocupar tan prominentes puestos, y los pueblos, señores, ya saben demasiado que las recomendaciones y cualidades de los guerreros son frecuentemente exclusivas de las que se necesitan para consolidar los gobiernos[42].

Mas a medida que se sucedían hombres y gobiernos, a medida que de tanto enterrarlas o postergarlas se hacía cada vez más difícil despertar las esperanzas siempre defraudadas, se fue implantando en las conciencias la idea de que el malgobierno no era propiamente una causa del malestar de la República, sino que él mismo era producto de causas más profundas y arraigadas, que debían solicitarse hasta en sus más disimulados escondites. De esta manera fue posible afirmar que: «El mal no ha estado en los gobiernos, sino en los ciudadanos»[43]. Con esta fórmula se recogía lo que constituyó temprana preocupación de una de las mentes más lúcidas de la Emancipación. Ella proporcionó el eje sobre el cual giró toda la vida de afanes y fracasos de Simón Rodríguez. Y tan profunda marca dejó su influjo en las consideraciones que se hicieron acerca del porvenir de los recién liberados pueblos de América, que su presencia suscitó de inmediato la necesidad de combatirla en cuanto podía significar como fuerza inhibidora. Sin embargo, tales desvelos esclarecedores coincidían de hecho en reconocer la fuerza real que había adquirido semejante explicación de las desgracias de los pueblos, hasta el punto que el propio José María Vargas, al elevar su razón contra la sobreestimación de esta causa, hubo de admitir, en 1831, que: «Quizás no hay uno de nosotros que en la contemplación pesarosa de estas verdades no haya exclamado más de una vez: 'Son hombres lo que nos falta'», para alertar de inmediato acerca del peligro que encerraba esa desalentadora comprobación:

> Esta verdad impresiva que debe producir todo bien, si despertando nuestra razón y nuestro corazón nos fuerza a la resolución magnífica de transformarnos en estos hombres, vendrá a ser un sentimiento estéril y doblemente pernicioso, si sirviendo de disculpa a la apatía, llegara a constituirnos en la inacción e indiferencia por el bien de la patria, porque envolvería entonces la confesión ignominiosa de que somos incapaces de toda reforma y un fallo irrevocable acerca de nuestra suerte que sólo puede depender de nosotros mismos[44].

Por la brecha abierta de esta manera en la hasta entonces predominante causa política, la explicación abandona —es cierto que transitoriamente— el terreno de lo histórico para adentrarse en la maraña de lo psicosocial y lo ético, para llegar a lo racial como explicación de una psiquis característica, lo cual a su vez origina una nueva explicación totalizadora: el caudillismo, visto como producto de una particular conformación étnica y como expresión de esa psiquis característica, pero fortalecida por el apogeo del determinismo, geográfico y étnico, explicativo a su vez de la nueva causa totalizadora. Ese parece ser, en sus rasgos más generales, el curso que seguirá en adelante la indagación de las causas. Veamos someramente algunos hitos de este curso. Utilizaremos como punto de partida la tesis sostenida por Pedro Quintero en 1831:

> Si está plagado de crímenes el suelo que habitamos; si el padre mira llegar la hora del descanso sin haber conseguido un pan con que alimentar a sus hijos; si éstos huyen de las caricias de aquél, y rompiendo el lazo del amor y del respeto, desconocen al mismo a quien son deudores de la existencia, no a otra causa que al ocio, no a otra causa que a la inmoralidad es de atribuirse tan desconsolador espectáculo. Destrozada la coyunda colonial, elevados los venezolanos a la esfera de hombres libres, creyeron muchos que habían adquirido el derecho a traspasar los límites marcados hasta entonces a la licencia, y formando de la libertad el estandarte de sus réprobos designios, bajo el sagrado de un nombre augusto, despedazaron lo más santo que hubiera en el universo y convirtieron el pacto de asociación en un decreto de exterminio[45].

No solo se habían roto «(...) las cadenas forjadas en trescientos años», como dijera José de Austria, sino también «los límites marcados hasta entonces a la licencia», y si por la vía abierta a la libertad política se había desbordado a la par de los bienes los males, por la abierta al suprimir las barreras morales habíanse desbocado los más bajos y destructores vicios que amenazaban dar al traste con la sociedad misma, puesto que radicaban en su propia célula humana, corrompiéndola y volviéndola dañosa para todo el organismo social.

Digamos, de paso, que este reiterado señalamiento de la decadencia de los valores éticos y morales de un pueblo, la complacencia y la habilidad puestas por propios y extraños al describir sus efectos, al pintarla con espantosos rasgos y colores, así como el extraordinario y significativo eco que tales pinturas tuvieron en los países europeos, particularmente en el período que va de fines de la independencia hasta el término del siglo XIX, no fue un fenómeno exclusivamente venezolano. Hemos comprobado que en México tuvo intensísima vigencia y muy calamitosas repercusiones[46]. Fue, como expresión ideológica, una de esas viciadas corrientes que suelen desempeñar sorprendentes papeles en la vida de los pueblos, y su valoración como agente histórico depende más de la apreciación de su existencia real, de la medición de su fuerza y de la estimación de su influjo en la conducta de los hombres y en sus hechos, que de la discusión casi siempre patriotera y poco reveladora sobre si tales concepciones carecieron o no de fundamento. Más todavía cuando esta última pregunta suele hacerse con la mal disimulada intención de darle salida a una negativa impregnada de encendido orgullo nacional y hasta racial.

Pero si bien es cierto que gana fuerza en los argumentos, como causa del atraso, esta decadencia moral y ética de los pueblos, ella es, en última instancia, producto de circunstancias históricas, o al menos de esta manera se le ve en los primeros años de la República, cuando se le atribuía también una raíz colombiana. Así la presenta Pedro Quintero, en 1831, cuando le asigna como aleccionador origen la falsa riqueza de que disfrutó la República de Colombia por obra de los empréstitos contratados en el exterior, falsa riqueza que desvirtuó los valores cívicos y los hábitos de trabajo:

(...) Colombia en su origen, sin más ornamento que las selvas del Orinoco, sin más riquezas que el corazón de sus hijos, llamó la atención de la culta y enorgullecida Europa, y mereció el título de hermana de las potencias del antiguo mundo; pero el oro transformó muy luego la más hermosa perspectiva: treinta millones cambiaron la faz de la República, y el patriotismo y el desinterés y la laboriosidad se alejaron del país en que pródiga la naturaleza, había derramado sus tesoros: la agricultura desfalleció en tan deplorable situación; agobiado el comercio por el agiotismo, siguió la suerte de aquélla; las artes, sin elementos y sin perfección, cedieron su puesto a las manufacturas extranjeras que la novedad encarecía; y el colombiano, con la mitra o la diadema, con la espada o la toga, en la tribuna o en el municipio, se olvidó de la verdadera utilidad envanecido con su fastuosa tiranía.

A semejante efecto de una riqueza corruptora le siguió, según Quintero, el desolador panorama que habría de servir de advertencia a los venezolanos sobre las terribles consecuencias de la desaplicación al trabajo:

> Entonces, yermos los campos, desoladas las ciudades, sólo bulliciosas las oficinas, se gravó al pueblo de contribuciones que la miseria no permitió satisfacer: entonces la apatía, la indiferencia por el orden público, relajaron las fibras sociales, y hasta la libertad le dio a Colombia sus últimos adioses, y Colombia misma fue rayada con ignominia del catálogo de las naciones. ¿Necesitamos un ejemplo más del influjo de la inmoralidad? ¿Queremos otras pruebas de los infalibles resultados de la holgazanería?[47].

No era una gratuita advertencia la que hacía; tratábase de un peligro real que corroía la sociedad venezolana, que ya hacía estragos en ella, en forma de «esa turba de vagos y ociosos pordioseros que infestan nuestras calles, y que en parte fomenta la mal entendida y desarreglada caridad de los habitantes»[48].

¿Cómo podía preservarse el espíritu cívico de los escasos ciudadanos que merecieran el calificativo de tales, de las emanaciones de una degradación que los envolvía por doquier? La precipitada decadencia de los valores cívicos no solo agravaba la crisis estructural de la sociedad, según José María Vargas, sino que privaba a esa misma sociedad del remedio tan necesitado, por obra del repliegue individual que se operaba en quienes estaban llamados a ser, con su acción y con su ejemplo, factores desencadenantes de la recuperación. Vargas se muestra comprensivo para con quienes se rinden al desaliento: «A veces el ciudadano, acosado de la injusticia y del desorden, y cansado de oponerles vanos deseos y estériles esfuerzos, se retira en un melancólico despecho a aislarse en el recinto de la vida doméstica, y aun cree preservarse concentrándose en sí mismo». Mas he allí un grave error, previene, pues no solo no logra eludir los males que puedan afectarle, sino que se convierte, por obra de su retraimiento, en nueva causa generadora o agravante del mal que padece la sociedad y del cual deriva su propio desaliento, «(...) mas esto es sólo un sentimiento pasajero apenas justificable en los casos de imposibilidad cierta de hacer el bien; nunca puede ser un principio de conducta, que reprueban la razón, el civismo y aun el interés individual, pues no puede haber orden, seguridad y bien doméstico, mientras el Estado está en desorden, peligro, miseria y ruina»[49].

Pero de bien poco sirvieron las voces de alerta y los razonamientos cuidadosamente montados para infundir aliento, para impedir que se apagase por completo el espíritu cívico de los venezolanos. Esto hizo dudar no solo de la efectividad de tales propósitos regeneradores sino incluso de que se luchase con transitorias dificultades, susceptibles de ser borradas por obra de la prédica moralizadora de quienes pudiesen mantener en sí mismos el fuego que buscaban reavivar o insuflar en otros. Si la índole del venezolano dejaba tanto que desear y se mostraba tan firme, creíase, era porque ella respondía a muy profundas condiciones. Y prosiguió la búsqueda de las causas... para culminar en el determinismo ya compendiado en muy precisos términos por Rafael María Baralt, pero en forma de acumulación de todas sus posibles variantes:

> Las costumbres públicas o el conjunto de inclinaciones y usos que forman el carácter distintivo de un pueblo, no son hijos de la casualidad ni del capricho. Proceden del clima, de la situación geográfica, de las naturalezas de las producciones, de las leyes y de los gobiernos; ligándose de tal manera con estas diversas circunstancias, que es el nudo que las une indisoluble[50].

De ese frondoso determinismo plural que Baralt dice ser su «método», se desgajaron durante todo el siglo, y más allá de este, diversos brazos que cobraron actualidad, a veces sucesivamente, otras con simultaneidad, pero siempre exhibiéndose cual respuesta adecuada y objetiva al insatisfecho *por qué* de quienes desesperaban de nuestras posibilidades de llegar a constituir una sociedad regularizada. De esos emprendimientos, vistos como causas del malestar social, quizá los de más prolongada resonancia han sido los de fundamento racial y geográfico. Ambos encontraban abonado el terreno por las secuelas, no del todo borradas, de sus predecesores coloniales, y se veían robustecidos ahora por la sistematización racional de que fueron objeto durante el Siglo de las Luces. Aunque no faltaron argumentos para rebatirlos, su predominio se extendió y afianzó progresivamente. De nada valieron voces como la de José Antonio Páez, cuando afirmaba que: «Los que atribuyen la desolación de mi Patria a la rivalidad, a la heterogeneidad de la población, no juzgan con mucha exactitud del país sobre que escriben»[51]; ni la elocuente, razonada e informada refutación de la tesis del determinismo geográfico por José María Vargas, en tan tempranos tiempos de la República como 1833:

En vano invocarémos para disimular la apatía y consolarnos de los [sic] desgracias que esta amontona sobre nosotros, el ponderado obstáculo de la influencia del clima. Hay ciertos errores ó preocupaciones que consagra como verdades una aquiescencia pasiva, ó la desidiosa indiferencia de su exámen, pero que se desploman desde que se entra en la investigación de sus fundamentos. A fuerza de oir decir ó de leer que la naturaleza del clima influye en la religión, forma de gobierno, costumbres y leyes de los pueblos, hemos dado por sentado que esta influencia ejerce sobre los hombres tal poderío, que sus diversas condiciones en estos puntos pueden marcarse por las latitudes del globo, ó explicarse todas por las circunstancias de la localidad[52].

La forma sincrética de las tantas causas anotadas estaba visible en la ariscada vida de la sociedad venezolana, y resumía en su naturaleza, bárbara y reacia al entendimiento racional, su persistencia, su efectividad, como factor de atraso, y su insolencia como suma de cuanto un pueblo podía tener de primitivo, de incivilizado: es el caudillismo, la forma social multilateralmente nutrida y por doquier afincada, que marca con sus eternos desafueros y arbitrariedades la personalidad de todo un pueblo, hasta el punto de convertirse en una suerte de oprobio o de vergüenza nacional, al menos en la mente de quienes eran capaces de sobreponerse a su brutal cerrazón de las conciencias. En el caudillismo, como explicación y como símbolo, confluyen todos los hilos causales. Él es la causa universal, hasta el punto de que llega a convertirse en explicación obligada del proceso, por más de un siglo. Caudillismo significa no solamente no progreso, sino franco estancamiento e incluso retrogradación, y ello pesa en las conciencias por obra de la más directa comparación con pueblos que escaparon a su dominio o que logran deshacerse de él tempranamente, abriéndose así una vía de progreso que para los venezolanos había permanecido bloqueada, privándoles no solamente de su bienestar sino hasta del consuelo del orgullo nacional:

> Cuando un venezolano oye decir a algún zafio que Bolívar era bueno para escudero del Protector del Perú –escribió César Zumeta a Laureano Vallenilla Lanz, en 1917–, sonríe sin amargura; pero cuando su mirar se pierde en el interminable agolpamiento de mástiles en las dársenas de la metrópoli del sur, cuando la sin par Montevideo le revela la salud de su armonioso desarrollo; cuando, en el deslumbramiento de Río de Janeiro, siente que el lejano Amazonas, a pesar de la supuesta fatalidad del trópico, es aorta de la vida brasilera, arde en sonrojos nuestra protesta contra el caudillismo reaccionario que prolongó nuestra edad feudal y hace que corra aún el Orinoco por entre panoramas precoloniales y retardó hasta ahora la incorporación del más generoso de los pueblos a la marcha de las naciones americanas[53].

La acción corrosiva del caudillismo, causa totalizadora, refundición de las causas descubiertas por ideólogos y políticos luego de filtrar todas las explicaciones imaginables, amenazaba incluso el que se tenía por único e indiscutible producto puro de un pueblo: el orgullo de su gesta emancipadora cristalizado en la gloria de Bolívar...

DE LOS POSIBLES REMEDIOS Y SUS EFECTOS

¿Existe un límite para la resistencia de que son capaces incluso los espíritus mejor templados? ¿Es posible conservar íntegros y a cobijo los fueros de la razón aunque la propia realidad exagere sus colores adversos, aumentando su fuerza de confusión hasta un grado en que la directa reacción sentimental se hace incontenible? ¿Cuántas conciencias pueden resistir los embates de lo aparentemente irracional, absurdo y arbitrario, durante un lapso que se dilata, para el cual llega a perderse la esperanza de que tenga fin? ¿Qué hacer con una realidad que parece rechazar con su dureza impenetrable todo intento de comprensión racional, que casi podría decirse se solaza en disimular su propia naturaleza hasta el punto de que todos los señalamientos causales resultan burlados?

He aquí algunas reflexiones que es bien legítimo hacerse en presencia del desaliento que campea en el pensamiento republicano del siglo XIX. Es un desaliento hecho de fatiga, y esto tiene su importancia. Sucede al cansancio, no a la indiferencia, ni a la pereza, ni al temor. Por eso contrasta increíblemente con un optimismo que es pertinaz hasta llegar a parecer gratuito. Un optimismo que por un momento pareciera resumirse en un tomar aliento para seguir el movimiento ya iniciado, *porque se le ha comenzado...*, o que bien podría vérsele como el gesto indefinible de lanzar ante los propios pasos una afirmación –deleznable, hasta insensata–, pero que adquiere una nueva naturaleza tan pronto sirve para apoyar el pie en ella y dar un paso más hacia delante.

La convicción de que la sociedad venezolana vivía momentos críticos, y la búsqueda permanente y angustiosa de las causas de tal estado de cosas, culminaron en el desaliento, en un desaliento agresivo que retrocedió hasta los momentos que se tenían por más puros y los vulneró, incluso en la conciencia de algunos de sus autores. Pudieron ser puestas así, en tela de juicio, la Patria, la Independencia y la Libertad, al vérseles como formas vacías de contenido, o como objetivos inalcanzables o adulterados. Adquiere con ello su máxima intensidad la desesperación, y conviene tener presente este punto máximo para apreciar mejor su contrapartida optimista.

La Patria perdió sentido para Francisco Javier Yanes, uno de sus autores, cuyo espíritu de jurista, tan diestro en la ponderación de razones y pruebas, perdió pie y en aparatoso derrumbe le lanzó esta recriminación dolorosa:

> Cuando la Patria no cumple sus deberes, cuando quebranta la fe de los pactos más sagrados, cuando se hacen ilusorios los derechos y los objetos que compraron los ciudadanos a muy alto precio, cuando por el mal gobierno no hay unión civil, benevolencia y fraternidad; entonces la Patria no es más que un nombre vano, una tierra ingrata, y aun enemiga, pues que no sólo no provee a la subsistencia y seguridad, sino que mantiene en desorden la administración, apoya la opresión y despotismo de los agentes del gobierno y autoriza la comisión e impunidad de los delitos más contrarios a la sociedad[54].

La Independencia, en cuanto tenía de gesta heroica, de hermoso sacrificio de un pueblo, capaz de embellecer incluso los males que acarreaba tanto a quienes luchaban por ella como a quienes habían de disfrutarla, tiene en el prócer retirado José de Austria un dramático acusador:

> ¡Dichoso aquel que nazca en otra era, cuando no existan ni los que han sido testigos de la horrenda catástrofe que ha superado la América, para fijar en sus gigantes cimas el estandarte de la libertad! Los fríos recuerdos de la historia le excitarán una tranquila admiración; mas no devorarán su alma, ni el espectáculo de las crueldades ni el vivo dolor de los que las presenciaron[55].

Y la Libertad, suprema recompensa de tantos afanes y premio de tantos sufrimientos, se tornaba ilusoria incluso en sus primeros momentos de existencia, cuando todo permitía suponer, por el contrario, que habría de crecer rápida y vigorosa. Ilusión vana que pone en Rafael María Baralt la patética constatación de que los pueblos persiguen ansiosos una: «Libertad sin la cual la guerra de independencia no habría sido otra cosa que una insigne y descabellada maldad»[56].

Sí, era necesario impedir que el pasado tan glorioso y heroico de un pueblo se trocase en una «insigne y descabellada maldad», capaz de destruir a los mismos que tuvieron la insensatez de cometerla. Esta idea, tácita o expresamente, se expande y se aposenta en las conciencias de quienes consiguen abstraerse de la fácil elocuencia épica, o de la nostalgia del hombre de acción por sus propios hechos. Y se expande también pese a quienes cantan loas a la contienda bélica y pueden todavía hallar en ella, al contrario de Austria y respondiendo quizá a una misma desilusión presente proyectada diversamente en el pasado, alivio y abrigo. Así, no sería del todo excesivo hallar semejante matiz en las palabras del clérigo soldado José Félix Blanco, para quien era «(...) grato recordar el entusiasmo patrio de aquella heroica época de nuestra historia»[57].

En todo caso, el recuerdo del pasado heroísmo, por incólume que se le mantuviese, no era bastante a compensar la inhóspita realidad de un presente con el que contrastaba desventajosamente. Más todavía, estaba claro en las conciencias que era precisamente en lo que pudiese construirse en ese presente donde radicaba la justificación y, bien puede decírselo, la realización plena de ese pasado, que era visto como de esencia preparatoria, como instancia dolorosa, toda ella proyectada hacia una meta. Por eso, a la desesperación le precede y le acompaña, al mismo tiempo, una conciencia de espera urgida que podría calificarse de básicamente optimista, pues pareciera nacer de la certeza prevista o anhelada de un resultado cuya tardanza es la que abre la puerta al desaliento.

Esa conciencia básicamente optimista cuaja en la visión del duro presente como un tránsito del cual ha de salir la sociedad en algún momento, y todos los esfuerzos parecen orientarse hacia la aceleración de ese paso. Será la revelación de la ineficacia de tales esfuerzos la encargada de derramar las tintes sombrías y la que dará el tono final al conjunto. Esta conciencia de un tránsito que inicialmente es visto como no necesario, y que el desaliento hará creer inevitable, para los fines de mantener abierta la esperanza de salir de él, cuaja en una pregunta que de alguna u otra manera forma coro: *¿hasta cuándo?* Es posible hallarla formulada a todo lo largo de nuestra historia republicana, es imposible subestimarla como factor o componente de una conciencia. Brotada tempranamente, recogió la urgencia porque madurasen los frutos benéficos de la guerra: «¿Hasta cuándo –preguntaba José María Vargas en 1831–, veremos con indiferencia la fatal paradoja de un país el más fecundo por naturaleza en medios de subsistencia y dicha, al paso que uno de los más desgraciados y miserables? ¿Hasta cuándo seguiremos obedeciendo sin resistencia a la influencia del clima viviendo en pobreza y escasez por la misma razón que él nos llena de abundancia y recursos?»[58]. Dos años más tarde, y en circunstancias semejantes, el propio Vargas, en Junta General de la Sociedad Económica de Amigos del País, se hará eco a sí mismo dando nuevo tono a su angustia acrecentada:

> *Ya es tiempo* que en Venezuela raye el fausto día en que aquellos de sus hijos que puedan influir en sus destinos, compadezcan la desgracia universal, y alcen los ojos al alto grado de prosperidad á que la naturaleza pródiga la llama. *Ya es tiempo* de empezar a sacar el fruto de sus instituciones liberales desenvolviendo los gérmenes de sus riquezas y echando los fundamentos sólidos de su transformación. *Ya es tiempo* que el Gobierno aprovechándose de las bendiciones de la paz, y á la sombra del órden, despliegue todo su poder en regenerar de hecho esta tierra desgraciada. *Ya es tiempo* de ir reforzando los semilleros de las generaciones venideras y cambiando con la eficacia de las buenas leyes los hábitos inveterados de ociosidad, por los de una industria honesta y productiva[59].

«*¿Hasta cuándo?*», «*Ya es tiempo*», y otras formas, todas expresivas de una misma inquietud, de una misma urgencia que se va haciendo más precisa en su fundamentación y más robusta en su dramatismo. En 1834, Domingo Briceño y Briceño se dice a sí mismo y dice a los demás que no debe aguardarse:

> Venezuela en la calma de su reposo está pidiendo que se le abra la puerta y se le indique el camino en que debe ejercitar su vigor. No se puede decir que la población ha cambiado, que su carácter vivo se ha modificado, que sus enérgicas disposiciones se han convertido en apatía, que su reposo es indiferencia por su bienestar. Es, pues, llegado el momento de obrar con prontitud, para que no se constituya en hábito su accidental situación. Pero, ¿cómo y de qué manera nos pondremos en acción y movimiento?[60].

Consolidar un destello de paz, aclimatar y favorecer el desarrollo de un germen de progreso, fundar una constante de progreso, cualquiera que esta sea, en medio de un torbellino permanente. Tal parece haber sido cuestión de importancia para quienes reflexionaron sobre la Venezuela republicana. Se reproducen las voces de alerta y las interrogantes de la desesperación: pueblan los periódicos políticos, con predilección por las páginas de *El Venezolano*, de Antonio Leocadio Guzmán, invaden la obra de pensadores y publicistas hasta dar tono a la de Tomás Lander, Cecilio Acosta y Fermín Toro, entre muchos otros. Multiplican hasta tal punto su presencia varia y siempre una, que sería extremar la prolijidad el seguirla paso a paso: trazan una línea continua que arrancando de la constitución definitiva de la República, dobla el recodo del siglo y penetra decididamente en el presente. Patética o reflexiva, la interrogante será la misma. Patética en Domingo A. Olavarría, cuando exclama en 1893: «Hasta cuándo Dios de las Naciones! No habrá de llegar para los venezolanos la hora de la redención política! ¡Poned en la mente del mayor número la sana doctrina del Bien; dirigid vuestra compasiva mirada hacia este pedazo de tierra surgido de vuestra obra inmortal. Salvadnos!»[61]. Reflexiva en

Tulio Febres Cordero, cuando amonesta en 1909: «Es llegada la hora de meditar seriamente sobre ese triste pasado, de confesar nuestros grandes extravíos y de tomar con abnegación y firmeza el buen camino, para salvar a Venezuela de la ruina y del descrédito»[62].

Paralelamente a los ecos de la angustiada urgencia corre la esperanza de la regeneración, que por momentos se convierte en cuasi certidumbre, que se adelanta a ofrecer la perspectiva de un desenlace hermoso, que se aplica a desvanecer prejuicios, a infundir aliento, como en un tanteo que preludia el advenimiento de los remedios. Es la clásica psicoterapia para un pueblo enfermo, que por momentos y según algunos deja de ser mera condición general para la medicación y se trueca ella misma en específico rehabilitador. Representa los esfuerzos por ver claro en medio de tan oscuras peripecias, por fijar una alta meta capaz de devolver la confianza a quienes la hubieran perdido. Se comienza por señalar un encumbrado destino cuya legitimidad se asienta en un glorioso pasado, dejando en medio, cual un accidente, lo que abruma los espíritus con su tozuda maldad. Eso hace Juan Vicente Gómez, en 1840: «Si en este océano de turbulencias sociales ofrecen hoy [las repúblicas de América] el espectáculo de un archipiélago de naciones agitadas, pero ansiosas de libertad, dejémoslas, que cesarán un día las tempestades, y llegarán a ser lo que fueron Grecia y la señora del mundo»[63].

Si hoy sufrimos es porque nos espera un gran destino: he allí la fórmula reparadora de los ánimos cortos de aliento. Por ello es lícito que veamos en ese mismo sufrimiento los signos de nuestra redención. Apartemos, pues, toda falsa consideración de nuestras propias desgracias, que ellas son, en el fondo, expresión de un accionar vital que nos protege de la muerte. ¿Habrá de quedar un recurso sin invocar, un expediente sin ensayar? Tal permite pensar el alegato defensor que construye Cecilio Acosta en 1878, cuando opera el portento de volver benéfico casi todo cuanto era tenido por causa de males:

> Nada tenemos de qué avergonzarnos delante de los extranjeros, y ellos sí
> mucho que aprender, gozar y admirar en esta índole nuestra que va al en-

cuentro a dispensar el bien, o busca los medios de hacerlo por hacerlo; en estos cielos, todos de zafiro, y como barridos, para hacer divino el azul, por la mano de los ángeles; en este aire, todo fomento, en esta vida, toda delicias, patriarcal, franca y de familia; en este espíritu, fino en el salón, alto en el gabinete y desparramado en la confianza; en este carácter, que da con la mano lo que lleva dentro del pecho; en esta libertad, que si clama como los Gracos, salva como Cicerón, y es la misma en el foro, en el senado y en los comicios; en esta naturaleza, en que basta extender la mano para hallar pan, y pedirle cualquiera de sus formas o espectáculos sublimes o hermosos para en ellos ver a Dios.

Pero, ¿qué ha sucedido? ¿Cómo pudieron trasmutarse hasta ese punto un país y una sociedad? Semejante cuadro, ¿no podría tildársele de deleznable visión seráfica? ¿Acaso no estaban allí, para volverlo irrisorio, tantas y tantas aseveraciones en contrario? ¿Y la vida cotidiana? No, no era el producto de la embriaguez retórica lo que Acosta ofrecía. Formaba parte del alto destino propuesto y del intento de fortalecer la confianza en alcanzarlo algún día, pues él no había perdido de vista la realidad, *sólo que...*

> Si algo retarda el que posean de lleno estos goces [los americanos], es que las cosas no han llegado aún a su punto, y se remueven en busca cada cual de su descanso; o la impaciencia de lo mejor o el deseo de hacer figura, o los celos del mundo, o la ambición desapoderada, que es mal de todos tiempos, mantienen a veces una agitación febril, que si en los pormenores culpa, dejan también ver en el fondo un desarrollo de vida, y un movimiento de ascensión. Vamos, vamos con todas nuestras faltas, que son sombras de los cuerpos, en pos de un gran destino, y pronto tendremos en ejercicio, en medio de una abundancia que rebose, y de una paz, envidia ajena, la invención griega para las artes y el genio de Roma para las leyes[64].

Existe una íntima relación entre el brote de optimismo que se observa en el pensamiento venezolano de la década de 1870 y el curso que parecía tomar la vida de la nación. Cierto que estas argumentaciones, amén de lo que puedan tener de eco interesado de una situación política determinada, responden a uno de los pocos descansos de que disfrutó el país. Se le creyó prolongado y hasta definitivo, por algunos, pero muy pronto reveló su fugacidad. Incluso el que era tenido hasta entonces como monstruo devorador de nuestras energías de pueblo, la guerra civil, aparece bajo una nueva luz tan pronto puede vérsele como una etapa previa y, sobre todo, ya superada, del mediano progreso y de la relativa estabilidad conseguidos. De esta manera se comprende el pensamiento de José María Rojas en torno a la guerra civil, expresado en 1875:

> La guerra civil que desde entonces [1846] surgió y que con intervalos, más o menos largos, tuvo al país en continua agitación hasta 1870, puede ser considerada como la gestación necesaria, lenta y dolorosa de la República, y si de ella debemos ocuparnos, sólo será para desear que las conquistas de la civilización moderna á tan alto precio alcanzadas, se afirmen en nuestra patria y la den en retribución de tantos sacrificios, largos años de paz y fama entre las naciones.

No detiene allí Rojas su razonamiento. Lo fundamenta, a renglón seguido, en una teoría de la guerra civil que extrema hasta tal punto la que podría denominarse *visión natural* de dicha guerra, que el autor expresa su temor de pasar por apologista de la misma:

> (...) Y no extraviemos el criterio al dirigir una mirada retrospectiva y llena de compasión á ese pasado de veinticinco años, en que la guerra fratricida destruyó la riqueza pública y privada; porque nada sucede en el mundo físico, como en el mundo moral, que no haya sido preordenado por la Providencia, y la guerra civil, azote que han sufrido casi todos los pueblos de la tierra, en Venezuela ha hecho felizmente menores estragos que en otras naciones mucho más civilizadas. Ni se tome esta declaratoria como una apología de la guerra, que es la más bárbara y la más abominable de

las tiranías, sino como una defensa de nuestro carácter nacional, tan tristemente calumniado en el extranjero. Testigos, pero no actores, de ese drama sangriento que ha durado veinticinco años, en los cuales hemos visto pasar estérilmente nuestra juventud, hallamos hoy cierta satisfacción en declarar que no se han cometido en nuestro país los hechos de inaudita crueldad y barbarie que manchan las recientes efemérides de Francia, España y otros pueblos de la cristiana y civilizada Europa[65].

Nos acercamos así al clímax del razonamiento que condujo a la convicción de que existían remedios aplicables a la enferma sociedad venezolana, cuyos síntomas habían sido objeto de minuciosa descripción y de acuciosa indagación causal. El quid del problema consistía, precisamente, en demostrar que la *índole* del venezolano no era consustancial con las calamidades de toda suerte que le afligían, por la elemental razón de que ello habría complicado el problema casi hasta el punto de hacer ilusoria su solución. Si la *índole* del venezolano había permanecido sana, las perspectivas de regeneración estaban aseguradas, y todo ese conjunto de maldades y torpezas que según unos y otros había constituido la vida sacudida de la República se convertía en un accidente, terrible y dañoso, pero pasajero y superable gracias a los remedios descubiertos por la razón, y consecuentemente aplicados por una acción fortalecida en el descubrimiento de sus propias posibilidades. Pero un obstáculo serio obstruía el camino de esta demostración: habíase exaltado tanto la gesta heroica de la emancipación que todo cuanto le había sucedido parecía mezquino, ridículo, pequeño, aunque sangriento y doloroso. El asombro se resolvió en una pregunta: ¿eran los mismos héroes y semidioses del olimpo criollo quienes ahora se complacían en entrematarse, destruyendo de paso la vida toda de un pueblo e incluso su derecho al porvenir? La conclusión surgió muy naturalmente: se estaba en presencia de un caso de acelerada degeneración, no podían ser los mismos quienes en la Emancipación se cubrieron de gloria y quienes en las guerras civiles se cubrían de oprobio. Fatalmente, esta conclusión llevaba a vincular la decadencia general del país y de la sociedad con un cambio desfavorable de la índole del venezolano, o dicho en otros términos, del carácter nacional, considerado como era este –una predefinición de la categoría moderna de la unidad psicológica como característica de la nacionalidad– a manera de síntesis representativa de la nacionalidad. En este frente ideológico la lucha se hermanaba con la librada en el pasado para justificar la ruptura del nexo colonial, y si Rafael María Baralt le dedicó uno de sus más apreciados capítulos[66], no fue menor el empeño puesto por Cecilio Acosta, una muestra del cual acabamos de ver, ni el dedicado por Jesús Muñoz Tébar o José Gil Fortoul. Este último, en 1898, en sencilla y clara frase, de mucha lógica y buena para impresionar, consiguió salvar el obstáculo, hermanando las dos luchas, preservando la naturaleza del carácter nacional y dejándole la vía libre para que mediante un nuevo heroísmo, esta vez también constructivo, acabase de justificar el parentesco con el pasado heroico:

> Sería erróneo decir que el carácter nacional ha decaído o degenerado. Si en la guerra de la Independencia llega al paroxismo la energía violenta, pero efímera de que son capaces, en momentos de pasión contagiosa, todos los organismos, aun los más débiles, igual cosa observamos en guerras civiles posteriores, sobre todo en la de cinco años. El heroísmo, la abnegación y el sacrificio fueron también sentimientos generales durante la guerra federal. La energía nacional fue la misma en una y otra. La diferencia, más que triste, entre ambas guerras, es la de que con la primera, se trataba de crear la patria, y con la segunda, se logró sólo empobrecerla y hacer más lenta su evolución progresiva[67].

Desatado el nudo inhibitorio, y señalada la tarea que habría de disipar completamente cualquier vestigio del mismo, sólo faltaba poner manos a la obra, dándole así un sentido de *crear patria* a una energía nacional y a un espíritu de abnegación y sacrificio que seguían intactos pese al mal ejercicio que de los mismos se hiciera en reciente pasado: se desataba así las manos al venezolano y se le incitaba a un trabajo para el cual había amplio campo. Más que un campo, tratábase de una atractiva tierra, limpia y desbrozada de los que hubieran podido ser muy resistentes estorbos, de una tierra que era en esto aún más acogedora que las feraces y límpidas campiñas europeas con que parecían soñar los promotores de planes agrícolas y de empresas de inmigración:

> En nuestra América, al contrario [de la Europa estática], se fundó el edificio sobre área limpia y los cimientos se echaron con los principios más hermosos y los derechos más amplios. La sociedad se encontró sin amos al organizarse; los dones se repartieron iguales para todos; no fueron vinculaciones de la fuerza o imposiciones del destino, ni privilegios, ni monopolios, ni clases poderosas, y la máquina pudo funcionar igualmente bien para el progreso como había funcionado bien para la gloria...

Si cierto es que esta eglógica visión de los orígenes de la República hace sonreír a la más elemental crítica histórica, no radica allí su interés para los fines de este ensayo. Importa, sobre todo, marcar la presencia de una idea que se ha asentado fuertemente en el complejo ideológico de fines del siglo XIX y de buena parte del presente, cuya exacta significación quizá sólo podamos comprenderla bien acercándola al slogan *América, land of opportunities*, y al muy creciente y criollo *Venezuela güele a oro*.

Es un nuevo paso dado en la construcción de una ficción de Venezuela cuya eficacia, no por ser menor que la de su correspondiente de signo contrario, deja de ser notable componente de la vida ideológica de la República. Se abre así la puerta al descubrimiento de cualidades positivas allí donde no hacía mucho sólo las había negativas, y la empresa de crear optimismo se aceleró al máximo, llegándose pronto a la conclusión de que no solamente no eran tantos y tan graves nuestros males, sino que incluso muchos de ellos trocábanse en ventajas, y que éstas no eran ni pocas ni menospreciables. Veamos, esquemáticamente, los componentes de esta nueva actitud:

Somos una nación joven y viva, y ello explica nuestros males y permite esperar la transitoriedad de los mismos, a la par que al promediar estos en una América identificada en sus calamidades disminuye su gravedad:

> Desórdenes es verdad que ha habido y continuará habiendo por algún tiempo en los varios Estados, trastornos, guerras y los demás de que adolece la mocedad de las naciones; pero, sobre que no es posible destruir la fisiología antropológica, nótese que los malos gobiernos se derriban pronto, que los caudillos pasan y que esa misma inestabilidad con que los farsantes políticos llevan una careta hoy que les quita mañana la ley, está probando que si se engaña es a nombre de ella y que la ley es la llamada a ser al fin práctica y norma. En este sentido la inmovilidad es muerte, como es vida el movimiento[68].

Tenemos aliados hasta no hace mucho insospechados: y el clima se vuelve, de causa determinante de males, en factor de progreso, puesto que Venezuela «(...) no puede menos que prosperar extraordinariamente con el auxilio de un clima en que parece que el cielo y la tierra más que en parte alguna obran en común por su concurso creador y vivificante[69].

Es inútil lamentarse, ni podemos quedarnos rezagados cuando todo marcha hacia el progreso:

> Inútil es, pues, lamentarnos de desdichas y calamidades si no adoptamos el medio seguro de alejarlas. En el estado maravilloso de adelanto a que ha llegado el entendimiento del hombre, multiplicando en todo el orbe los inventos para crear, aumentar y simplificar los productos, transportarlos y ofrecerlos al consumo de toda la tierra, ¿cómo podemos ni debemos quedarnos medio siglo atrás, renunciando a los bienes que nos facilita la época en que existimos?[70].

Además, todos los pueblos pueden hacerlo, y no cabe imaginar mejor garantía para el propio esfuerzo:

Nada, pues, más evidente que esta conclusión consoladora. Los pueblos todos tienen en sí el poder de elevarse á las más altas ideas, á las acciones más heroicas, al mayor explendor [sic] según la educación que reciban, las circunstancias en que se encuentren y la influencia bienhechora de su gobierno y de sus leyes. Si el clima y los otros agentes físicos de la localidad modifican el desarrollo primitivo de un gobierno, de su carácter moral y de su legislación; sin embargo, esta influencia puede ser, y siempre ha sido, dominada y corregida por las instituciones y las leyes, quedando desde entónces como un matiz que acompaña á un pueblo en sus estados diversos de progreso, grandeza, decadencia y ruina[71].

No solo hay, pues, posibilidad de curación del organismo social, sino que ya esta se esboza de por sí y nada permite pensar que el mal sea incurable, de manera que la conveniencia de los remedios se suma a la garantía de su efectividad, y comienza la proposición de específicos. Dos particularidades sobresalen en este proceso, que merecen puntualizarse. Por una parte, en los primeros años de la República ya se asoman casi todos los remedios que habrán de debatirse durante el siglo, y hasta no hace mucho en el presente, de tal manera que es posible enunciarlos, embrionariamente, rastreándolos en el primer debate sobre el progreso del país. Por otra parte, casi ninguno de esos remedios es llevado a la práctica, o sólo lo es a medias y defectuosamente, de tal manera que una vez propuestos se mantienen en la actualidad del debate ideológico con la vigencia inercial de lo que no ha sido sometido a la prueba de la práctica.

Los específicos guardan relación con todos los aspectos de la vida social, y todos se orientan hacia una misma meta: «adquirir las fuerzas que necesitamos para gloriarnos (si no nosotros, al menos nuestra posteridad) de haber merecido la alabanza no sólo de haber querido, sino por haber realizado la grande y magnífica empresa de hacer feliz a la nación venezolana en el goce de su independencia por la prosperidad y bienestar de sus habitantes», como dijera Domingo Briceño y Briceño en 1834, al referirse a «los sentimientos de la Sociedad Económica de Amigos del País»[72].

Los remedios propuestos tienen por campo de acción la economía, el medio físico, el medio social, la educación, los individuos, etc. Dependen de la gravedad del diagnóstico, del momento y de la premura en sanar o salvar al enfermo. Incluso los hay que por su condición especial despiertan serias dudas acerca de sus cualidades curativas, pese a lo extendido y lo frecuente de su uso, como sucede con las llamadas *revoluciones* (Ver acotación N.º 2, p. 199).

Nada más lógico que los primeros cuidados se orientasen a la que era rama principal de la vida económica del país, y que exhibía severos estragos causados por la guerra de Emancipación: «En un país como el nuestro, llamado a prosperar y engrandecerse por el cultivo de sus producciones naturales, debe hacerse un estudio práctico y continuo de la agricultura»[73].

Aun tratándose de un país agrícola, y reconociéndole a la agricultura el rango que acabamos de ver, se siente la necesidad de dar impulso a la artesanía y a la manufactura, englobadas, para el caso de la referencia que sigue, bajo la elocuente y ya rancia denominación de *artes mecánicas*, sumidas en el atraso y la imperfección a «(...) consecuencia de la absoluta carencia de los conocimientos de las ciencias exactas, y más que todo de las preocupaciones, hijas del sistema de desigualdad sostenido por el gobierno español constantemente entre sus súbditos [...] por lo que jamás lograron tomar el vuelo que podría darles la palanca de los capitales y que hoy reclama todavía»[74].

Pero no basta con producir en abundancia y con arreglo a mejores técnicas. Es necesario que esos productos puedan circular con facilidad por el cuerpo de un país cuya geografía, hasta entonces casi intocada por el hombre, significaba un tremendo estorbo al más elemental desplazamiento, repartiendo con ello el país en cuarteles poco menos que aislados entre sí. Era legítimo, pues, preguntarse, como lo hizo la Sociedad Económica de Amigos del País en 1833, en comunicación dirigida a la Diputación Provincial: «¿Mas cómo llegaremos a este deseado y venturoso término [el progreso] mientras no removamos los obstáculos que el estado físico del país opone a sus cambios y comunicaciones?». Nada gratuita era la pregunta. Nacía de una situación muy real que ponía seria traba al fomento de la economía y desvirtuaba, de paso, una riqueza potencial exaltada en demasía:

> Nuestras ricas producciones serán como oro escondido en las entrañas de la tierra, pues nada valdrán mientras no haya facilidades para acercarlas a la mano de los negociantes y consumidores. Su precio natural se encarece al duplo por los costos de transporte, y privado el productor de los estímulos y de los medios con que pudiera animarse a nuevas tareas, se desalienta y llega a ser en él un hábito la inacción y el odio al trabajo [...]. Sólo, pues, falta que se faciliten los medios de transporte; pero repetimos con sentimiento que tantas ventajas serán casi ilusorias mientras nos contentemos con trillar las mismas veredas que los castellanos encontraron en tiempo de la conquista, y que conservaron en el espacio de tres siglos por los vicios del sistema colonial, o por el carácter apático y rutinero del gobierno español[75].

Merece subrayarse este planteamiento sobre caminos, porque él será uno de los más aceptados y de más prolongada vida en la conciencia venezolana del siglo XIX. Representa, además, una contribución venezolana a aquellos tres delirios del siglo de que hablaba Simón Rodríguez: «colonomanía», «traficomanía» y «cultomanía»[76], al convertirse en una auténtica «caminomanía» que habría de conducir al simple absurdo que consiste en pasar de un estado en el cual había frutos y no cómo transportarlos, a otro en que hay caminos desiertos.

Hubo clara conciencia, y muy temprano, de que nada se adelantaría con proponer soluciones mágicas, precedidas de un *solo falta*, altamente significativo. Quienes así procedían ignoraban la relación estructural que existe entre los diversos componentes de la sociedad, es decir toda esa maraña de interrelaciones que muchas veces acaban por anular el efecto de los remedios propuestos o por volverlos nocivos. Existía, pues, y muy ciertamente, el peligro de que accionando inconsultamente alguna de las supuestas palancas del progreso se consiguiese tan solo aumentar el malestar que se quiso paliar. Persuadida de la gravedad de este siglo, la Sociedad Económica de Amigos del País hizo en 1830 el elogio de la Economía Política, la cual, a su vez y en razón de la propensión a la unicidad de los remedios, viose convertida en suprema panacea para todos los males que aquejaban la República:

> Sí, señores, la pobreza y la ignorancia son malos ingredientes para componer un Estado representativo, en donde por la sola sanción de los impuestos puede impedirse el fruto de las instituciones, perpetuando la decadencia con medidas que secan las fuentes de la prosperidad. Así que si no estudiamos asiduamente la ciencia que nos enseña a evitar estos escollos jamás gozaremos de las ventajas prácticas de la libertad; y por el contrario, imbuidos de preocupaciones antiguas y persuadidos de que otras ciencias, sin el auxilio de la economía, nos bastan para dirigir los negocios políticos, pasaremos la vida en ensayos infructuosos y acaso perjudiciales, mantendremos estacionaria la población, desconfiaremos de todos los sistemas de gobierno y de todos los gobernantes, y anonadados y sumidos en la indigencia, doblaremos la cerviz bajo cualquier yugo, o desesperanzados de aliviar nuestra suerte, impediremos siempre la consolidación de un orden regular, fijo y estable[77].

¡Todo por la ignorancia de la Economía Política!

Pero más que la producción, el intercambio y su organización económica, interesaba el agente llamado a poner en movimiento cualquiera de los remedios que se decidiese aplicar, es decir, el hombre. Hemos visto que existían serias dudas acerca de su capacidad para emprender la tarea de construir su propia felicidad, dudas que condensan la primera quiebra histórica de un sistema económico-social, el primer descalabro de la ideología liberal, apenas terminada la Independencia. En cambio, estaba fuera de dudas, como vimos al comienzo de este capítulo, que nada podría hacerse si no se transformaban la moral y los hábitos de vida del pueblo, concepción que se muestra en todo su esplendor en los inicios de la República y que solamente comienza a perder algo de su fuerza hacia fines de siglo, como hemos visto también. Pero, ¿cómo cambiar la índole de un pueblo? ¿Qué resortes tocar? Tal es el problema que se plantea José María Vargas en su discurso en la Junta General de la Sociedad Económica de Amigos del País, el 27 de diciembre de 1831. Intentaremos resumir su planteamiento, por considerar que presenta lo fundamental de la cuestión. Vargas comienza por preguntarse: «¿Tan difícil es contrariar esta tendencia a la inactividad por la educación y firme determinación de entrar en costumbres opuestas?». La cuestión delicada de resolver no es el sentido que debe tener ese cambio, pues bien sabe él que es «una cooperación activa, enérgica e incesante el único agente capaz de ir haciendo desaparecer nuestros males, renacer el orden y cambiar la faz del país: el aislamiento y egoísmo consumarán su ruina de un modo irremediable». La verdadera dificultad radica en hallar los medios que permitan alcanzar ese resultado. Uno de ellos es, precisamente, la propia Sociedad, pues:

> (...) En ella el amante de su patria, persuadido que sin cambiar las costumbres por medio de una educación propia y generalizada, las mejores instituciones gubernativas son del todo postizas e inadecuadas a su fin; el que experimenta y sufre la miseria pública nacida de la falta de industria y de hábitos de una vida económica al mismo tiempo que bien ejercitada; el que es víctima o testigo doliente del atraso de nuestra agricultura, fuente principal de nuestra riqueza; el que en fin, está palpando la decadencia de nuestro comercio correlativa a estas mismas condiciones de la agricultura con el deterioro del crédito público y privado, y con los defectos de nuestra legislación, propone sus ideas, esfuerza sus conatos, consagra sus medios a la remoción de tamaños males; de acuerdo con sus consocios reúne las luces de todas partes para concentrarlas en el foco de la Sociedad y esparcirlas después más vivas y elaboradas a todos los puntos del Estado; cuenta con una suma de querer e influjo con que dar a sus proyectos de mejoras una fuerza poderosa apoyada en el interés común, aplicada por medios de benevolencia, y con las recomendaciones de un civismo puro[78].

Pronto se hizo evidente que semejante empresa era muy superior a los alcances de un movimiento societario, aunque estuviese patrocinado por el poder público. La persistencia de los males –su agravación, incluso– alimentó la convicción de que para combatirlos era necesario emplear todos los recursos del Estado, y el problema volvió a nivel de búsqueda de vías apropiadas para que se ejerciese con efectividad esta nueva fuerza. El propio Vargas se inclina ante este hecho, y no poco habrá pesado en ello la vida difícil, o en todo caso menos brillante y dinámica de lo esperado, que tuvo la Sociedad en sus primeros tiempos. Así, en la Junta General de 1833, invocó el nuevo agente de transformación:

> Basta, pues, que un gobierno de la naturaleza del nuestro logre engendrar los hábitos de honesta ocupación, de modo que por ella ningún ciudadano carezca de los objetos necesarios á su subsistencia. Cuando haya conseguido este grandioso fin, sin gozar de la opulencia, llegará á ser próspero, fuerte y virtuoso. Y esta consecución venturosa, si bien presenta obstáculos en la apariencia insuperables; examinada sin la prevención de las preocupaciones habituales y sólo con la guía de la experiencia y la razón, llegará á descubrirse alguna senda practicable y segura[79].

Pero el hacer recaer en el Estado esta función no dejaba de implicar serios riesgos, originados precisamente en esa estatización que en cierto modo descargaba de preocupaciones y responsabilidades a los ciudadanos. Aunque ello no tuviese que ser necesariamente así, ciertos vicios presentes en la sociedad –de esos mismos que se deseaba erradicar– lo hacían inevitable. Y se trataba de viejos vicios, tan arraigados en los ciudadanos que llegaban a regir toda su actividad, a caracterizar su actitud ante sus propios problemas y penalidades. No era un peligro hipotético. Lo era real, según lo señaló Domingo Briceño y Briceño en la Junta General del año siguiente de 1834:

Hijos de los españoles, nutridos con preocupaciones, todo lo dejamos a la autoridad pública, a ella queremos deberlo todo, y de ella queremos todo sacarlo. Nada hacemos por nosotros mismos, creyendo que nada podemos hacer: pensando como hombres, obramos como niños, amando el pupilaje. El orgullo de ser libres o independientes no ha producido aun individualmente aquella superioridad y grandeza que engendran los grandes y sublimes conceptos; los resultados de la espontaneidad y la obediencia no están a mi ver bien conocidos y deslindados; convenimos en obedecer por la pereza de mandar, y por tanto confiando en las fuerzas ajenas, dejamos a otros el cuidado de hacernos felices; y no sé si por lo que se llama apatía o habitud, deseamos sin querer (permítaseme explicarme así) que el gobierno se divinice para que nos haga ricos, nos dé población, talleres, jornaleros, caminos, carruajes, educación, industria; en fin, todo[80].

La ineficacia de los remedios propuestos, testificada en la persistencia del mal que pretendían combatir, conduce a un curioso replanteamiento del problema que cambia por completo el enfoque inicial. Según este último, tratábase de modificar las costumbres para de esa manera transformar la sociedad y ponerla así en acuerdo con las nuevas instituciones definidas racionalmente. En cambio, hacia fines de siglo, en 1898, José Gil Fortoul invertirá por completo los términos del problema: «De la transformación del medio social nacerán necesariamente las circunstancias favorables para corregir ciertas costumbres políticas que hacen dudar á los pesimistas del porvenir de la América intertropical»[81].

Mas la «transformación del medio social» era asunto que ya salía de la competencia de ciudadanos preocupados, actuando aisladamente o integrados en asociaciones, y entraba de lleno en la de la suprema componedora de los males sociales: la política. Permanentemente solicitada como remedio, por momentos no se supo muy bien si podía efectivamente empleársele como tal o si, por el contrario, no era ella misma la causa del mal. Y muy pronto surgió la desconfianza e incluso el franco desdén por semejante remedio. Ya en 1834

Domingo Briceño y Briceño se ve a sí mismo, como a otros muchos venezolanos:

> Discurriendo por las ciudades y villas, por los valles y selvas de la República, a cada paso las necesidades comunes nos convidan a tomar parte en su alivio; sensibles y ansiosos de encontrar medios positivos para mejorar la suerte de la población, hemos por algún tiempo vagado en la política, soñando quimeras, y apelado aun a la filosofía; pero nos hemos encontrado al fin sin fuerzas para obrar el bien, porque nos faltan los estímulos para romper las ligaduras de nuestra tímida educación[82].

Sin embargo, la decepción de Briceño distaba de ser compartida por la generalidad de los venezolanos, quienes acudían incesantemente a las armas en búsqueda de los instrumentos de transformación de situaciones de todo género, y por motivaciones no menos diversas y frecuentemente indefinibles. Llamose *revolución* a esta manera de dirimir pleitos entre clases, facciones, grupos y aun simples individualidades inconformes. Nada más natural que llegase un momento cuando no fuese posible decir si aquello que se llamaba *revolución* era un remedio o el mal mismo que aquejaba a la sociedad, como hemos señalado, y la decepción mostrada por Briceño corre a lo largo de tanta agitación, y aflora una y otra vez como preocupación de quienes pudieron alzarse un poco sobre el propio partidarismo –adictos, como todos, a echar mano del mismo expediente *revolucionario* cada vez que fuese necesario para defender sus intereses–, y trataron de otear un horizonte que no cesaba de ensombrecerse. Esta duda acerca de la efectividad de la *revolución* como remedio para los males de la sociedad tuvo gran eco en la Venezuela de 1867-68, según asienta Ramón Díaz Sánchez en estudio sobre el pensamiento de Cecilio Acosta, al ocuparse de la polémica que este último sostuvo con Ildefonso Riera Aguinagalde sobre el tema. Subraya Díaz Sánchez la claridad de concepción de Riera Aguinagalde, y cómo este comprende hasta tal punto el pensamiento de Acosta que lo arrincona y lo lleva a adoptar en el fondo su postura ante el problema:

«Responderemos que no hay contradicción –dice Riera Aguinagalde–; sino que *Tullius* [Cecilio Acosta] confunde ideas diferentes. Para él, guerra y revolución son sinónimos; he aquí el error. Para nosotros, revolución es el derecho armado, las ideas con traje de campamento, los pueblos tras las trincheras del Monte Sacro, la espada allanando los caminos del progreso. Por eso dijimos que las revoluciones realizan prodigios en poco tiempo; exigiendo, no obstante, para el complemento de la obra, el concurso benéfico e inevitable de la inteligencia que construye y del orden que consolida. Son dos turnos marcados por pausas muy sensibles: el zapador que enviado por Dios, tala; y la inteligencia, que terminada la fatiga, siembra».

Era precisamente este último aspecto del proceso revolucionario el que preocupaba a Acosta y a tantos que, como él, solo habían visto de las *revoluciones* la primera fase, y nunca la constructiva, eternamente pospuesta o de lleno suplantada por una nueva *revolución* en su primera fase. Era el punto en que se manifestaba la discordancia entre la teoría de la *revolución* y la práctica venezolana de la misma. Esta preocupación impregna la réplica de Acosta, aceptadora de la tesis de Riera, según interpretación de Díaz Sánchez: «(...) es verdad que las revoluciones llevan y dejan inoculadas ideas nuevas; pero también lo es que echan abajo lo antiguo e imponen el trabajo de reconstruir. Son admirables como providenciales, son justas como derecho; pero en uno y otro caso, son una convulsión que trastorna, aunque sea un remedio que regenera»[83].

Y no había que ir muy lejos para hallarle fundamento real a la tribulación de Acosta, si consideramos que el origen de todo el proceso estuvo en la más intensa, prolongada y destructora *revolución* que había vivido el país: la de independencia. ¿Había sido posible hacerla entrar en su segunda etapa, la constructiva? ¿No era esa, precisamente, la aflicción de todos? ¿Y qué decir de las que le siguieron, cualquiera fuese su importancia? Era en extremo difícil, para hombres inmersos en tan enrevesado acontecer, apreciar el sentido más general del mismo, sobre todo cuando se le veía interrumpido o cortado, periódicamente, por erupciones de violencia que parecían empeñarse en dar razón a Acosta, puesto que la labor postrevolucionaria de la «inteligencia» no se veía por ninguna parte y parecía hacerse cada vez más ilusoria, es decir, cuando los que saltaban a la vista eran justamente los efectos destructores y las depredaciones de *revoluciones* que, vistas desde cualquier ángulo, significaban antes que nada *la guerra*. De allí que al término del siglo, en 1898, José Gil Fortoul pudiese hacer este balance general: «(...) todas nuestras contiendas civiles [obsérvese la denominación], todas, así las que inicia la tendencia 'conservadora' como las que promueve la tendencia 'liberal', contribuyen a retardar la prosperidad nacional. Diezman la población y la debilitan»[84]. Nada extraño, pues, que en la conciencia de muchos venezolanos se sentase la convicción de que, lejos de ser un remedio, las llamadas revoluciones compendiaban la fuente de todos los males que padecía el país, y así lo expresa Tulio Febres Cordero en 1909, luego de sumar unas *revoluciones* más a las observadas por José Gil Fortoul:

> La causa es evidente. Ni los terremotos, ni las pestes, ni las sequías, han arrebatado el número de vidas ni causado jamás en Venezuela tanto estrago como una sola de nuestras pasadas revueltas civiles; revueltas que dejan ensangrentado el territorio, desecadas las fuentes de riqueza, y, lo que es más funesto, viciadas las costumbres públicas y relajado el sagrado respeto a las instituciones y a las leyes[85].

El descrédito de la Revolución por las *revoluciones* llegó a empapar, de esta manera, una fuerte corriente del pensamiento venezolano del siglo XIX y proyecta su influjo en un siglo XX en el cual ha de hacer frente a mejores y más depurados conceptos revolucionarios, si bien cabe notar que ya no habrá de responder al casi irresistible influjo de los efectos dolorosos de la guerra, sino a su evocación matizada por intereses de muy diferente orden que los que pudo invocar, con bastante legitimidad y sinceridad, alguna que otra conciencia atribulada del pasado. Inspirada en esta última preocupación, ha podido escribirse en 1962 la siguiente reflexión puesta en un personaje de novela:

> Diego Collado se había quedado como abstraído. La palabra "revolución", la palabra "justicia", la palabra "pueblo" resonaban en su mente despertando viejos ecos. Cuántas veces las había oído. Cuántas veces se había estremecido con ellas y había creído en ellas. La más vieja que recordaba era la revolución legalista de Crespo. Los había visto entrar en Caracas bajo una lluvia tenaz que duró más de tres días. [...] El 97 fue la Mochera. Después había sido la revolución de Castro. Después fue la libertadora de Matos [...] y luego fue la reacción gomecista de 1908. Se volvió a hablar de revolución, de justicia, de rehabilitación nacional[86].

Demuéstrase, de paso, que la considerada por Ramón Díaz Sánchez como «la más lúcida proyección del pensamiento de *Clodius* [Ildefonso Riera Aguinagalde]», o sea, cuando al «rectificar ese falso concepto de Acosta [confusión entre revolución y guerra], desvanece un error sustancial que ha oscurecido por mucho tiempo la interpretación filosófica de la historia, sobre todo en países de pobre cultura y de mucha malicia como lo es Venezuela»[87], es susceptible de recobrar opacidad en el momento presente.

El descrédito de la *revolución* abrió dos salidas a la preocupación de quienes no se resignaban a admitir la inevitabilidad de un estado de cosas que juzgaban dañoso para el país y la sociedad. Una salida consistía en la deseada aunque difícil corrección de la *revolución*, mediante una revolución que por sus características y sus objetivos condujese a la rectificación definitiva del vicioso expediente, tan trajinado, de la guerra civil. Es la *revolución civilista*, si así puede llamársele, en oposición a la *caudillista* o de *montonera*. La acunan mentes ilustradas, salidas del aula universitaria, que creen posible hallar un caudillo lo suficientemente honesto, dúctil e influenciable como para que se prestase a crear en los mogotes y llanos, entre correrías y sorpresas, las condiciones necesarias a la regeneración ideada en los refugios urbanos. Hubo muchos candidatos al desempeño de esa misión histórica, y más de una intención civilista pereció asfixiada en medio de la arbitrariedad del que había sido tomado por caudillo bien intencionado. Dolorosa y explicable tragicomedia que hizo de los hombres de pensamiento simples acólitos, cómplices de ilusorias componendas, que se halla representado en:

> La biografía del "Mocho" [general José Manuel Hernández], enigmática mezcla de torpeza, disparado sueño y aventura, Edipo de una República quimérica que jamás se realizó, es una serie interminable de derrotas y entradas y salidas de la cárcel. Por qué le acompaña la gente cuando sabe que no ganó ninguna batalla; que habla y escribe tonterías, que no tiene ideas claras sobre ningún problema; por qué encuentra grupos de doctores que en Valencia, Guayana o Mérida están siempre suspirando y sufriendo carcelazos a causa de sus equivocaciones, es uno de los mitos más intrincados y significativos de nuestra Historia de hace cincuenta años. Pero bajo el liquilique blanco de este hombre sobrio y austero, compañero de estudiantes en pensiones pobres, impulsado por una especie de voluntad trágica; descontento en sus mínimos instantes de fortuna, se expresaba un curioso símbolo de insatisfacción y frustración venezolana[88].

La segunda salida, que en cierto modo podría considerarse una posición de repliegue respecto de la primera, consiste en la creación de un instrumento de naturaleza especial, no por su forma y sí por su índole, que fuese capaz de erradicar definitivamente la que era considerada como causa principal de las *revoluciones* estériles que agobiaban al país, es decir, el *personalismo*, versión más afinada del brutal *caudillismo*, rural y atrabiliario. Se la ve como una solución radical, pero de paulatina aplicación, y quizá solo en esto sea más realista que las portentosas soluciones propuestas hasta entonces. En el fondo revela una mecánica elemental y simplista, cuando se le considera en su formulación ideológica y en relación con su contexto histórico: puesto que el mal tiene una raíz individualista, opongámosle una ac-

ción colectiva que mediante un elaborado aparato logre preservarse a
sí misma de toda posible desviación personalista. Tal es el hallazgo de
Jesús Muñoz Tébar, a fines de siglo:

> En tan aflictivas situaciones de un país, sólo un hecho que no ha de ser
> casual podrá salvarlo: ese hecho sería el aparecimiento en el poder de un
> partido victorioso, amigo sincero del legalismo, que amando más la justa
> gloria de su nombre que la opulencia de sus miembros, arroje con la ma-
> yor discreción los cimientos del nuevo sistema i procure una sucesión de
> gobiernos semejantes que duren, trabajando en idéntico sentido todo el
> tiempo indispensable para aniquilar en el seno de la sociedad las costum-
> bres personalistas, sustituyéndolas por costumbres legalistas[89].

No sabemos si esta solución debe más al ingeniero de Guzmán
Blanco, al pedagogo eterno, al desengañado precandidato presidencial
que hubo de ceder el paso al personalismo, o al burócrata vitalicio,
que todo eso fue Muñoz Tébar. Sí creemos saber, en cambio, que
la reciente historia contemporánea de Venezuela ha demostrado que
esta solución subrepticia puede desembocar en el mismo mal que se
propuso sanar.

Síntomas de un estado, indagación de sus causas, fe en las posibilidades de curación y una farmacopea nutrida de fórmulas específicas, he allí, en sus grandes líneas, los componentes del pensamiento de
los venezolanos sobre la Venezuela republicana. Todo encuadrado en
dos extremos que, como muchos otros e importantes componentes de
nuestro fondo ideológico, fueron definidos con notable precisión en
los primeros años de vida independiente. En el punto de partida está
la angustia causada por un presente desalentador. Recordémoslo con
las palabras de José María Vargas:

> Al contemplar esta tierra, una de las más privilegiadas de la naturaleza, que
> siempre fecunda remunera agradecida y con profusión los trabajos que se
> le consagran; que apénas la persecución del hombre deja de atormentar-

la con sus crímenes, se reviste de lozanía y empieza á fluir en raudales de felicidad. Al considerar á este pueblo dócil é inteligente, regido por instituciones gubernativas esencialmente liberales, pues ponen en sus propias manos su gobierno y bienestar, que los han conquistado al caro precio de una revolución desastrosa, de torrentes de sangre y millares de infortunios: al ver á sus habitantes enseñados en la segura escuela de la adversidad, ricos de recuerdos pesarosos, pobres aun de aquellas comodidades de la vida de que generalmente se goza en países mucho más mezquinos, y al hallarlos al parecer, indiferentes á su condición y al origen patente del desórden y de la miseria pública: el entendimiento se pasma sin alcanzar á explicar esta monstruosidad del orden moral. ¡Quizá es el efecto del estupor, que dejan tras sí los tremendos sacudimientos de la revolución! ¿Y este estupor durará más tiempo? ¿Y este fenómeno de aberración vendrá a ser en nuestra infortunada patria el orden natural?[90].

Al término de la línea nacida de este punto de partida, que permitía tan profusa y pormenorizada exhibición, estaba una meta escuetamente formulada, cuya persecución resume la inquietud de las conciencias: «(...) aspiramos nosotros a restablecer el país, haciendo una nueva organización que nos presente al mundo dignos de la independencia que hemos adquirido, y de la libertad que proclamamos»[91].

Definidos el punto de partida y la meta, ¿cuáles fueron los resultados? Y ¿cómo medir los resultados del hacer histórico de un pueblo? ¿No es acaso lo que ese pueblo *es* en el presente la única medida válida? Pero, no son estas las interrogantes que cuadran a nuestro objeto. Nos interesa, propiamente, el cómo se han reflejado los resultados en el pensamiento venezolano, y este suele colocar el problema en terreno bastante diferente, y hasta arbitrariamente separado, de aquel en que lo situaría un examen histórico pertinente. Igual que para síntomas, causas y remedios, la medición de los resultados así hecha cuadra con la tónica general de todo el proceso que hemos esbozado, que puede concretarse en un balance rico en insatisfacción e inconformidad, pese a que en su formación sea necesario contar momentos y hechos de contraria índole.

Así es posible hallar, en esta contabilidad general de los afanes históricos de un pueblo, la presencia de balances parciales de optimismo pronunciado, a veces alejados de toda realidad, que preceden al saldo general de desaliento. Hubo momentos de los cuales es posible decir que los hombres se forjaron «(...) la ilusión de que han empezado a trabajar sobre terreno sólido por la construcción de una patria decente»[92], y en este orden de ideas muy pronto, en 1833, ya está presente la frase que a lo largo de todo un porvenir de vicisitudes inagotables habrá de condensar a un tiempo el desaliento y la esperanza renacida gracias a no se sabe muy bien qué artes: «un país que empieza ahora a marchar con regularidad(...)»[93].

¡Singular camino este, tantas veces comenzado! En todo caso, a cada comienzo se produjo la ilusión de que sería el definitivo, y que solo faltaba perseverar en la marcha. Son las etapas de nuestra vida republicana, y desde este punto de vista, no se sabe con exactitud qué representan: si el declinar del pesimismo o el auge del optimismo. Tan es así que la primera de esas etapas, vivida apenas reconstituida la República, en 1833-1834, ya pudo ser vista desde estos contrapuestos ángulos, en circunstancias semejantes:

Como el inicio del reino benéfico de la paz:

La deseada y dulce paz extiende su augusto manto, y bajo su sombra corren a un tiempo nuestros compatriotas en todas direcciones. Ya vemos surcados los campos para recibir la simiente: derribados los bosques, mansión un tiempo del crimen y del terror, para sustituirles plantíos de árboles y hierbas productivas y útiles a la especie humana. Ya la cabaña destruida o incendiada por la maléfica mano de la persecución y de la venganza se halla transformada en mansión deliciosa de un honrado labrador, que viendo sus callosas manos alienta su esperanza con la abundante cosecha que le promete su labranza, no implorarán ya en vano sus hijos el pan que arrebató la tempestad política, ni se verán privados de su presencia para que guíe su vacilante planta. Nuestros puertos se ven visitados del extranjero que conduce sus manufacturas, y busca con ansia las producciones de nuestro suelo; los caminos frecuentados; el artesano, ocupado en su taller, en fin todo anuncia vida y movimiento[94].

Como un marasmo que nada bueno auguraba:

No faltan entre nosotros algunas personas que crean que no hay en Venezuela espíritu público; que está sepultada en la indiferencia y apatía; que su perfecta calma es una languidez mortal; que toda se muestra impasible, pues que los periódicos callan; que los actos del poder, de la justicia, de la arbitrariedad misma (que nunca o casi nunca abandonan enteramente los países), pasan en silencio y no hacen ruido. A la verdad, parece que nada se mueve en bien, o en mal; que un solo sentimiento reina: el de una absoluta resignación, y que a la vista de no haber un hombre que tenga hoy en día el poder de hacer mover las masas a su agrado, podría decirse que Venezuela entera ha degenerado en carácter, que ha perdido su vivacidad, que no siente ni piensa.

Tal es, señores [se explica de inmediato] el aspecto de Venezuela, pero aspecto y estado aparente, superficial y transitorio, porque después de la larga guerra en que ha adquirido sus triunfos, ha entrado en reposo, y duerme reclinada sobre las mismas armas con que marchó al combate, y el respeto que supo infundir su denuedo, conserva en seguridad el terreno que conquista la libertad, alejando de sus puertas a un mismo tiempo el despotismo y la anarquía. Ella duerme, sí, sobre el lecho de las virtudes patrióticas, como el hábil piloto sobre las mansas aguas que soportan su nave. Éste duerme, sí, cierto de su ciencia y su destreza; mas el aire sopla, las olas se atropellan, el peligro le despierta, toma el timón, despliega las velas y conjura la borrasca ayudando con el arte a los elementos[95].

El todo consistía, pues, en despertar a la dormida Venezuela, a esa Venezuela sustancial cuyo sueño era solo un alto para recuperar fuerzas. ¿Cuántas veces se intentó despertarla? Proclamas, sesudos ensayos, galopadas cuatreriles disfrazadas de sonoros *movimientos*, tendían al mismo fin, o al menos decían pretenderlo, en una especie de pugna por redimir un país que a cada nuevo intento fallido parecía sumirse más aún en la postración.

Pero, a juzgar por los testimonios, Venezuela ha estado en varias ocasiones no solo cerca de la meta anhelada sino en franca posesión de la misma. Ellos autorizan a creer que ha habido una especie de exageración recurrente de los resultados, de clara inspiración política. Así, los propagandistas de cada nuevo gobierno se han esforzado por enaltecer los méritos del mismo, hasta el punto de que llegan a dar por sentado el carácter definitivo de la regeneración alcanzada. Forzosamente, tan interesada presentación de los hechos no sirve más que como punto de referencia para apreciar la insatisfacción, y hasta la desesperación, como constantes de un pensamiento. Sin embargo es en alto grado reveladora, desde el punto de vista ideológico, la fundamentación de este optimismo oficial, orientado siempre a recomendar los méritos de una forma de gobierno, o de un gobernante, y a favorecer su continuidad en el Poder, en provecho del asentamiento definitivo de los bienes que depara al país. Basta hojear la abundante bibliografía oficialista (en su mayor parte patrocinada o editada por el Estado) y los textos oficiales, sobre todo las memorias ministeriales y los mensajes presidenciales, para encontrar numerosísimos ejemplos de este optimismo. Veamos dos, típicos:

En 1875, José María de Rojas, al calor del sol ascendente de Antonio Guzmán Blanco, hizo la que probablemente sea la más rotunda y pretenciosa afirmación oficiosa del bienestar logrado por Venezuela, en estos términos: «Hemos proclamado ya en nuestros códigos todas las libertades públicas; hemos excedido quizá en adelanto moral a los pueblos más civilizados de la tierra; sólo falta que seamos perseverantes en la práctica de los principios para que podamos recibir en galardón las bendiciones de la historia»[96].

En 1927 el ministro de Relaciones Interiores, Pedro Manuel Arcaya, hizo una presentación del país en la cual, al enumerar positivamente los progresos logrados, compuso un buen cuadro de los males que le aquejaban no hacía mucho –según el ministro–, y proporciona una muestra muy ilustrativa del optimismo oficial:

> Singular y sugestivo ejemplo de cordura y buen juicio está dando hoy Venezuela al mundo. No se oirán de nosotros desalentadoras noticias de guerras civiles, ni de enconadas disputas religiosas, ni de crímenes políticos o injustas confiscaciones con su obligada consecuencia de odios y miseria. No se oye sino el sencillo relato de hechos que están patentes a la vista del mundo entero, tales como los de que aquí el pueblo respeta y quiere a nuestro Primer Magistrado; que se procura resolver con tacto y prudencia todos los problemas de interés nacional; que son efectivas las garantías de que goza el capital, así el venezolano como el extranjero; que es holgada la situación económica del elemento obrero, al cual presta el gobierno decidida protección dentro de las normas de la ley y la justicia; causando todo esto la prosperidad nacional, visible en esos índices que no engañan del decrecimiento de la deuda pública y el aumento del valor de sus títulos, la existencia de grandes sobrantes en el Tesoro, las importaciones y exportaciones cada vez mayores y las obras públicas realizadas.

Impresionantes serían todos estos resultados –supuestos y reales– si no denotasen una inquietud que es, al fin y al cabo, lo único constante, sustancial: la preocupación por la transitoriedad –la fugacidad, a veces– de lo que se creía haber alcanzado. En el testimonio de Rojas se le expresa abiertamente, en el de Arcaya reviste el carácter de una afirmación que no ha sido del todo desmentida por el acontecer histórico posterior (adviértase que escribimos esto en 1962): «(...) la República se ha mantenido en una paz sólida, que para satisfacción del patriotismo, podemos considerarla establecida definitivamente, viéndose descartada para siempre la posibilidad de que vuelvan las luchas fratricidas que nos arruinaron y desacreditaron»[97].

En esta valoración de los resultados cabe distinguir cuando menos dos posiciones que, aunque no están por completo alejadas entre sí, bien puede considerarse que responden a preocupaciones caracterizadas. Así, junto a la que calificamos de optimismo oficioso u oficial, se halla la representada por pensadores que intentaron evaluar los resultados guiados por criterios no tan ostensiblemente subordinados a los intereses de una determinada situación política. Para ello asumieron la actitud de más idóneos jueces, y se pronunciaron al cabo de argumentaciones de orden social e histórico dignas de consideración. El pensamiento que asume esta segunda postura tiende a ser más ponderado en sus apreciaciones, pero deriva casi indefectiblemente hacia un balance nada optimista y hasta francamente pesimista en última instancia. Quizá no haya exageración en decir que ella predomina en el pensamiento venezolano del siglo XIX y de la primera mitad del XX, en pugna primeramente con la euforia del progreso y luego con doctrinas e ideologías más definidas y elaboradas. Es posible distinguir cuando menos tres variantes generales en esta postura:

En primer lugar la variante constituida por los ensayos sociohistóricos de interpretación del sentido de nuestra vida republicana, muy bien ejemplarizada por José Gil Fortoul cuando, en 1896, observaba acerca de la consolidación política y social, que:

> Sería preciso ser muy optimista para afirmar categóricamente que el ciclo de las revoluciones está ya cerrado para siempre. Mientras los hombres y las costumbres no cambien de un modo radical, es imposible esperar que todas las prácticas políticas y gubernamentales cambien como por arte mágica de la noche a la mañana.
>
> Pero, al propio tiempo, considerando con imparcialidad las manifestaciones actuales de la opinión pública y el evidente progreso intelectual y material realizado en los últimos años, no puede tacharse de optimista la afirmación de que estamos ya abocados á una evolución acelerada, si se obtiene el concurso de ciertas circunstancias favorables en el medio social y en las costumbres políticas[98].

Igualmente ponderada es su apreciación, en 1898, de la controversia en cuanto a la condición del «carácter nacional», a la cual tanta importancia se le concedía en la determinación de nuestras posibilidades históricas: «La 'epopeya' que con tanta razón nos enorgullece tanto fue una prueba de energía violenta; pero no sería lógico deducir de ella que nuestro carácter nacional ha sido o es ya (lo será más tarde) tenazmente enérgico; ni menos deducir, a ejemplo de los pesimistas, que desde entonces hemos decaído o degenerado. Ambas conclusiones son, además de ilógicas, históricamente falsas»[99].

La segunda variante corresponde a la que podría calificarse de afligida visión de nuestra historia. Es la más extendida, la más vulgarizada, y no podría tenerse como francamente pesimista, por cuanto suele preludiar una invitación al cambio y al mejoramiento. Es el depósito de las esperanzas, tanto de las frustradas como de las renacidas. Tulio Febres Cordero las expresó en 1909: «Triste es confesarlo. Los períodos más florecientes de la República sólo han sido como puñados de flores sobre un montón de ruinas»[100].

La tercera variante es la del pesimismo hecho teoría, y no pocas veces pretexto. Ha servido para muchas cosas: ha justificado actitudes, ha legitimado claudicaciones, ha suplantado en mentes avisadas la más elemental filosofía del deber: y esto lo ha conseguido al volver inútiles los afanes y vanos los desvelos de quienes *no han sabido sacar la lección de nuestra historia*, porque:

> (...) Desgraciadamente las lecciones de la historia no existen para los venezolanos. Hay que ver la recia palmeta de dómine con que la historia ha tratado de enseñarnos con sangre lo que hay que hacer y lo que no hay que hacer, y, sin embargo, cada vez que se presenta la ocasión volvemos a incurrir en los mismos errores, como si ninguna experiencia trajéramos del pasado[101].

En suma, tres variantes de una misma inquietud que confluyen en un mismo testimonio sobre la permanente interrogante que se han formulado quienes han reflexionado sobre el destino histórico del pueblo venezolano, en actitud que denota, en el fondo, duda acerca de ese destino, en forma de insatisfacción y desaliento, pero que no ha significado, en cambio, abandono de la búsqueda de soluciones que abran perspectivas de progreso y de organización. Y es precisamente en los afanes de esta búsqueda donde halla el culto a Bolívar buena tierra para enraizar.

ACOTACIONES

N.º 1

Este juicio se venía gestando desde hacía algún tiempo. Ya en 1933 José Heriberto López escribió: «Una vez más me asalta la idea de pensar en la decadencia de Venezuela; en su estado de corrupción política y en sus hombres de mediocridad insuperable». (*Veinte años sin Patria*. La Habana, 1933, p. 70). Y en 1934, Domingo B. Castillo: «El personalismo autocrático es cuanto le queda a Venezuela, consagrado por los grandes señores que lo sostienen tanto porque carecemos de tradiciones como porque hay crisis de hombres». (*Memorias de Mano Lobo*. Colección Venezuela Peregrina, N.º 1, Caracas, Ediciones de la Presidencia de la República, 1962, p. 128). La frase de López Contreras levantó un gran revuelo entre los venezolanos, que se consideraron dura e injustamente juzgados. Hubo necesidad de ofrecer explicaciones, como lo hizo Rafael Brunicardi al recoger unas declaraciones dadas por el entonces Presidente general Eleazar López Contreras en Barcelona, el 29 de agosto de 1938: «Al referirse a la colaboración necesaria para gobernar, y de acuerdo con su sentir y el conocimiento pleno que tiene de las urgencias de la República, recordó que una vez, en una entrevista que alguien le hiciera, fue confundida en su exacta significación una declaración suya de que en el país había 'crisis de hombres', pues sólo quiso aludir a la falta de responsabilidad de que muchos carecen [*sic*] desgraciadamente, y a que otros, con no clara intención, querían exhibirlo únicamente como representante de una parte del país, cuando sus convicciones de magistrado y de ciudadano tenían que destacarlo como un venezolano a toda prueba interesado absolutamente por el bienestar de la patria de uno a otro extremo; y que por ello aprovechaba la oportunidad de hablar en tal sentido a todos los venezolanos de buena voluntad del Oriente, teniendo muy en cuenta que para su obra de patria no sólo necesitaba de amigos en el gobierno, sino también de hombres que le hicieran una oposición edificante». (*Por los caminos de la Patria.* Caracas, «Agencia Musical», 1941, pp. 57-58).

Hubo, igualmente, intentos de justificación, como el de Avelino Sánchez:

Se habló largamente de la crisis de hombres y se llegó a decir que no existía tal crisis; pero los acontecimientos que se han venido desarrollando han demostrado hasta la saciedad que tal crisis era una perfecta realidad en nuestro mundo político social, al menos en cierto sector.

Muchos de los hombres llamados por el General López Contreras a colaborar en su gobierno, fracasaron ruidosamente: pasaron por el Gabinete como sombras y desfilaron por las presidencias de Estado como maniquíes de escaparates. El libre juego de la alternativa ha servido para conocer los hombres del país, y el General López Contreras ha demostrado una vez más su alto espíritu de tolerancia y de político.

Se ha hablado de la falta de pupila en la selección y no hay tal falta de pupila, sino simplemente sobra de la misma. Muchos de esos hombres escogidos fueron obra de las circunstancias y era preciso que el pueblo se convenciera de que eran figuras decorativas, y la mejor manera de llevar al ánimo del pueblo semejante convencimiento era poniéndolos a actuar y así vimos fracasar en la Presidencia de Lara; en el Ministerio del Interior; en la Presidencia del Guárico; en los Ministerios de Sanidad y Educación Nacional; en la Presidencia de Sucre, en la Presidencia de Nueva Esparta; en la Secretaría de Miraflores y el Ministerio de Agricultura y Cría; en el Ministerio del Trabajo y Comunicaciones; en el Banco Agrícola y Pecuario y Banco Obrero; en Fomento; en el Estado Cojedes; en el Estado Falcón, en Bolívar, y en varias Aduanas de la República y así sucesivamente, una lista de hombres que, si como ciudadanos tienen un gran prestigio, como políticos no han pasado de ser simples figuras decorativas, porque les falta madera de administradores y el dinamismo que debe caracterizar las actuaciones de los políticos, sobre todo en esta época de reconstrucción nacional.

López Contreras los ha dejado actuar para que todo el país juzgue con sus propios ojos y se convenza que no todos saben escoger y que en una República como la nuestra, donde todo el mundo quiere ser un gran «cacao», hay la necesidad de una cabeza jerárquica que escoja y una mano jefática que ejecute. (*Venezuela Republicana o exposición del proceso político-social de un régimen. 1936-1940*. Caracas, Impresores Unidos, 1940, pp. 83-84).

La réplica recorrió una gama que se extendió desde lo airado a lo ingenioso. E. Menotti Spósito apuntó que: «El concepto lopecista de 'crisis de hombres' es sólo un axioma de comedia barata. Yo convengo en que, si expresamos este concepto al revés, el General López tiene razón: hay hombres en crisis (...) económica. Lo cual es completamente distinto». («El Semanario de Prometeo». *Obras Selectas*, Biblioteca de Autores y Temas Merideños, Nº 7, p. 286).

N.º 2

Desde este punto de vista el ideario liberal ha concedido especial significación a la educación. Sería inagotable la serie de testimonios que se podría construir al respecto. Cabe pensar que casi no hay aspecto de esta cuestión sin debatir. Hemos prescindido de su tratamiento en este caso porque nos impondría la necesidad de hacer desarrollos extensos sobre ideas muy conocidas y tratadas ya con lujo de detalles en numerosas obras, entre las cuales citaremos las recientemente editadas por la Universidad Central de Venezuela: Angelina Lemmo, *La educación en Venezuela en 1870* (Caracas, Instituto de Antropología e Historia de la Facultad de Humanidades y Educación de la UCV, 1961); y R. González Baquero, *Análisis del proceso histórico de la educación urbana (1870-1932) y de la educación rural (1832-1957) en Venezuela* (Caracas, Centro de Investigaciones Pedagógicas de la Escuela de Educación de la Facultad de Humanidades y Educación de la UCV, 1962). Consideraciones semejantes podrían hacerse acerca de la inmigración, vista como remedio para los males de la sociedad venezolana. Hemos preferido centrar nuestra atención en otros «remedios» menos estudiados, y hacer una sucinta presentación de los mismos.

NOTAS AL CAPÍTULO III

1   «Proclama de Ignacio López Rayón a los europeos». Lorenzo de Zavala, *Umbral de la independencia*, p. 225.

2   Véase: Enrique Bernardo Núñez, «Discurso de incorporación a la Academia Nacional de la Historia, el 24 de junio de 1948». *La Colonia y la Independencia, juicios de historiadores venezolanos*, pp. 157-160.

3   Juan Vicente González, «Mis exequias a Bolívar». *La doctrina conservadora. Juan Vicente González*, t. I, pp. 437-459.

4   Entre los muchos textos de Antonio Leocadio Guzmán que podrían estudiarse al respecto, mencionaremos los editoriales de *El Venezolano* y su «Memoria sobre los negocios correspondientes a los Despachos del Interior y Justicia del Gobierno de Venezuela, que presenta el encargado de ellos al Congreso Constituyente del año 1831»; *La doctrina liberal. Antonio Leocadio Guzmán*, t. I, p. 75-144.

5   Entre los textos de Cecilio Acosta sobresale, en este sentido, «Cosas sabidas y cosas por saberse». *Cecilio Acosta* (Colección Pensamiento Político Venezolano del siglo XIX, vol. 1), pp. 141-160.

6   Véase: Laureano Villanueva, *Ezequiel Zamora*, capítulos I y III.

7   Véase: Jesús Muñoz Tébar, *El personalismo y el legalismo*.

8   Véase: José Gil Fortoul, *El Hombre y la Historia* (Ensayo de Sociología Venezolana).

9   Véase: Laureano Vallenilla Lanz, «La influencia de los viejos conceptos», *Disgregación e integración* (Ensayo sobre la formación de la nacionalidad venezolana), pp. I-LX; y *Cesarismo democrático* (Estudio sobre las bases sociológicas de la constitución efectiva de Venezuela).

10 «Extracto razonado de las actas de la Sociedad Económica de Amigos del País, desde el 28 de octubre de 1829, en que se instaló, hasta hoy 27 de diciembre de 1830». *Sociedad Económica de Amigos del País. Memorias y estudios, 1829-1839*, t. I, p. 30.

11 *Ibídem*, pp. 30-31.

12 José Gil Fortoul, *Op. cit.*, p. 12.

13 «Informe del Secretario de Hacienda, ciudadano Antonio Muñoz Tébar, al E. S. General –en– Gefe Simón Bolívar, Libertador de Venezuela», *Gazeta de Caracas*, 31 de enero de 1814, N.º XXXVII. Edición facsimilar de la Academia Nacional de la Historia.

14 Rafael María Baralt y Ramón Díaz, «Resumen de la Historia de Venezuela desde el año de 1797 hasta el de 1830». *Rafael María Baralt, Obras completas*, t. I, pp. 517-518.

15 «A la honorable Diputación Provincial». *Sociedad Económica de Amigos del País. Memorias y estudios, 1829-1839*, t. II, p. 162.

16 Domingo Briceño y Briceño, «Discurso en la Junta General del 30 de marzo de 1834». *Sociedad Económica de Amigos del País. Memorias y Estudios, 1829-1839*, t. I, p. 111.

17 Guillermo Meneses, *La Misa de Arlequín*, p. 186.

18 Arturo Uslar Pietri, *Un retrato en la Geografía*, p. 227. Mario Briceño-Iragorry expresa la extensión de este pensamiento y su sentido en los siguientes términos: «Hay muchos que desesperan de nuestro país, muchos que niegan las posibilidades de natural y progresiva

transformación de nuestro pueblo. Criterio fatalista que sirve para mantenernos en un estado de postración». («La historia como elemento de creación», *Introducción y defensa de nuestra historia*, p. 133).

19 Charles C. Griffin, «Aspectos económicos de la época de la Independencia de Hispanoamérica». *Los temas sociales y económicos en la época de la Independencia*, p. 31.

20 Juan Rodríguez del Toro, «Discurso en la Junta General de la Sociedad el 27 de diciembre de 1830». *Sociedad Económica de Amigos del País. Memorias y Estudios, 1829-1839*, t. I, p. 29.

21 Juan Vicente González, *Op. cit.*, p. 451.

22 Rafael María Baralt, *Op. cit.*, p. 383.

23 César Zumeta, «Bolívar y Piar. Episodios históricos (1816-1830), por L. Duarte Level». *La Doctrina positivista*, t. II, p. 284.

24 José de Austria, *Bosquejo de la Historia Militar de Venezuela*, vol. I, p. 45.

25 Luis Correa, «Juan Vicente González», *Terra Patrum*, p. 54.

26 Antonio Leocadio Guzmán, «El 17 de diciembre de 1842». *La Doctrina liberal. Antonio Leocadio Guzmán*, t. I, p. 263.

27 Ver la serie de artículos sobre la historia de la República publicada en *El Nacional*, Caracas, durante el año 1959.

28 Carta de José Antonio Páez al publicista colombiano Irisarri, citada por Joaquín Gabaldón Márquez, «Ideas políticas en la historia de Venezuela», *Archivo de una inquietud venezolana*, p. 289.

29 Recuérdese el fragmento de *El Venezolano*, citado por Laureano Villanueva, inserto en las páginas 55-56 de esta misma obra.

30 Antonio Guzmán Blanco, «Discurso en la fiesta que le ofreció el comercio de Caracas con ocasión del centenario del nacimiento de Bolívar». Francisco González Guinán, *Historia Contemporánea de Venezuela*, t. XII, p. 486.

31 Mariano Picón Salas, *Los días de Cipriano Castro*, p. 280.

32 Mario Briceño-Iragorry, *Mensaje sin destino*, pp. 19-21.

33 Jesús Muñoz Tébar, *Op. cit.*, párrafo inicial.

34 Mario Briceño-Iragorry, *Mensaje sin destino*, p. 117.

35 «Representación dirigida al soberano Congreso sobre que se reduzcan los réditos de los censos constituidos al dos y medio por ciento». *Sociedad Económica de Amigos del País. Memorias y estudios, 1829-1839*, t. I, p. 148.

36 Domingo Briceño y Briceño, *Op. cit.*, p. 108.

37 José de Austria, *Op. cit.*, vol. I, p. 91.

38 Luis Correa, «Cecilio Acosta». *Terra Patrum*, p. 154.

39 Juan Vicente González, *Op. cit.*, pp. 453-454.

40 «Discurso sobre el estudio de la Economía política». *Sociedad Económica de Amigos del País. Memorias y estudios, 1829-1839*, t. I, p. 50.

41 Rafael María Baralt, *Op. cit.*, t. II, p. 605.

42 Tomás Lander, «Fragmentos, N.º 6». *La doctrina liberal. Tomás Lander*, p. 260.

43 Tulio Febres Cordero, «Archivo de historia y variedades». *Obras completas*, t. III, p. 213.

44 José María Vargas, «Discurso en la Junta General del 27 de diciembre de 1831». *Sociedad Económica de Amigos del País. Memorias y estudios, 1829-1830*, t. I, pp. 60-61.

45 Pedro Quintero, «Discurso en la Junta General del 27 de diciembre de 1831». *Sociedad Económica de Amigos del País. Memorias y estudios, 1829-1830*, t. I, p. 66.

46 Véase: Germán Carrera Damas, *Contribución al estudio del pensamiento intervencionista en México en el siglo XIX*.

47 Pedro Quintero, *Op. cit.*, pp. 66-67.

48 José María Vargas, «Discurso en la Junta General del día 3 de febrero de 1833, de la Sociedad Económica de Amigos del País».

Laureano Vallenilla Lanz, *Biografía del Doctor José María Vargas*, p. 193.

49 José María Vargas, «Discurso en la Junta General del 27 de diciembre de 1831». *Sociedad Económica de Amigos del País, Memorias y Estudios, 1829-1939*, t. I, p. 59.

50 Rafael María Baralt, *Op. cit.*, t. I, p. 513.

51 José Antonio Páez, «Carta al publicista Irisarri», en Joaquín Gabaldón Márquez, *Op. cit.*, p. 288.

52 José María Vargas, «Discurso en la Junta General del día 3 de febrero de 1833, de la Sociedad Económica de Amigos del País». Laureano Vallenilla Lanz, *Op. cit.*, p. 190.

53 César Zumeta, «Carta a Laureano Vallenilla Lanz. Nueva York, 3 de septiembre de 1917». *La doctrina positivista*, t. II, p. 320.

54 Francisco Javier Yanes, *Historia de Margarita*, p. 181.

55 José de Austria, *Op. cit.*, vol. I, p. 49.

56 Rafael María Baralt, *Op. cit.*, t. II, p. 605.

57 José Félix Blanco, *Bosquejo histórico de la revolución de Venezuela*, p. 157.

58 José María Vargas, «Discurso ante la Junta General del día 27 de diciembre de 1831». *Sociedad Económica de Amigos del País. Memorias y estudios, 1829-1939*, t. I, p. 60.

59 José María Vargas, «Discurso en la Junta General del día 3 de febrero de 1833 de la Sociedad Económica de Amigos del País». Laureano Villanueva, *Op. cit.*, p. 193.

60 Domingo Briceño y Briceño, *Op. cit.*, p. 110.

61 Domingo A. Olavarría (Luis Ruiz), *Historia Patria. Décimo estudio histórico-político. Refutación al «Manifiesto Liberal» de 1893*, pp. 7-8.

62 Tulio Febres Cordero, *Op. cit.*, t. III, p. 213.

63 Juan Vicente González, *Op. cit.*, p. 454.

64 Cecilio Acosta, «Carta el Señor Don Florencio Escardó». *Cecilio Acosta*, Colección Pensamiento Político Venezolano del siglo XIX, vol. 9, pp. 473-474.

65 José María Rojas, *Biblioteca de escritores venezolanos contemporáneos*, pp. XV-XVI.

66 Véase «Carácter Nacional», Capítulo XXII del «Resumen de la Historia de Venezuela desde el descubrimiento de su territorio por los castellanos en el siglo XV, hasta el año 1797». Rafael María Baralt, *Op. cit.*, t. I, pp. 513-522.

67 José Gil Fortoul, «Cartas a Pascual. Noviembre de 1898». *La Doctrina positivista*, t. I, pp. 236-237.

68 Cecilio Acosta, «José María Torres Caicedo». *Cecilio Acosta*. Colección Pensamiento Político Venezolano del siglo XIX, vol. 9, p. 493.

69 «A la honorable Diputación Provincial». *Sociedad Económica de Amigos del País. Memorias y Estudios, 1829-1839*, vol. II, p. 163.

70 «Discurso sobre el estudio de la Economía Política». *Sociedad Económica de Amigos del País. Memorias y Estudios, 1829-1839*, vol. I, p. 49.

71 José María Vargas, «Discurso...» el 3/1/1833. L. Villanueva, *Op. cit.*, p. 192.

72 Domingo Briceño y Briceño, *Op. cit.*, p. 106.

73 «Necesidad de mejorar nuestro sistema agrícola». *Sociedad Económica de Amigos del País. Memorias y estudios, 1829-1839*, vol. II, p. 188.

74 «Artes mecánicas». *Sociedad Económica de Amigos del País. Memorias y estudios, 1829-1839*, vol. II, p. 205.

75 «A la honorable Diputación Provincial», *Op. cit.*, vol. II, pp. 162-163.

76 Germán Carrera Damas, «Sobre la 'colonomanía'». *Entre el Bronce y la Polilla*, p. 13.

77 «Discurso sobre el estudio de la Economía Política», *Op. cit.*, pp. 49-50.

78 José María Vargas, «Discurso en la Junta General del 27 de diciembre de 1831». *Sociedad Económica de Amigos del País. Memorias y estudios, 1829-1839,* vol. I, pp. 59-60.

79 José María Vargas, «Discurso en la Junta General del día 3 de febrero de 1833, de la Sociedad Económica de Amigos del País». Laureano Villanueva, *Op. cit.*, p. 190.

80 Domingo Briceño y Briceño, *Op. cit.*, p. 107.

81 José Gil Fortoul, *El hombre y la Historia*, p. 162. Para el autor las «circunstancias favorables del medio social nacerán si no todas, en su mayor parte, del aumento de la población por la inmigración». *Ibídem*, p. 184.

82 Domingo Briceño y Briceño, *Op. cit.*, p. 107.

83 Ramón Díaz Sánchez, «El Bolivarianismo de Cecilio Acosta». *Revista de la Sociedad Bolivariana de Venezuela.* Caracas, 24 de julio de 1962, vol. XXI, N.º 71, pp. 243-244.

84 José Gil Fortoul, «Cartas a Pascual, Noviembre de 1898». *La doctrina positivista*, vol. I, pp. 236-237.

85 Tulio Febres Cordero, *Op. cit.*, t. III, p. 213.

86 Arturo Uslar Pietri, *Op. cit.*, p. 21.

87 Ramón Díaz Sánchez, *Op. cit.*, p. 244.

88 Mariano Picón Salas, *Op. cit.*, p. 84.

89 Jesús Muñoz Tébar, *Op. cit.*, pp. 180-181.

90 José María Vargas, «Discurso en la Junta General del día 3 de febrero de 1833, de la Sociedad Económica de Amigos del País», Laureano Villanueva, *Op. cit.*, p. 194.

91 «Discurso sobre el estudio de la Economía Política», *Op. cit.*, p. 50.

92 Joaquín Gabaldón Márquez, *Op. cit.*, p. 285.

93 «Geografía de Venezuela». *Sociedad Económica de Amigos del País.*

Memorias y estudios, 1829-1839, vol. II, p. 102.

94 Tomás J. Sanavria, «Discurso en la Junta General del 3 de febrero de 1833». *Sociedad Económica de Amigos del País. Memorias y estudios, 1829-1839,* vol. I, p. 72.

95 Domingo Briceño y Briceño, *Op. cit.,* pp. 109-110.

96 José María de Rojas, *Op. cit.,* p. XVI.

97 Pedro Manuel Arcaya, *Memoria presentada a las Cámaras Legislativas de los Estados Unidos de Venezuela por el Ministro de Relaciones Interiores en 1927,* pp. V-VI.

98 José Gil Fortoul, *El Hombre y la historia,* pp. 183-184.

99 José Gil Fortoul, «Cartas a Pascual. Noviembre de 1898». *La Doctrina positivista,* vol. I, p. 232.

100 Tulio Febres Cordero, *Op. cit.,* t. III, p. 213.

101 Arturo Uslar Pietri, *Op. cit.,* pp. 154-155.

CAPÍTULO IV
EL EXTREMO DE UNA AFLICCIÓN,
EL COMIENZO DE UNA ESPERANZA

De repente se fijó mi espíritu en el poderoso creador de la América
del Sur, océano inmenso donde busca consuelo el corazón,
imágenes y colores la fantasía.

Juan Vicente González, *28 de octubre*

Todo un largo siglo de la conciencia venezolana ocupado por la angustia nacida de la vida aleatoria de un país que busca, a veces a tien-
tas, un cauce para su desarrollo. En esa búsqueda, los ciclos de la paz y
de la guerra son los ciclos del optimismo, del desaliento y de la desesperación, y quizá sea tan solo la acumulación de ensayos frustrados lo
que testimonia de un optimismo básico, frecuentemente contradicho
por la expresión del desaliento renacido a cada fracaso. Mas se trataría,
en este caso, de un optimismo que sale del ámbito de lo consciente o
volitivo para volverse elemental impulso histórico, vital, de un pueblo
en construcción caótica.

Enfrentado a un presente difícil, poblado de hostiles secuelas de
la guerra, y en franca disparidad con el saldo positivo que de la misma
cabía esperar en base a la racionalización que se había hecho de sus
objetivos, el venezolano hubo de sobreponerse a la perplejidad que
semejante estado de cosas podía causarle, y afanarse por hallarle remedio. Unas y otros, causas y remedios, llegaron a componer un gigantesco cuaderno de dolencias –concreción de la insatisfacción de todo

un pueblo– que en el orden ideológico se tradujo en inconformidad y en angustiada fábrica de asideros para reforzar el ánimo en derrota. Fue necesario echar mano de todo cuanto pudiese fortalecer el tesón de quienes no se resignaban ante la adversidad de lo cotidiano. En situaciones aflictivas los pueblos suelen volverse hacia su pasado, por obra de quienes influyen en diversa manera sobre la conciencia nacional. Difícil decir qué infunde más ánimo e impulsa más a un pueblo, si la persecución de una alta meta o la evocación de un pasado de grandeza y esplendor. Pero sí es posible afirmar que el más efectivo tónico está compuesto por una armónica combinación de esos ingredientes, pues si el señalamiento de un objetivo grande y hermoso incita a marchar hacia él, la evocación de un pasado no menos grande y hermoso constituye elocuente y convincente garantía de que es posible alcanzarlo, e incluso de que indefectiblemente se le alcanzará, y los pasos vacilantes adquirirán aplomo, los hombres desalentados se tornarán optimistas, y las conciencias desesperadas recuperarán la fe.

Es la escueta fórmula, plena de sentido histórico: *seremos porque hemos sido.* Y el presente, vuelto tránsito, adquiere súbitamente una nueva naturaleza. Ya no será decadencia, degeneración y aniquilamiento. Se volverá purga de errores, de excesos, de incomprensiones, cuya misma carga de responsabilidad, arqueada entre un pasado y un futuro gloriosos, pesa menos y puede ser vista, si no con tolerancia, sí con la benévola comprensión de quien guarda su fe intacta. (Ver acotación N.º 1, p. 244).

La capacidad consoladora y tonificante de ese bastión de la conciencia nacional está fuera de dudas, porque ha demostrado su poder precisamente con ocasión del glorioso pasado, y, sobre todo, porque ha sido *en su ausencia* –según algunos, precisamente a causa de ella– que se han producido los males que a todos aquejan. Lo que se hacía más evidente cuanto más aflictivo se volvía el presente. Así escribió Pedro José Rojas el 17 de diciembre de 1860: «(...) Colombia pereció con él. Nadie tuvo después de él los hombros de un Atlante para llevar sobre ellos el enorme peso. Como Napoleón, después de haber reunido al territorio de Francia una mitad de Europa, entristecido de su colosal tamaño, pudo también exclamar: ¡Quién, después de mí, podrá llevar tanto peso!»[1].

JUEZ CENSOR, CONSUELO Y REFUGIO

Mas Bolívar no es solamente el gran arquitecto desaparecido cuya obra extraordinaria abisma a sus sucesores, impresionándoles por sus dimensiones sobrehumanas. También es el celoso guardián de esa misma obra, legada a sus sucesores como el don más precioso que hasta entonces hubieran recibido. Pero no se trata en este caso de una herencia de la cual puedan disponer libremente quienes la recibieron. Ella se encuentra vinculada con el recuerdo del gran legatario por un complejo de deberes y responsabilidades que hacen del heredero un simple administrador de lo heredado, con precisas estipulaciones que son objeto de vigilancia por parte del mismo legatario, convertido en una suerte de Juez censor de toda la vida de un pueblo, gracias al culto rendido a su persona.

Hemos recibido la Independencia y la Libertad. No las ganamos, no las construimos. Por eso debemos cuentas al autor de tan altísima donación por el uso que de ella hagamos, y más todavía por el abuso destructor de la misma en que nuestra torpeza nos haga incurrir. Pero no es cuestión solamente de una espontánea o tributaria rendición de cuentas. Se trata, cabalmente, del desarrollo de toda la vida de un pueblo bajo la mirada ancestral de quien lo dotó de sus más altos valores, que desde su retiro exige y reclama que se haga buen uso de su donación, y que censura con autoridad indiscutible cuanto contravenga sus designios.

Es la imagen del Juez censor, erguido en la majestad de su gloria, tal como la viera Juan Vicente González en 1864, en fantasmagórica evocación que mucho tenía de pesadilla provocada por la sangrienta y devastadora Guerra Federal. González sorprende al Juez en los evanescentes círculos de la evocación poética, y describe cómo:

Contempló a sus pies, por largo rato, dilatados ríos que no eran a mis ojos sino líneas azules, y ciudades que me parecían, a la distancia, algo que brillaba al sol. Riendo sobre ellos con menospreciadora sonrisa, el Guerrero exclamó al fin:

Hola, naciones, que bullís como gusanos sobre un polvo heroico, ¿qué habéis hecho, decidme, esclavas, de la libertad que os dio mi espada? Estáis ahí, bien os veo, en mercado unas, como cortesanas otras, todas olvidadas de sí, pródigas de la sangre de sus padres, calvas por precoces vicios, uncidas al yugo de su propia ignominia. ¡Viles! ¿Qué habéis hecho de la gloria con que os cubrí?

En los accesos de vuestra locura, gritáis: libertad, patria, gloria, independencia! ¿Qué entendéis vosotros por esos nombres queridos? Llamáis libertad al ciego menosprecio de las leyes; Patria, vuestra ambición y bienestar; gloria, el fausto a costa del honor; independencia, el haber sacudido el freno del deber. Al pronunciar esas palabras santas, las profanáis, ¡sacrílegos!

Comprobado el delito de los pueblos, el Juez fulmina a los insensatos destructores de su obra, recordándoles la herencia y advirtiéndoles cómo se la niega y se la contradice hasta el punto de que la vida de quienes tal cosa hacen se confunde con la negación del pasado: «¿Qué va a ser de los anales gloriosos de Colombia? Ninguna historia más rica en héroes, en políticos, en virtudes y hazañas(...) Curiosos palimpsestos fatigarán mañana al erudito que aspire a purificar nuestra historia de las torpes leyendas de esta Edad Media».

¡La vida de un pueblo reducida a una escritura deleznable superpuesta a una página de gloria! Esa es la vida de los venezolanos y de sus hermanos, y así la ve el autor de su pasado heroico. Nada hemos hecho que no sea dañar, degradar, borrar, lo hermosamente construido, al descuidar el legado, al desobedecer el mandato:

Os encargué la Unión, y habéis hecho un ídolo de la discordia. Al ruido de mis pasos, los reyes temblaban bajo sus coronas, y dependéis hoy de un signo de sus labios. Debisteis formar una Federación de pueblos, y tejéis con vuestras manos sangrientas una historia de horror. Jugáis, pigmeos, sobre la tumba de los gigantes[2].

La función de Bolívar como Juez censor de los actos de los venezolanos, tan estruendosamente concebida por González, ingresa al conjunto de los elementos permanentes de la conciencia nacional venezolana. A ella recurrirán en una y otra ocasión quienes deseen alertarla ante la inminencia de un peligro, pero sobre todo cuando se le quiere enrostrar su indiferencia, su indolencia y hasta su complicidad con situaciones y hechos considerados perjudiciales para la Patria. La figura de Bolívar como Juez de nuestra criminal conducta presente es lugar común de proclamas y artículos, y hasta se repite incesantemente en la caricatura política. Recuérdese el uso que de ella hizo Leoncio Martínez en su *Fantoches*[3]. Es también el postrer recurso para intentar galvanizar las energías de un pueblo y punto de arribo de amarga confesión de impotencia: «fueron [los estudiantes de 1928] a engrosar el número de los que están en la carretera desde el 6 de octubre. Y es opinión general que terminarán la nueva carretera, pues no habrá quien pueda impedirlo en el pueblo de Simón Bolívar. Triste constatación(...)»[4].

Bolívar no es solo el Juez censor de todos los tiempos, sino que lo es también en un sentido universal. Sirve lo mismo para recriminar a un pueblo, indistintamente, por su apatía o su indiferencia; para poner de manifiesto la mezquina pequeñez de un gobernante; para apagar desmesuradas ambiciones de gloria; para estimular el sentido de responsabilidad de un escolar y para salvaguardar las costumbres tradicionales. Esto último, en una mezcla de defensa a ultranza de la cultura nacional y de desesperada reivindicación de tradiciones que se desvanecen. Para esto lo utiliza Mario Briceño-Iragorry, inconforme con la servil aceptación de las costumbres del nuevo colonizador:

(...) Si Simón Bolívar reapareciera en noche de Navidad en la alegre Caracas donde transcurrió su infancia, en el sitio del antiguo pesebre con el paso del Nacimiento, que arreglaba con devota diligencia doña María Concepción, encontraría un exótico «Christmas Tree», cubierto de simulada nieve, y en vez del estoraque, el mastranto, la pascuita y los helechos que daban fragancia campesina a la recámara, hallaría verdes coronas de fingido agrifolio y gajos de muérdago extranjero. En lugar de la hallaca multisápida, que recuerda la conjunción de lo indio y lo español, y del familiar dulce de lechosa, le ofrecerían un suculento pavo, traído del Norte en las cavas del «Santa Paula». No oiría los villancicos que alegraron su niñez triste; le cantarían, en trueque, una melancólica «carol» aprendida en discos «Columbia». Y Bolívar, redivivo en su Caracas nutricia, pensaría cómo su obra quedó reducida a liberarnos de España para que a la postre resultase la república atada a un coloniaje donde Amyas Preston tiene más derechos que Alonso Andrea de Ledesma. Y Bolívar, tal vez repetiría dolorido, ahora con mayor razón: *Aré en el mar*[5].

La existencia del Juez censor universal, y el incesante recurso a él, llevan aparejada la formación de un sentimiento de culpa con respecto a quien fue ayer Padre de nuestra gloria y hoy es Rector de nuestros actos. Y es así porque a los desvelos de este Padre generoso y Protector tutelar solo supimos corresponder con la ingratitud, hasta el punto de que de su vida pudo decirse que «(...) la bala del español la respetó en los combates, para que la segase más tarde, con hoz impía, la ingratitud del colombiano»; y el redentor de un pueblo «(...) bajó al sepulcro pobre, solo, triste y maldecido»[6].

Nace la gran contrición de un pueblo, y acaso el sumiso acatamiento del Juez tenga por fundamento la prolongada expiación de una culpa.

Este sería otro de los grandes temas de los ideólogos venezolanos, y componente nada insignificante de nuestra conciencia nacional, sobre todo cuando buen cuidado se ha puesto en mantener vivo el recuerdo de la ingratitud, para flagelar con él, periódica y sistemáticamente, a un pueblo. En la raíz de este sentimiento de culpa —si justo en algún momento, insano en su desmesurada proyección—, están sucesos políticos cuya terrible significación moral se acrecienta por obra de una particular interpretación de la historia, que teje sus explicaciones con valoraciones tales como ingratitud, irrespeto, blasfemia, etc., logrando de esta manera confundir sucesos y móviles, y repartir responsabilidades entre todos los venezolanos, de todos los tiempos, en franca derivación religiosa.

Nada ha sido bastante a subsanar este horrendo mal paso, como hemos dicho en la primera parte de este ensayo, ni siquiera la unción con que todo un pueblo –según expresión de las crónicas– acogió en su seno los restos mortales de quien padeció los errores y excesos de una tempestad que él mismo contribuyó a desatar, y que centenares de otros mortales padecieron con no menos rigor y sobrellevaron con entereza comparable. No fue suficiente: «(...) El honor de nuestro nombre parece recuperado; la verdad y la justicia son redimidas; en este día reintegramos la gloria nacional»[7], escribió Antonio Leocadio Guzmán en 1842. Pero no bastaba; era necesario insistir sobre la culpa con olvido de la reparación, de cuantas reparaciones pudieran ofrecerse, y no se dejó pasar ocasión de golpear con ello la conciencia del venezolano, cuya condición de ingrato ha acabado por ser incorporada hasta en las expresiones del habla común.

Momento propicio para ejercer esta suerte de coacción histórico-moral sobre la conciencia del pueblo, ha sido siempre la conmemoración de las fechas sobresalientes de la vida de Bolívar. Y si empleamos la expresión *coacción histórico-moral*, que puede parecer inconveniente y hasta gruesa, es porque con ella se alude a una presión psicológica de la cual se ha hecho en no pocas ocasiones un uso interesado y avieso. Con ella se ha querido acallar la insatisfacción del pueblo, estigmatizando como ingratitud su reacción ante redentores de ocasión, y lo que a la postre resultaría blasfemo –visto con la lógica de quienes manejan tan burdos recursos– es precisamente el ampararse en la proclamada ingratitud cometida con Bolívar para apoyar los apetitos de supervivencia de un régimen cualquiera.

Tal es el juego que intenta Santiago González Guinán en discurso pronunciado en la Municipalidad de Caracas en 1883, cuando la ofrenda de un cuadro representativo de la Quinta de San Pedro Alejandrino le permite reclamar gratitud y consecuencia para con el redentor de turno, Antonio Guzmán Blanco, en vista de las voces discordantes que ya comenzaban a elevarse por doquier. Para ello dirá que la tal obra es conmovedora y justiciera:

> (...) justiciera, porque golpea en la memoria con la fuerza de nuestras ingratitudes en el momento solemne de la reparación; sí, justiciera, señores, porque nos dice –con la experiencia de los pasados extravíos– que la ingratitud es crimen, y que si la mayor parte de las acciones de los hombres son reparables, va mejor y gana más la conciencia humana por el austero camino del deber[8].

Quizá estas consideraciones ayuden a comprender la reiterada valoración antipopular de los sucesos de 1830 por los historiadores venezolanos, y por qué ha sido tan lento y difícil el examen histórico crítico de aquellos hechos despojándolos de su abrumadora carga moral. Pero hay algo en las explicaciones, por muy racionales que sean, que permite sentir la persistencia del enfoque erróneo en términos morales, y que por ello contribuye al mantenimiento de la conciencia culpable, con sus naturales derivaciones seudorreligiosas:

> ¡Cruelísima verdad! –dice Tulio Febres Cordero en 1907–, pero es la verdad histórica. Allí la gran copia de documentos que lo prueban. Casi todos los ciudadanos notables de aquel tiempo fueron víctimas de tamaña ceguedad; y pecaron contra Bolívar no por *mezquindad* ni *cobardía*, sino «sólo por una comprensión parcial y errónea del carácter y propósito del Libertador», como lo dice acertadamente José Gil Fortoul, al buscar origen «a la hostilidad exageradamente injusta del Congreso de Valencia», como él la califica con propiedad[9].

De esta manera robustecida la autoridad del Juez censor universal, se afirma todavía su influjo sobre la conciencia del pueblo, y se hace comprensible la persistencia de una actitud que se condensa en la interrogante pronunciada por Antonio Guzmán Blanco con ocasión del centenario del natalicio de Bolívar, cuando después de pintar el oscuro pasado que antecedió a su propia obra luminosa de regenerador, lanza a las conciencias esta pregunta: «¿Qué cuentas le habríamos rendido de los tesoros de gloria que nos legó con esta Patria y todo su porvenir?»[10].

Pero no siempre hubo la suficiencia de Antonio Guzmán Blanco para pretender comparecer ante el Juez con la conciencia limpia que daba el haber cumplido con su mandato. En otras ocasiones, las más frecuentes, no fue posible rendir tan infladas cuentas, y el Juez hizo las veces de elemental consuelo para quienes, imposibilitados de vencer sus dificultades, hicieron de la posesión del Juez paliativo para su desaliento. De esta manera, en el extremo de la aflicción de la conciencia venezolana se hallaba también Bolívar, cual testigo de nuestras posibilidades como pueblo: en él renace la confianza, en él se halla la certidumbre de que, cualquiera que sea la dureza del presente, no está por completo cerrado el porvenir, por cuanto basta la existencia de Bolívar como prueba de que una vez la gloria, lo hermoso, lo puro, anduvieron ante nosotros, y que esa presencia puede resarcirnos de la fealdad presente: «(...) respetemos su memoria –dice Juan Vicente González–, conservémosla pura, que es lo único que hermosea este desierto inmenso, lleno de su gloria y sus hazañas»[11], y hacia él se vuelven quienes desean, de alguna manera, no solo buscar consuelo sino, aviesamente, marcar el contraste entre el pasado y el presente. Así lo hace Antonio Leocadio Guzmán en 1841, cuando exclama en un poema en prosa de dudoso gusto: «Duerme en paz, ¡oh, Bolívar! Duerme en paz; descansa del trabajo de la vida. Me decían que tu gloria y tu nombre para siempre yacían contigo en el sepulcro. ¿Has resucitado ya?»[12].

Pero Bolívar es el consuelo en la aflicción porque él nos legó algo valioso que guardar, y porque es la posesión de ese legado lo único que permite sobrellevar la pequeñez presente: en él se halla simbolizado el extraordinario y dramático esfuerzo de una sociedad que a lo largo de catorce y más años de lucha creyó elevarse a la condición de pueblo libre, zafándose de ataduras que parecían hechas para la eternidad, y aquello era lo único, en las conciencias atormentadas, capaz de iluminar la lobreguez que, afirmaban, siguió a tanto esplendor. Él nos había dado, por sobre todas las cosas, aquella «(...) ¡Época de regeneración, en que nueva dignidad fue conferida a la gente americana!»[13].

Y era este un don que no podía desvirtuarse por mucho que sus sucesores se aplicasen al error y a la maldad. Porque Bolívar, con su sola existencia, había dado a los venezolanos el derecho pleno, indiscutible, de exclamar con José María Vargas en 1833: «¿Quién no se llena de una justa indignación al leer en algunas obras geográficas antiguas establecido como carácter natural de los americanos del Sur la molicie, la debilidad y la timidez?»[14]. ¡Allí estaba Bolívar para oponerles un rotundo y definitivo mentís! Él nos daba el derecho, no ya de replicar, sino de creer que no era esa nuestra condición natural, y que éramos capaces de grandes empresas, que todavía somos capaces de realizarlas, puesto que ya lo fuimos en Bolívar.

Es probable que allí radique la razón profunda de los numerosos argumentos raciales en torno a Bolívar. Quizá por ello nos ayude a comprender mejor los esfuerzos de tantos historiadores y publicistas por ubicarlo étnicamente.

Bolívar fue el primer latinoamericano de verdadera dimensión universal, y ello en *competencia*, por así decirlo, con el universal renombre de Napoleón Bonaparte. (El segundo quizá haya que buscarlo en el presente). Y este solo hecho de haber conquistado en semejantes circunstancias un puesto de relieve en la atención y en la admiración de la Humanidad entera, destruía de un golpe cuantas especiosas teorías pudieron forjarse inspiradas en la inferioridad del americano. Por eso, al mismo tiempo que emancipaba del poder extraño, Bolívar liberó a los habitantes de la América antes española de la subestimación –vieja como ese poder– de que eran objeto en cuanto a sus posibilidades como hombres.

Por eso José Gil Fortoul se eleva, vehemente, contra los intentos de convertirlo en «genio representativo de la raza»[15], en cuanto ello signifique de *hispanismo*, porque de esa manera se haría de Bolívar un *europeo*, y quedaría desvirtuado uno de los frutos más perdurables de la Independencia en el orden de la liberación de las conciencias. Es necesario —en este orden de ideas—, incluso vital, que él sea representativo de ese «hombre nuevo», de «nuevo tipo», de que habla el mismo Gil Fortoul, y, por lo tanto, del venezolano, porque solo así puede encarnar todas nuestras posibilidades genéricas. En este sentido, nos da el *ser*. De allí, también, su endiosamiento.

En la guerra de Independencia está presente la crisis violenta de la subestimación del criollo por el peninsular. Son numerosos los testimonios de la rabiosa sorpresa que este último experimentó al estrellarse contra virtudes que tradicionalmente había desconocido en el primero. Bolívar alivia la conciencia americana de ese lastre inmenso, al capitanearla en el buen éxito de una empresa que parecía imposible realizar, para cualquier pueblo. Por ello se convierte en el símbolo de nuestro poder *demostrado*. Por eso nos hace grandes en medio de la mediocridad que le sucedió, y, parodiando su dicho famoso, podemos decir que lo único que la guerra nos dio fue a *Bolívar* ... porque su valor simbólico era lo único que no podíamos disminuir.

El criollo venezolano se realiza, históricamente, en Bolívar, y, si se ha retrocedido ante la idea tentadora de un Bolívar mestizo —definitivamente puesto fuera del alcance de quienes pretenden europeizarlo—, no parece que haya sido solamente por apego a la verdad histórica. (Ver acotación n.º 2, p. 248).

Por eso nos volvemos hacia él en la hora conflictiva. Y su consuelo está al alcance de todo el que lo solicite. Por eso Cipriano Castro, con su ferviente y no pocas veces ridículo bolivarianismo, en momentos de alta peligrosidad, «mira también los retratos de aquellos héroes que desde Caracas fueron a abrevar sus caballos y a rubricar sus órdenes de mando, tres mil kilómetros más al sur. En este momento difícil, él y Venezuela necesitaban confortarse en los recuerdos heroicos»[16].

No solo el consuelo, sino también la orientación necesitada en momentos de vacilación o de extravío, brinda Bolívar, pues él es también quien nos dijo qué debíamos hacer; y cuando nos hayamos cansado intentando abrir nuevos caminos para nuestra acción, o, simplemente, cuando tengamos que rendirnos ante la evidente inutilidad de nuestros esfuerzos, siempre podremos volvernos hacia él y recibiremos su guía paternal. Seguirla será no solo la manera comprobada de superar dificultades, sino también la vía que habrá de llevar a Venezuela a «(...) las grandezas a que ésta es llamada, si profesa constante la religión de libertad que el Héroe le enseñó»[17].

Lo mismo como norte para superar difíciles situaciones en lo político, que para estimular en los ciudadanos virtudes necesarias a la construcción del país, la enseñanza de Bolívar cumple su función ejemplarizante, pues él es «el mortal que desde la tumba nos dá las más terminantes lecciones de actividad y constancia»[18]. Mas su enseñanza puede revestir el aspecto de un mandato categórico cuya rigurosa observancia condiciona su efectividad como orientación para vencer obstáculos. Es un estilo dentro del culto: el que ve en la acción –no en la contemplación– la mejor manera de honrarle y de cumplir sus designios:

> Ni es proclamando nuestra devoción al Padre de la Patria o festejando con fuegos de artificio o con discursos vacuos y sonoros las fechas clásicas como nos haremos dignos de su veneranda memoria [de Bolívar]. ¿Sabéis francamente cómo? Uniéndonos para la empresa libertadora sin celos ni emulaciones, armonizando nuestras distintas aspiraciones y tendencias, cumpliendo, en fin, religiosa y fielmente los votos que formulara en su lecho de moribundo[19].

Si consuelo y guía, Bolívar lo es porque ha conservado su poder aun después de muerto, y desde su retiro temporal continúa la defensa de su obra preservándola de los más oscuros males. Se revela, con ello, el sentido conservador del mito, al configurar un Bolívar que aun después de muerto defiende de la «anarquía», y constituye el único poder capaz de frenarla. La representación que hace Juan Vicente González de esta función del culto no sabríamos si considerarla ingenua o malévola, y puede serlo de ambas maneras si nos atenemos, en el primer caso, solo al cuadro literario, y en el segundo, a la intención referida al momento histórico en que fue escrita. Así, en 1833, cuando, como hemos visto, se procuraba la consolidación del orden surgido de la disolución de la República de Colombia, González ve a la anarquía como un «fantasma» que se acerca, amenazador, a la tumba de Bolívar:

(...) Llevaba en su cabeza, enlazada de escorpiones, una corona de bronce; estaban armados sus brazos de hoces destructoras; la ingratitud cubría su frente como una mancha de sangre negra, y la perfidia, a semejanza de una sierpe, sacaba su cabeza de entre sus labios cárdenos: su aspecto era mil veces más horrible que la muerte y que los sueños de un alma atribulada.

«Era el demonio de la anarquía(...)», dice González, y le ve, con «sus miradas furiosas, sus ademanes violentos [y] la horrible vocería que sonaba entre sus enormes fauces(...)», esforzándose inútilmente por acercarse a una tumba, «(...) como si una fuerza invisible le rechazara». La rabiosa impotencia le da ocasión al demonio de la anarquía de proferir un discurso que resume todo cuanto al escritor le parecía condenable –y contra lo cual resultaba ser Bolívar el arma más eficaz–, al mismo tiempo que estigmatiza el pensamiento y la acción antibolivariana del momento:

«Nada –dice [el demonio de la anarquía]–, nada quede de Bolívar: me cubrió de horror y de vergüenza, me arrojó cien veces de la arena de mi triunfo. Nada... me arrebataste un mundo, y me has tenido encadenado. ¿Y aún ejerces ese formidable poder? ¡Qué! ¿No podré llegar a esa Tumba? ¿Cuál deidad pretende librarte de mis furores? No, ya no vives; se ha disipado tu prestigio; tu diestra ya no aterra. Desencadenado por tus mismos hijos, he procurado mi venganza; el orden que tú presidías está destruido. La detracción y la calumnia, la mentira y la ingratitud, el interés y la ambición, mi corte toda me rodea, y ha cargado sobre ti la odiosidad que merecen los tiranos. Supo fingirte rey, y cebará el mismo poder sobre tus restos, sobre tu nombre, sobre el recuerdo de tus soberbios hechos. Nada quedará de Bolívar. Ese valor será la fortaleza del delito; esa constancia, obstinación; tu saber será la execrable habilidad del malvado; las generaciones venideras llamarán asesinatos los actos de tu justicia, a tus virtudes crímenes y a tu gloria infamia. ¡Él! Quiso exceder a los hombres virtuosos que le antecedieron. ¡Que no viva en la posteridad sino como un Nerón y Atila! Mientras ejerza este inagotable poder, los que tú hiciste libres, te llamarán tirano, los que perdonaste, te calumniarán, y en la interminable patria que formaste con tu espada, tu espada será despreciada y tus restos no tendrán asilo... ¡Asilo! ¡Que el mar furioso, inundando estas riberas destruya tu sepulcro, y arroje tus huesos sobre áridas rocas, juguete de los vientos y tempestades! ¡Colombia! ¡Perú! ¡Bolivia! ¡Sed de hoy más monumentos de deshonra, y este mundo una huesa en que su nombre sea confundido con sus obras todas! Sí, Héroe, Libertador, o como te llaman... hollaré tu sepulcro, saciaré mi furor sobre tu frente dominadora; el fuego de mis propias manos abrasará tus huesos y consumará tus cenizas!».

Pero de nada valió a la anarquía expresar semejantes propósitos de profanación y exterminio, pues de súbito aparece un genio, todo hermosura, que «(...) al punto arroja sobre el monstruo las prisiones que llevaba en sus sagradas manos, y lo encadena junto a la misma tumba que quiso profanar», dando lugar de inmediato al desahogo erudito del escritor, quien, para decirnos la magnitud del hecho, observa que «No de otra suerte describen los poetas la derrota de los gigantes del Etna, que quisieron escalar los cielos, y el sublime Milton celebra el triunfo del arcángel del Señor sobre el rey de las tinieblas»[20].

Esta concepción de un Bolívar que refrena la anarquía es fácilmente comprensible, en su fundamentación, gracias al análisis del momento histórico que vivía el país. Desaparecido el supremo conductor era visible la desbandada de sus seguidores, quienes, incapaces de igualarle en grandeza y capacidad constructiva, ponían el desorden y la muerte donde aquel había fundado el orden y solicitado la paz. En cada nueva ocasión en que las presiones sociales parecían derribarlo todo, nacía la evocación de aquel prodigioso y efectivo muro de contención. Este ha sido un expediente utilizado una y otra vez como desesperado instrumento para preservar regímenes y gobiernos. Su formulación la hizo el propio González en 1840, cuando, ante la tempestad que ya se anunciaba con la formación del Partido Liberal, piensa en un Bolívar que «sirva todavía para aterrar a los enemigos de la ley; el nombre de Bolívar significa orden y libertad»[21].

En la Venezuela del siglo XIX, y en la reciente, es posible hallar fácilmente numerosos ejemplos de este uso del culto bolivariano, que se confunde con su función de fuerza política que hemos señalado. Basta decir, por el momento, que variando la formulación ha llegado hasta el presente, cuando ante el anuncio de nuevas y quizás más violentas tormentas se le invoca como fuerza conservadora, sostenedora del orden, capaz, en última instancia, de auspiciar una transformación ordenada que impida mayores trastornos. Así, ha podido decirse:

> Sin violentas crisis internas, sin antipatías raciales, sin conflictos religiosos, sin luchas estamentistas, con positiva y serena libertad e igualdad políticas, Hispano-América podrá consagrarse pacífica y entusiastamente a la conquista y dominio de su realidad física, y a la construcción integral de su ser mediante la realización del plan de creación revolucionaria preparado por Bolívar[22].

Mas, ¿qué sucede cuando todo parece inútil, cuando ni siquiera vale el recurso a la evocación ordenadora? Cuando el desaliento sea tanto que nada pueda disiparle, siempre será posible acogerse, cual refugio, a la contemplación de «los tiempos heroicos de nuestra Patria, de aquellos días memorables en que un puñado de valientes se cubrían de una gloria inmortal, conquistando la libertad de sus conciudadanos en los campos de la muerte»[23]. Camino que conduce, como condujo a

Juan Vicente González, a la contemplación de los cielos «que ha preparado la libertad a los que la aman»[24], y ante la presencia de Bolívar, allí rodeado de Aristogitón, Harmodio, Bruto, Tell y Washington. Esta función de Bolívar, como refugio acogedor puesto en el extremo de una aflicción, es constante en el pensamiento venezolano. A él acuden por igual quienes huyen con desilusión o espanto de una realidad que les resulta hostil, y quienes tan solo buscan la salida para una íntima y personal dificultad. Más que el ejemplo, más que la energía, solicitan la paz que precisan para impedir el derrumbe definitivo de convicciones y credos. Eso hace Cecilio Acosta, según Ramón Díaz Sánchez, quien, acosado por las contradicciones, «al buscar un símbolo humano, un paradigma viviente en que se aunasen las grandezas del mundo antiguo y los ideales del mundo moderno, se abraza a Bolívar, el héroe de la libertad y de la justicia»[25].

Más claramente expresa esta postura Joaquín Gabaldón Márquez al proclamar, en octubre de 1940, que:

> (...) el pensamiento de Bolívar, el ejemplo de su vida y la para algunos insospechada irradiación espiritual de su obra, constituyen para nosotros un faro encendido en la noche, un claro camino en el amanecer, una montaña maravillosa en el confín lejano. Cuando nuestra existencia se torna angustiosa, cuando nuestros sueños se sienten amenazados por el adverso destino, cuando la tierra misma, que hemos aprendido a amar con la leche materna y con la primera palabra del padre, se vuelve inhospitalaria y parece perder sus atributos maternales, acercando a nuestros labios un vaso de amarguras: entonces la figura de Bolívar, magnificada por su vida inmarcesible y por su muerte sin paralelo, se ilumina en el horizonte para venir a comunicarnos la fuerza que nos falta; para levantarnos del polvo que empieza ya a inundar nuestros pulmones, y para abrir nuestros ojos, cerrados por la propia o la extraña tiniebla[26].

Esta visión de Bolívar no es solamente reconfortante asilo para espíritus maltratados. Es también seguro refugio para los pueblos que caigan en el desaliento por sus destinos. Por encima de los males que puedan afligirle, «aun en la más pequeña de las repúblicas de América, con el amor a la patria y doctrinas republicanas, existe la palabra vivificadora de Bolívar, su noble ejemplo, su gloria(...)»[27].

LA PERFECCIÓN HEROICA COMO META

El símbolo a cuyo contacto se disipa la aflicción y renace la esperanza ha de ser, necesariamente, de tal suerte que su naturaleza resuma los más altos valores del pueblo que lo venera. De allí que el esfuerzo por construir el *héroe-meta* tenga un sentido perfeccionista y ejemplarizante de cuanto pueda existir en lo cotidiano, ya que ha de permanecer como meta inalcanzada, pero no evidentemente inalcanzable, para poder cumplir su función. El objeto del culto será, pues, exaltado de tal manera que su aceptación se vuelva asunto de fe, más que de razón; y los cuidados que se le prodiguen estarán todos orientados al pulimento de los rasgos más notables –únicos, hablando con propiedad– que le singularizan, y al descubrimiento y realce constante de nuevas facetas, aunque para esto último, como hemos visto en otra parte del presente ensayo, sea necesario forzar un poco la lógica y hasta el buen gusto. (Ver acotación n.º 3, p. 249).

La tarea, en su primera etapa, consiste en la definición de la naturaleza superior del objeto del culto, y en la obtención de un reconocimiento lo más amplio posible de tal hecho. Pero el héroe, por gigantesca que se pretenda su estatura, por extraordinario que sea su natural, está irremisiblemente enclaustrado en la condición humana, y nunca puede –so pena de grave sacrilegio– pretender la condición divina. Así, ese ha de ser ineludiblemente el punto de partida en la construcción del *héroe-meta*. Pero, ya en este punto ha de ser diferente de los demás hombres, pues en grave predicamento quedarían las posibilidades de estos últimos si el descollante fuese en todo igual a ellos. Diríase que los *héroes-meta* son humanos, pero de estirpe dife-

rente: «Considerados en sí mismos –afirma Juan Vicente González de
Bolívar y Napoleón–, ambos son de esa raza de hombres que fatigan
la tierra con su nombre y con el ruido de sus hechos»[28].
El concebir el héroe como individuo de una raza exclusiva marca
ya un adelanto con respecto a la visión del mismo que pudieron tener
sus contemporáneos, cuando el héroe aún era humano, y cuando el
más elemental sentido de las infinitas y sorprendentes posibilidades del
futuro ponía sensatez incluso en sus más fervientes admiradores. Es el
Bolívar visto por Cristóbal Mendoza en 1826, ya asentado en su sitial
de Padre de la Patria pero todavía sujeto a la probabilidad histórica:

> (...) El general Bolívar cumple hoy cuarenta y tres años, y en la fuerza de
> su edad goza robusta salud, sin que su temperamento incomparable haya
> sufrido visiblemente con las fatigas de una vida tan agitada; no es posible
> adivinar lo que será en adelante; pero como su moral nunca ha variado; y él
> manifestó siempre una ambición superior a las ambiciones vulgares, cual es
> la de sacrificarse por la salud pública, sin preservar para sí más que la gloria
> de haber merecido el renombre de *Libertador y buen ciudadano*; espera-
> mos que una larga vida en el seno de la paz, disfrutando del amor de sus
> hermanos y del respeto y admiración del Universo, recompense dignamen-
> te sus tareas, y vindique a la comunidad y a la naturaleza del cargo injusto
> que se les hace de haberse agotado la Omnipotencia en la producción de
> un sólo Washington[29].

Mas ese héroe, todavía humano, cuya grandeza era generalmente admitida y aclamada, destinado a ganar todavía en prestigio y admiración, comienza a crecer. Pronto será el más grande de todos: «Son
miles los varones eminentes que omito –dice Cecilio Acosta luego de
mencionar varios próceres–: la historia no los ha contado aun. Pero
nadie como Bolívar(...)»[30]. Continuará creciendo hasta desbordar lo
humano por la vía de lo mágico: «Bolívar es un hombre portentoso(...)»,
dice el mismo Acosta, para entregarse de seguida a enaltecer sus hechos y sus facultades:

(...) Cuanto se platicó en las plazas de Atenas en la exultación de sus bri-
llantes triunfos, cuanto soñó Platón de sublime y bello, todo lo realizó él.
Pasó por la tierra como un relámpago, porque sus días fueron cortos, y
asombró el cielo de las grandezas humanas. Tuvo la celeridad de Alejandro,
la elocuencia graciosa de César, el cálculo profundo de Napoleón; y, sin
embargo, ni dominó a Roma, ni sojuzgó a Europa, ni ató a Asia, sino que
desató al mundo. Con su espada y con su genio dividió la historia en dos
mitades, y se colocó y colocó a su obra en la mitad del derecho, de que fue
adalid, amparo y numen. Purificó el templo de la gloria, de donde lanzó a
los tiranos, emancipó de la fuerza a las ideas [...]. El día que la libertad tenga
su Olimpo, él será el Júpiter; el día que el tiempo presente tenga nieblas,
él será el mito; el día que la política universal tenga sistema planetario, él
será el sol[31].

Había dejado de ser solo humano, y reencontraba su naturaleza
primaria, la que lo diferenciaba; era el predestinado, al no poder ser
más que humano. La vía de la predestinación está formada de asociaciones reveladoras, fácilmente hechas *a posteriori*, proyectando la vida
del candidato a la predestinación sobre el cuadro histórico general
... siempre que el renombre del candidato justifique tal trabajo. Así
procede Cristóbal de Mendoza cuando, en 1826, observa que: «Simón Bolívar nació en Caracas el 24 de julio de 1783. ¿Qué habría
dicho Carlos III, si cuando firmó el tratado de aquel año, quitando a
la Inglaterra sus colonias de Norte América, le hubiesen asegurado que
acababa de nacer el que le arrebataría las suyas?».[32] Un poco más y la
predestinación se precisa, pero esta vez cual artículo de fe, como en
la interrogante tan sugestiva que incluye en su célebre oración fúnebre
el doctor José Alberto Espinosa, en la solemne función del 17 de diciembre de 1842:

(...) ¿Quién habría pensado, cuando a la edad de 14 años paseabas las plazas
de Madrid y servían de embeleso a tu vista las grandes paradas de las guar-
dias reales, que tú eras en los decretos eternos el destinado para la valiente

empresa de romper las cadenas de bronce que unían dos mundos y aseguraban a un solo moral el imperio de casi toda la tierra?[33].

El retórico asombro de la interrogante se vuelve afirmación que se repite incesantemente. Antonio Leocadio Guzmán lo tiene por «(...) escogido por la Providencia para representar a un tiempo el pináculo de las grandezas humanas y la nada del mundo»[34], Laureano Villanueva abre un párrafo con esta condicional: «Si para crear la Patria deparó Dios a Bolívar, adalid homérico(...)»[35], y Antonio Guzmán Blanco echa sobre sí mismo y sobre quienes le rodean un algo de la voluntad divina cuando, el 24 de julio de 1883, dice: «Es que el natalicio de Bolívar cumple cien años y la Providencia divina ha querido que, plenos de felicidad y esperanzas, celebremos su gloria como la de un predestinado suyo, benefactor, instrumento de sus arcanos»[36]. Igualmente, es inculcado a la infancia el concepto de la predestinación del hombre superior, valiéndose del machacón sistema del catecismo. Santiago y Socorro González Guinán, en su *Historia de Venezuela para niños*, presentan a Bolívar como un joven «(...) que estaba predestinado para ser el hombre más notable y más grande de la América»[37]. Por su parte, Antonia Esteller, en su *Catecismo de Historia de Venezuela*, que tantas mentes entonteció, incluye la siguiente respuesta: «R. El Coronel Simón Bolívar, destinado por la Providencia a ser el Libertador de su Patria y de casi toda la América del Sur, y a llevar su gloria á la mayor altura que registran los fastos de la historia humana»[38].

Pero no se detiene allí la ascensión hacia lo divino, y con un poco más de esfuerzo Bolívar se igualará a Dios en la denominación: «*Él* ha muerto porque le llamaron déspota(...)»[39], dice Juan Vicente González en 1840, y casi un siglo más tarde Laureano Vallenilla Lanz empleó idéntica denominación[40].

Nada más natural a un Dios que el tener facultades divinas, o sea superiores a las que puedan poseer los simples mortales. Y entre esas cualidades una de las más indicadas para impresionar es la transformación. Bolívar poseía este raro poder, según Luis Correa, incluso cuando no había alcanzado todavía el nivel de lo divino. Así, nos dice de la mutación operada en Juan Vicente González, durante una función literaria efectuada en Caracas en 1827: «(...) La mirada del Héroe se posó sobre aquella carne mortal, sobre aquella arcilla miserable, transformándola en oro de los más puros quilates»[41], y dando nacimiento al más vehemente y elocuente bolivarianismo –el de González–, que casi podría decirse que blandía la figura del Libertador para asestarle golpes durísimos a sus propios enemigos, y a veces costaría gran esfuerzo diferenciar entre lo sentido de la fe que dice profesar y el simple acto de violencia que hace arma de cuanto tenga a mano.

Fue González, precisamente, quien supo decir con riqueza y vigor nuevos las cualidades y las facultades del Bolívar semidiós, recomendándolo así a la adoración y a la imitación de sus conciudadanos, vistos por González como miserables criaturas desposeídas de toda virtud y entregadas a la más absurda destrucción de la obra de Bolívar. En este se refundían las cualidades humanas realizadas plenamente. Sirva de ejemplo su elocuencia:

> (...) ningún mortal más elocuente. Su lenguaje, pintoresco, desigual, profundo, ya imitaba la violencia del torrente y el estampido del trueno, ya sonoro y majestuoso remedaba los ruidos melancólicos de las selvas en una noche de enero. Tenía la elevación romana de Corneille, y las imprevistas vibraciones del Dante. Superior al bardo de Caledonia, era más poeta que Napoleón.

Y si era grande por sus cualidades no lo era menos por sus facultades, cuyo poder sobrecogía el ánimo al solo estimarlas: «¡Oh, Dios! Ese hombre, Octavio y Augusto a un tiempo, fue más generoso que César, más proscriptor que Sila y Mario. Invencible al pavor, superior al remordimiento, más grande que todos los peligros y reveses, tenía más rayos que el Júpiter de Homero, más *Quos ego...* que el antiguo dios del mar»[42].

Pero González parece superado en la exaltación del héroe por su enemigo y opositor caracterizado, aunque en bien pobre prosa, comparada esta con el torrente abrumador de González. Antonio Leocadio Guzmán, a quien era nada fácil ganarle una puja ideológica, compite con los cantores de loas conservadores con ocasión de la repatriación de los restos de Bolívar, y, entre melodramático y escaso de expresión, exclama:

> (...) ¿A qué se figuran trofeos, naciones libertadas, cadenas rotas, ni mirto, ni laurel cuando viene Bolívar muerto? Si él no existe nada queremos ver. Sus glorias las sabemos nosotros, sus hechos los sabe el mundo; él es superior a todas las alegorías, a todas las imágenes..., a todo lo que se puede concebir[43].

¿Dónde está en esa prosa, más bien ramplona, la vastedad de recursos y el dramatismo que devuelven la superioridad a González? La imaginación desbordada de este concibe a un Bolívar situado bajo el trágico sino de la fatalidad, vista como la señal divina que lo predestinaba a ser entre los mortales el ejecutor de sus altos designios. Y lo que ha sido motivo de sentimentaloides consideraciones en muchas plumas, se vuelve en la de González signo inequívoco de un gran destino, superior al de un ser humano:

> (...) aquel hombre fatídico que llenó medio siglo con sus hazañas y llena un mundo de sus obras. ¡Destino singular! ¡Epopeya terrible! Nada superior, igual, coexiste con él. Aun no ha nacido y, en señal de su instintiva independencia, su padre cae en la tumba. Los juegos del terrible póstumo conmovieron tanto la imaginación que, en el cenit de su poder, susurraban los vicios en secreto que convulsiones de muertos alegraron sus primeros años. El día que recibe los cordones de cadete, su madre expira repentinamente[44].

En nada cambiará el resultado de este contraste de elocuencia, la intervención posterior, y no más elevada, del preclaro hijo del viejo

zorro de la imprenta: Antonio Guzmán Blanco, quien, luego de calificarlo de «hombre incomparable» y «Semidiós», nos dice que: «Bolívar,
como Jesucristo, no es un héroe de la fantástica epopeya. Bolívar es el
Libertador del Continente, el Creador de las Repúblicas Americanas,
el Padre de los ciudadanos libres. Nació para eso; para eso lo dotó
Dios de todos los talentos, de valor, audacia y perseverancia incomparables en toda la redondez de la tierra, como en el pasado, en el
presente y en el porvenir»[45].

Todo estaba dispuesto para que se operase el cambio de lo sobrenatural, así concebido, en lo divino, y es curioso que le tocase
hacerlo a un representante del cientificismo venezolano de fines de
siglo, Rafael Villavicencio, quien al incorporarse a la Academia Nacional de la Historia oportunamente deja a la puerta su celebrado
espíritu científico y proclama a Bolívar «(...) el verbo encarnado de
nuestra redención nacional»[46]. Ante semejante consagración solo cabía a los venezolanos asumir la actitud recomendada por Antonio
Leocadio Guzmán, quien decía que: «Cumplida su misión, ejecutado
el Decreto de Dios, no toca a los mortales más que agradecer, venerar, edificar, la memoria del Libertador»[47].

Tanto y tan bien se han aplicado los venezolanos a «agradecer,
venerar, edificar, la memoria del Libertador», que se ha conseguido
establecer el culto al héroe sobre una base ideológica y artística tan
prolífica en expresiones, y diversa en modalidades, que aparece abigarrada y hasta poblada de exabruptos. El sentido general está dado
por un ensalzamiento de la gloria de Bolívar, apuntada toda a la afirmación de su condición sobrenatural y casi divina. Tal empeño ha
dado lugar a páginas de emocionante fervor patriótico y hasta de valor
literario cierto. Pero en no pocas ocasiones ha servido de pretexto para andanadas retóricas de dudoso gusto, que fácilmente desembocan
en la pura cursilería, como cuando Francisco González Guinán ve la
Caracas del Centenario de 1883, cual «(...) una virgen vestida de gala
como para celebrar espléndidas nupcias con el Dios de la gloria»[48], o
en la exageración tan desmedida que bordea lo ridículo. Mas en esto

último es difícil superar, que sepamos, un conocido «Elogio a Bolívar en cien palabras», del escritor peruano Teodosio Cabada, que exprime el adjetivo para elevar la figura de Bolívar[49].

Como sensata reacción ante semejantes excesos, inadmisibles para un criterio histórico siquiera medianamente riguroso, se ha buscado darle una base más sólida y convincente que el solo adjetivo superlativo a la condición superior de Bolívar, pero dejando fuera de duda dicha calidad sobrehumana. Constituyen esto los esfuerzos por explicar la grandeza de Bolívar apelando a argumentos que hablen a la razón y no a la emotividad patriótica. Así, se ha pretendido explicarla históricamente, como lo hizo Santiago González Guinán al decir de él que: «Bolívar, como todas las grandes personalidades de la Historia, encontró reunidas en sí las aptitudes indispensables para concebir vastos designios y realizar portentosas transformaciones»[50]. Más elaborada, y de apariencia más convincente, es la explicación *científica* de la superioridad de Bolívar que intenta hacer José Gil Fortoul, basándose en la «ley de la singularidad» definida por G. Ferrero «a propósito de los genios políticos». Dicha ley reza: «Casi todos los grandes hombres públicos tuvieron un carácter intelectual y moral singular, o sea opuesto al carácter del pueblo que gobernaron; y precisamente a esa diversidad de carácter debieron su éxito, porque, teniendo cualidades que faltaban a la nación y careciendo de defectos comunes a todo el pueblo, pudieron obrar poderosamente sobre él y ser admirados y seguidos como hombres únicos». A renglón seguido, procedía José Gil Fortoul a ubicar a Bolívar dentro de los términos del enunciado:

En Bolívar concurren todas las condiciones del «hombre único» en su época. Los vínculos de sangre unen su suerte a la sociedad venezolana; miembro de una familia radicada en la colonia durante más de dos siglos, le apegan a la tierra natal en interés y los afectos; educado cuando mozo en los países más civilizados, vuelve a la Patria con las ideas revolucionarias que en ellos predominan y son apenas conocidas en el suyo. Además, su temperamento, carácter y ambición le diferencian claramente de la turba, y le permiten hacerse jefe de ella y de la clase social que inicia la revolución. Empujado por su temperamento a la actividad violenta, halla en las luchas de la política y en las empresas de la guerra los medios más propicios para desarrollar su genio. Ávido de glorias ruidosas, corre en pos de la gloria e infunde su propia aspiración a los indecisos y a los tímidos. Ambicioso de autoridad y de mando autocrático, su ambición le sirve para someter a los díscolos y unir en un haz, que él dirige, las fuerzas vivas de una población indolente y anárquica. Desdeñoso, en fin, de la riqueza material, consagra la suya a la obra común, y demasiado noble para vivir sin fama en un pueblo de esclavos, expone su vida a todos los peligros de los combates por la libertad, fascinando así a las masas con su bravura, inspirándoles amor con su abnegación y convirtiéndose en ídolo de ellas por el número y la resonancia de sus triunfos.

José Gil Fortoul se apresura a señalar, para terminar, que ha procurado «demostrar solamente que Bolívar era superior a sus coetáneos», pero sin considerarlo por ello exento de «defectos y errores», que ha señalado en otra parte de su obra[51]. Con lo cual intentaba escapar, cautamente, del número de los escritores que, según Laureano Vallenilla Lanz, se dieron a «la tarea, muy piadosa, pero muy anticientífica, de convertir en dioses y semidioses a los actores de nuestra magna lucha»[52].

Se refería Vallenilla Lanz a los autores que entraron a saco en las mitologías griega y latina, afanados en la construcción de paralelos afiebrados, o en la identificación mitológica desbocada, que condujeron a la formación de una suerte de Olimpo criollo en el cual, lógicamente, Bolívar desempeña el papel de figura central. Poseído de esta fiebre mitológica, Laureano Villanueva llegó a decir que «Vargas [José María] se encarna en la mente de Bolívar, y brota de ella, como la sabiduría bajo la forma de Minerva, del cerebro de Júpiter, padre de los dioses»[53]. Con ello llevaba a su justa culminación la edificación mitológica levantada a lo largo de todo el siglo, por escritores que vieron en esa la manera más adecuada de cantar la gloria de Bolívar, echando mano a una fácil erudición que creían llena de reveladoras sugerencias. Así, Cecilio Acosta deja suelta su imaginación grecolatina y nos dice que:

> (...) Si fuera posible transportarse con la imaginación a un tiempo no distante, sería para ver el senado de los reyes recibiendo el bautismo de la sombra del héroe [Bolívar], para ver a otros Antílocos cantando en sus *Yámbicos* sus triunfos, para ver a nuevos Paneas colgando en un nuevo Pecilo en lugar de la batalla de Maratón la de Junín, y para ver a la Sibila de los Andes en su más alta cumbre señalando las tinieblas que se van y la luz que inunda el orbe[54].

Ante la erupción mitológica, bien cabe preguntarse si no consistió, única o fundamentalmente, en una cuestión de estilo literario. Pero no es este el aspecto que nos interesa destacar por el momento. Quizá, en cambio, sea más elocuente este hecho si lo vemos como la expresión literaria del esfuerzo por levantar el culto a Bolívar hasta el nivel de lo indiscutible, de lo absoluto, para hacerlo de aceptación indubitable. Pero, como es fácil advertir y comprobar, este ejercicio retórico agotó prontamente su arsenal mitológico, por suerte limitado, y se volvió frío y hasta desagradable para un gusto en constante evolución.

Pero no solamente hubo necesidad de remozar el fondo adjetival. Hubo también que amoldarse a nuevas exigencias, nacidas de una orientación menos literaria y más administrativa tomada por el culto a Bolívar, cuando ya su universal aceptación no se hizo depender del *prestigio de las letras*, sino que se le vio más como una cuestión de política, tanto interior como exterior.

Para los fines de la política interior fue necesario acercar un poco los dioses olímpicos a los hombres a quienes debían servir de ejemplo. Es la nueva modalidad del culto expuesta por César Zumeta ante el general Juan Vicente Gómez, en julio de 1911:

Hechos vuestros sentidos al fulgor y al rumor de apoteosis que llenan nuestra ciudad, fuera de temerse que encontraseis modestísimas y sin lustre para la ocasión, esta escena y esta palabra, si al hablar de los tiempos en que vivían los libertadores entre los hombres, como en los días olímpicos los dioses, no lo ungiera todo con unción de luz el prestigio de lo milagroso; siquiera de la milagrosa transformación habida de cuando a los héroes se les decretaban honores divinos, es ahora cuando América le ha agregado nueva prez al antiguo culto y muchos codos a la talla moral de la humanidad, poniendo por encima de aquellos hombres deificados y de aquellos dioses hechizos, a los hombres libertadores, para adorar a los cuales no hay que prosternarse, sino antes bien que erguir los cuerpos y levantar las almas[55].

No bastaba con asentar sobre nuevas bases el culto nacional al héroe, era imprescindible conquistarle el reconocimiento internacional, para de esa manera establecerlo definitivamente y situarlo al nivel de grandeza requerido por su función moralizadora y estimulante del patriotismo. Nace así la que ha sido, probablemente, la cuestión más constante y mejor trabajada de política exterior venezolana; acaso la única insospechable en cuanto a su raíces nacionales: la conquista del reconocimiento internacional para el culto a Bolívar. La lucha se libra sobre todo en dos campos: en el de la polémica internacional y en el de las organizaciones científicas y diplomáticas.

Tuvo su época de oro la polémica internacional, todavía reciente en sus grandes ecos. El *Boletín de la Academia Nacional de la Historia* es un buen registro de la materia. Sistemáticamente se eleva la voz condenatoria de cuanto pueda decirse fuera de nuestras fronteras que se interprete como daño o menoscabo de la figura del Héroe creada por el culto. Hasta podría hablarse de una suerte de emulación bolivariana entre los campeones de esta lid, y cada uno quiere descollar por lo incisivo de su crítica, por lo vehemente de su defensa, y fuerza es decirlo, rara vez por la ponderación de su análisis y menos aún por la discreción y la sensatez científicas. Son múltiples las implicaciones de todo orden que pueden hallársele a esta defensa. Digamos, por ahora, que la más visible de esas implicaciones es la que pone de relieve el elocuente contraste entre nuestra *riqueza heroica* y nuestra depauperada realidad vital. Sirva de muestra al respecto el planteamiento que hace César Zumeta, en carta a Laureano Vallenilla Lanz, de los términos de la encendida y aun fresca polémica con los historiadores sanmartinianos argentinos, que por largo tiempo hicieron figura de vanguardia del antibolivarianismo, a juzgar por los bolivarianos venezolanos:

> En su inquina contra el viejo Dumas observaba Brunetière que «unos tienen la dicha de ser hijos de sus padres, y otros la de ser padres de sus hijos». Atenidos a esta última dicha hay quienes se empeñan en que la talla histórica de San Martín crezca con las cifras de la prosperidad porteña y que, para compararla con la del caraqueño Don Simón, se encarame la figura de aquél sobre la montaña de granos y carnes exportados por la Argentina y se sitúe a Bolívar al pie de ese pedestal, en la hondonada que las estadísticas del comercio internacional reservan a Venezuela. El método es malo: los resultados peores. ¿Por qué no estarse a las proporciones establecidas por los mismos héroes argentino y venezolano después de las entrevistas de Guayaquil, y, muy especialmente, en las cartas donde, al reconocer aquél la jefatura suprema de Bolívar, pide servir a las órdenes «del hombre más extraordinario que ha producido la América meridional», y declina éste el honor de considerar a sus órdenes «al Libertador del Sur»?[56].

En el terreno de las organizaciones científicas y diplomáticas internacionales la lucha por la *consagración internacional* del culto bolivariano ha sido cuestión de Estado, y quizá no ande muy desorientado quien asocie los éxitos obtenidos en ese frente con las montañas de petróleo —inimaginables entonces para César Zumeta— que han elevado el pedestal del héroe hasta donde el trigo y la carne argentinos no alcanzaron jamás. Como prueba de la importancia que los responsables del culto bolivariano conceden a estos resultados, obtenidos, lógicamente, en victoria sobre los sanmartinianos, mencionemos una publicación reciente de la *Revista de la Sociedad Bolivariana de Venezuela*: consiste en la transcripción, y en el alborozado comentario, de un acuerdo del Consejo Directivo del Instituto Panamericano de Geografía e Historia, del 24 de julio de 1959, al cual «se adhirieron los representantes de los Países Bolivarianos ante el Consejo Directivo», y que fue leído «en sentida ceremonia y se aprobó por unanimidad». Dicho acuerdo establece: «Tributar un rendido homenaje al Libertador por antonomasia, estadista genial, fundador y organizador de naciones que hasta hoy vienen observando y practicando los conceptos de libertad, justicia social y confraternidad»[57]. Apuntemos, tan solo, que la euforia provocada por este triunfo que habría llenado de satisfacción a los polemistas *antiargentinos* estilo Laureano Vallenilla Lanz y Vicente Lecuna, hace olvidar a los bolivarianos victoriosos algunas inconsecuencias cometidas por entonces en la observancia de los conceptos que enuncian...

Una vez establecida la superioridad del héroe, hecho el recuento de sus cualidades sobrehumanas y afirmado el reconocimiento de su culto tanto nacional como internacionalmente, es posible convertirlo en meta o punto de referencia de las acciones y hasta de los pensamientos de los venezolanos –para limitar nacionalmente nuestro estudio–. Se trata de un punto de referencia a la vez obligado y universal, como también de una meta que recoge las más intensas aspiraciones y reivindicaciones del pueblo. Es punto de referencia obligado por cuanto se le impone por muy diversos medios: desde la enseñanza hasta la propaganda de todo género; y universal porque extiende su influjo a todos los aspectos de la vida social y política de los ciudadanos, y de modo especial a su ser moral. El convertirlo en meta de las aspiraciones y reivindicaciones de los venezolanos ha sido tarea fácil: una vez sentado el principio de que los bienes sociales y políticos tales como independencia, democracia, igualdad y libertad los recibimos como legado del Padre de la Patria, es lógico que en él se hallen personificados esos bienes en estado de plena realización. En consecuencia, cuando nuestras acciones los dañan o mal administran, nos alejamos del Padre, y a la inversa cuando respetamos el sentido de su legado. Por lo tanto, toda acción orientada a alcanzar esos bienes en su plena realización tiene necesariamente un sentido de acercamiento a Bolívar, de marcha hacia él.

Se forma de esta manera una suerte de ley rectora del pensamiento venezolano que bien podría aspirar a contarse entre las más firmemente establecidas y de más amplia aplicación. El erigir al Héroe como punto de referencia determina operaciones ideológicas tales como la realizada por Laureano Villanueva cuando afirma que «(...) honrar á Vargas *es* glorificar a Bolívar»[58], no solo porque Bolívar es la Gloria, como realización plena, y que en consecuencia quienes la alcanzan participan de él, sino muy expresamente porque se hace de Vargas «(...) el bello ideal del ciudadano republicano, prudente y valeroso, justo y magnánimo, y á la par filántropo y modesto; como lo buscaba el Padre de la Patria, para formar la República cristiana, liberal y democrática, en que siempre deliró»[59]. Es decir, Vargas *es* porque corresponde a una esperanza del Padre de la Patria, y de ello deriva su condición procera y su gloria: los méritos históricos propios pasan a segundo plano de importancia, y si bien no se les ignora ni se les disminuye, sí se les hace en cierto modo subsidiarios de un vínculo histórico-espiritual con el Héroe.

Y es que Bolívar es el modelo universal en el cual se contrastan tanto las virtudes como los vicios de los venezolanos: «el Libertador encarna [...] al pueblo venezolano con todas sus excelencias y defectos»[60], Es, también, el modelo cuyo ejemplar significado tonifica decaídos ímpetus constructivos. Posee, además, la ventaja de haber salido de entre aquellos mismos que rige con su influjo. Así lo observó Tomás José Sanavria, cuando, en 1835 y ante la creciente *descomposición* del país, busca un modelo para significarles gráficamente a los venezolanos la conducta salvadora que deben adoptar:

Inútil parece recordar otros modelos cuando en vosotros encuentro el más victorioso; aquéllos pudieron ser una consecuencia forzosa de la opinión en política y de los gloriosos trofeos que animan al soldado para alcanzar la victoria; el vuestro se excita en la silenciosa calma de la paz, sin más testigos que nosotros mismos, sin más retribución que el placer de hacer bien; allí resuena el clarín de los combates, esfuerza el brillo de las armas y los temores del común peligro; aquí no se oye otro eco que el de la razón, ni se sienten otros impulsos que los de la modesta virtud de la beneficencia; ella es vuestra única antorcha en el camino que os conduce ansiosos a buscar, sin recompensa, los inefables bienes de la sociabilidad[61].

De esta manera queda convertido Bolívar en modelo para la paz, como hasta no hacía mucho lo fuera para la guerra. Mas el significado moral de este modelo no ha sido objeto de un acatamiento tan universal como podrían desearlo los promotores de su culto, y vale la pena consignarlo de inmediato para bien de una mejor apreciación del tema. Ha existido en el pensamiento venezolano una tendencia a especializar los símbolos en el sentido de concentrar en Bolívar la más alta significación general de los valores de todo orden, pero situando la perfección de los de índole propiamente moral y ética en quien posee, además, el título recomendatorio de haber sido su más cercano discípulo, Antonio José de Sucre: «(...) Tal nombre es en nuestra historia como el imprescindible complemento del de Bolívar cuando se quiere significar cuánto tiene de pura y cristalina la gloria de la Patria»[62]. Por ello Pedro Arismendi Brito sorprendió a su auditorio, en la Junta pública y solemne de 4 de febrero de 1895, celebrada por la Academia Nacional de la Historia para conmemorar el primer centenario del Mariscal, con esta proposición: «(...) de todos los altos hombres públicos de las tres Repúblicas en que figuró, Sucre fue el que con más holgura podía quedarse a solas con su conciencia, y afrontarla victoriosamente». ¿De dónde podía nacer este pensamiento? ¿Regionalismo, antibolivarianismo, exceso verbal, sobrevaloración ética de la figura histórica de Sucre, espíritu crítico? No es nuestro asunto indagar tales orígenes. Sí lo es constatar la diferencia existente sobre el punto, así como la pronta intervención de la Academia en orden a preservar la integridad del símbolo principal del culto heroico, cambiando el pasaje transcrito, al publicar el discurso, por el siguiente: «Sucre pertenecía a la estirpe de grandes seres que pueden quedarse á solas con su conciencia y afrontarla victoriosamente»[63], con lo cual quedaba reparado el daño y desagraviado el Héroe, aunque de paso fuera atropellado más de un valor ético y social cuya vigencia para ese mismo Héroe no podía ser puesta en duda sin alertar el celo de sus custodios.

La personificación en Bolívar de las aspiraciones y reivindicaciones de todo un pueblo, que, como hemos dicho, vincula a este pueblo con la significación histórica –propia y atribuida– del Héroe máximo tomado como punto de referencia, se extiende hasta los excesos que ese pueblo pueda haber cometido. Es una manera extrema –recurso heroico– de preservar la universal vigencia del legado: «(...) Bolívar había enseñado al pueblo a ser demasiado celoso de su libertad. ¿Haberlo sido puede afear su memoria?»[64], se pregunta Juan Vicente González, estableciendo de paso el origen de nuestra libertad y salvando la responsabilidad de su autor en los abusos cometidos.

Pero no solo la libertad se halla personificada en Bolívar, unidas a ella van la igualdad y la ilustración, conjugándose los tres dones en una nueva conciencia ciudadana que induce al hombre a acometer empresas nuevas, que testimonian de su liberación total. Buena muestra de esta conciencia, aunque retóricamente manifestada, la da Tomás Lander cuando justifica su intento de reflexionar críticamente sobre los principios constitucionales propugnados por el Libertador. Obsérvese el edificio ideológico que levanta a este propósito:

> (...) pero ¿qué consideraciones serán bastantes a detener los deseos de un corazón inflamado de libertad en lo que juzga conducente a ella? ¡Tal es el poder magnético del espíritu regenerador del siglo, y de la palabra *igualdad*, que los mismos que ayer estaban condenados a un ignominioso y eterno desprecio, hoy se sobrecogen a todo lo que imaginan siquiera podrá algún día mancillar este derecho sagrado, y ya se atreven, aunque trémulos, a usar del don inestimable de la imprenta! ¡Gloriáos, oh Bolívar! ¡Gloriáos, Héroe,

que esta es tu obra! ¡Los destellos de tu inteligencia celestial, conducidos por los filos de tu espada vencedora, penetraron en las más humildes chozas, y en medio del taller y la miseria y a despecho de la tiranía, disiparon las tinieblas de los entendimientos más vulgares![65].

También el heroísmo se halla cristalizado en Bolívar. Él lo enseñó al pueblo, según Antonio Leocadio Guzmán, y ha de seguir enseñándoselo:

> ¿A qué, diréis [se refiere a las madres venezolanas], a qué interponer tantos objetos entre Bolívar y su pueblo? Que llegue, llegue al galope de su caballo de batalla, oigamos los gritos de victoria que siempre resonaron a su alrededor, veamos sus ojos, sus ojos que inspiraban el heroísmo; llegue y nos diga: *Caraqueños ¡viva la América libre!*, y gustosa veremos que le siguen nuestros esposos y nuestros hermanos, y volveremos a entregarle nuestros hijos para que les enseñe el heroísmo(...)[66].

A medida que se suman valores realizados a la figura del Héroe máximo, crece su significación global, y adquiere la representación de valores cada vez más generales. La acumulación de componentes produce un cambio en la condición del Héroe, y este se vuelve personificación del supremo valor del patriotismo, es decir, de la Patria misma, por estar asociado íntimamente a su nacimiento, y por ser él la refundición de los valores que la integran. A este resultado llega Cecilio Acosta por la vía del razonamiento sociohistórico cuando observa que:

> La nación tenía, por el tiempo de la Independencia (debido esto en mucha parte a las costumbres) los deseos, más bien que la unidad y la conciencia del poder para hacerla realizable; y sonada la hora del destino, él mismo debía proporcionar representante. No es la primera vez que los pueblos se mueven de esa manera; mayormente a los principios, en que van a ensayar la vida social, y en que no tienen órganos para sus necesidades, su caudillo

será el que las interprete y satisfaga. En este sentido, la historia del heroísmo es de ordinario la historia primitiva de la Patria, que ve su suerte unida al varón que la enaltece[67].

Mas, puesta a crecer, la significación ejemplarizante sobrepasa todo límite, y asciende con vigor hacia las más vastas proyecciones. Bolívar no es solamente la Patria, como símbolo guiador de los venezolanos. Cumple igual función para todo un continente, porque, como lo proclama Juan Vicente González, Bolívar *es* América: «Quitad, empero, de América a Bolívar. ¿Qué resta? El caos sangriento de la conquista, la destrucción de los indígenas, tres siglos de servidumbre»[68]. Así, la América nueva, la que mucho significa para el hombre americano como realidad vital y como aspiración constructiva, se halla también personificada en Bolívar, que gana con ello rango de meta americana, en una concepción que ha venido robusteciéndose con los años, por razones histórico-políticas de sobra conocidas. Este pensamiento encuentra su formulación actual en términos de: «Bolívar muere con la certidumbre de su correcta orientación. Está seguro de que en el futuro el continente verá en la historia bolivariana la Historia Americana, en la obra bolivariana la obra americana y en el programa de acción bolivariano el programa de acción americano»[69].

Pero Bolívar, que es modelo y meta, no lo es pasivamente. No limita su función a presidir el origen y a resplandecer en la distancia cual un objetivo por alcanzar. Las emanaciones de su gloria, de su significación, son principio activo en la vida de los pueblos, al constituir el acicate que los mueve a emprender el camino, a perseverar en él, y a sobreponerse a cuanto obstáculo pueda enfrentárseles. Constituye un estímulo, mezcla de persuasión y pedagógica compulsión, que se vuelve ineludible cuando el celo bolivariano desbordado identifica su incumplimiento con la traición:

La revolución histórica de Bolívar es un llamado solemne a la responsabilidad de todos los habitantes del suelo americano. Es una voz que se alza con valentía precisa contra la traición que viene a ser todo lo que no se dirija en el sentido de los grandes ideales aludidos. Con su concepción de la Historia Americana en la cual conjuga su criterio científico, objetivo y realista, con su criterio filosófico y dinámico lanzado hacia lo venidero, culmina Bolívar la construcción de su Pensamiento Social. Tal es su legado de entusiasmo creador, al Universo. Su camino y su ejemplo son una invitación perenne para el género humano, y en especial para las inquietudes del que está llamado a justificar su nombre de Nuevo Mundo[70].

He allí la simbólica meta vuelta mandato, y ello en todos los órdenes de la vida nacional. Tal mandato vale doblemente: por lo que habría significado, de haberse cumplido, y por lo que su cumplimiento conserva de promisorio. Así lo ve Mario Briceño-Iragorry:

> ¡Cuánto habría lucrado la república con que se hubiera hecho consigna de trabajo la frase que Bolívar lanzó contra José Domingo Díaz en medio de las ruinas del terremoto de 1812! *¡Vencer a la naturaleza!* Jamás un forjador de pueblos les dio mandamiento de mayor alcance. Moisés pasó a pie enjuto el Mar Rojo porque tenía de su parte los ejércitos de Jehová. Bolívar prometió vencer desde una actitud humana la oposición del universo a sus sueños de libertad. Si los venezolanos hubiéramos tomado como lema de acción la consigna de Bolívar, otro habría sido el destino de nuestro pueblo[71].

Todo confluye, de esta manera, en la configuración del símbolo universal, no solamente por su múltiple significación sino también por su validez emancipada del espacio geográfico y del tiempo histórico, porque «tan extraordinaria se alza su figura en la corriente de los siglos, que si alguna vez las sociedades llegan a envolverse de nuevo en tinieblas y errores, se volverá la vista a él, como a un evangelio para la doctrina y como un faro para la luz»[72].

ACOTACIONES

N.º 1

Con la expresión *seremos porque hemos sido* sintetizamos una operación ideológica cuya presencia en la bibliografía consultada es constante. También podríamos componer una extensa serie de testimonios en este sentido, anotando algunas variantes. Nos limitaremos a enunciar algunos, localizados en obras de diverso género. En el *discurso patriótico*: «¡Ah! Cómo se extasía el alma con el recuerdo de tanta ilustre hazaña y de tanto preclaro nombre! [...] ¡Cómo corre entonces por nuestras venas ese fuego misterioso que nos hace fuertes, nos hace grandes, forjándonos la patriótica ilusión de que, hijos con somos de tales padres, somos también capaces de efectuar prodigios tales!». (Pbro. Antonio Luis Mendoza, *Discursos del Padre Mendoza*. Valencia, Imp. de C.A. Mendoza, 1897, p. 56). Más acabado se halla el concepto de Manuel Díaz Rodríguez: «Pero si por algo yo creo y confío en el porvenir de mi país, si por algo respecto al futuro destino de mi país de cuando en cuando se abre a mi espíritu la perspectiva risueña de una gloriosa esperanza, es precisamente porque con ojos limpios de más o menos momentáneas preocupaciones que impiden ver con justeza, en toda época lo veo rico de hombres y en caudal de iniciativa. Ni un luengo reposo de años tampoco significaría forzada esterilidad manifiesta para aquel vientre cuya fertilidad formidable en los albores y hasta mediados del último siglo no se fatigó de sembrar de vidas ilustres las playas de América y Europa. Imposible desesperar sin injusticia de la virtud fecunda de un pueblo que dio a la lengua y a España un Baralt, un Sucre a la América, un Bolívar al mundo; de un pueblo, único entre todos los del continente, que puede, llevando a Bolívar sobre su corazón, de propio derecho y sin exceder los términos de su gloria, con una mano apoyarse en el granito del Arco de la Estrella mientas descansa con la otra en las entrañas de Chile». («Discurso pronunciado el 11 de diciembre de 1910 en el Paraninfo de la Universidad

Central», *Sermones Líricos*, Caracas, 1918, p. 82). Tuvo su apoteosis este pensamiento en el acto de coronación de Eduardo Blanco, cuando este, invocando la gesta emancipadora, afirmó: «A su amparo no será temerario sostener, faz a faz del pensamiento enervador, que lo que fuimos podemos serlo aún, pésele a los que dudan de la eficacia de la voluntad en la generación de los pueblos acongojados... no vencidos». («Coronación de Don Eduardo Blanco». *Las noches del Panteón*, Caracas, 1954, p. 141). En esa ocasión Víctor Manuel Ovalles se expresó en términos semejantes (*Ibídem*, p. 177), como lo hizo también Santiago Key-Ayala en su ensayo «Eduardo Blanco y la génesis de Venezuela Heroica» (*Ibídem*, p. 199). En el *ensayo* propiamente dicho o disimulado, Domingo B. Castillo hace decir a un personaje: «En el fondo de todos nuestros actos está latente el espíritu idealista de los fundadores de la República, como germen de la nueva vida. Si no germina hoy, germinará mañana o más tarde, pero germinará. Un pueblo es grande por su historia, por su amor a ella y por la veneración que le inspiran sus antepasados». (*Memorias de Mano Lobo*, Caracas, Ediciones de la Presidencia de la República, 1962, p. 130); Alberto Adriani proclama: «Venezuela es un pueblo llamado a grandes destinos. No lo pongamos ni por un momento en duda. Ha habido siempre en Venezuela la convicción de que vamos a hacer algo grande. Habiendo ya una vez jugado un gran papel en la historia, nuestro pueblo tiene, en la intimidad de su conciencia, el presentimiento de que en el porvenir podrán hacerse grandes cosas». (*Estímulo de la Juventud*, Caracas, 1946, pp. 409-410), y en abril de 1936 precisa su pensamiento: «... La tierra que dio a Bolívar, Bello, Miranda, Sucre y tantos hombres superiores, está llamada a grandes destinos y no equivocará esta vez su camino». (*Ibídem*, p. 459). Un poco más tarde, A. Rivas Sosa sentenció: «Nosotros poseemos por herencia el derecho de ser grandes». (*Nuestros problemas*, Caracas, Edit. Elite, 1939, p. 241). Igualmente, Mariano Picón Salas: «De la tempestad de nuestro pasado soñaba ver erguirse una Venezuela matinal y entusiasta; una patria en que era bello vivir porque sus caminos y sus horizontes estaban poblados de empresas. No con la lengua de los calculadores sino con la voz de los poetas era preciso hablar y exaltar a esas gentes; contarles que hubo un momento en que el vigor y el gran ensueño venezolano recorrió media América del Sur, desplegó sobre las montañas y los ríos de América sus legiones de hombres ansiosos, llevó su mensaje de libertad y dignidad humana en la lengua y la espada de Bolívar hasta las más altas crestas andinas. Recobrar el compromiso y la responsabilidad de esa Historia ya no en las faenas de la guerra sino en las grandes siembras de la paz civil, me parecía que era lo que debía redescubrirse en el alma venezolana». (*1941*, Caracas, 1940, pp, 29-30). Un pensamiento semejante impregna la obra de Mario Briceño-Iragorry *El caballo de Ledesma*. En fecha reciente, lo expresó Rafael Caldera: «Si algún sentido ha de tener nuestro culto a los próceres, ha de ser el de renovar la llama de nuestra convicción, y de nuestra fraternidad, y de nuestra esperanza, encendiendo el aceite de nuestras lámparas en el común depósito que guarda intacto, después de un siglo de dolores, el fuego sagrado de quienes nos dieron el ejemplo». (*Bolívar, símbolo de un deber actual*. Separata de la *Revista Nacional de Cultura*, Caracas, mayo-junio de 1951, n.º 86, p. 14). Se le encuentra *en la novela*: L. M. Urbaneja Achelpohl hace decir a un personaje: «... ha llegado para nosotros la hora de la paz, de la reposición, de la estabilidad, del engorde, aunque después la matanza sea espantosa, sanguinaria y cruel. En esta paz consciente, hija de nuestra voluntad, es en donde habrá de forjarse el eslabón que nos unirá con nuestro pasado, cuando un gran ideal nos esparció como un inmenso río por casi toda la totalidad de un continente». (*En este país!*, Caracas, Biblioteca Popular Venezolana, 1950, pp. 183-184). Se le halla *en el discurso y la arenga política:* Lo expresó Cipriano Castro en su Proclama del 9 de diciembre de 1902: «¡*Venezolanos!* El sol de Carabobo vuelve á iluminar los horizontes de la Patria, y de sus resplandores surgirán temeridades como las de las Queseras del Medio, sacrificios como el de Ricaurte, asombros como el de Pantano de Vargas, heroísmos como el de Ribas y héroes como los que forman la constelación de nuestra grande epopeya. Y hoy que por una feliz coincidencia conmemoramos la fecha clásica de la gran batalla de Ayacucho, hagamos votos porque nuevos Sucres vengan a ilustrar las gloriosas páginas de nuestra historia Patria». Abusó de él Rómulo Betancourt durante el período en que gobernó como Presidente de la Junta Revolucionaria de Gobierno surgida de los sucesos del 18 de octubre de 1945. Así, en Maracaibo, el 9 de marzo de 1946 afirmó: «Nosotros estamos resueltos, definitivamente resueltos, a que el gran ejemplo de 1810, ese que quedaba en nuestra historia como una señera idealidad, lejana e inalcanzable, se repita en 1946». (*Trayectoria de un régimen democrático*, Caracas, Imprenta Nacional, 1948, p. 52). Un poco más tarde, en su alocución del 1.º de enero de 1947, habló de «Esta obra de reencuentro de Venezuela con su historia y su destino» (*Ibídem*, p. 107), y afirmó su «(...) insobornable convicción de que nuestro país seguirá trajinando con pasos firmes y seguros la ruta que lo lleve de nuevo a ocupar el sitio de pueblo desbrozador de caminos y señalador de derroteros que ya tuvo alguna vez en nuestra América». (*Ibídem*, p. 107); pensamiento que reiteró en el Paraninfo de la UCV el 24 de octubre de 1947, al referirse a los venezolanos como «(...) hijos de una tierra llamada a seguir señalando caminos y marcando derroteros americanos». (*Ibídem*, p. 273). Una curiosa y más bien pedestre expresión del uso político del *seremos porque hemos sido* la encontramos en la letra del himno del Partido Unión Republicana Democrática, escrita por Antonio Arráiz: «La nación que Bolívar forjara, / la que en tiempo fuera invicta y preclara, / nuevamente ha de ser lo que fue. / Venezuela a sus hijos reclama / restituirle su fuerza y su fama. / Uerredé, Uerredé, Uerredé». *Muchas otras expresiones y variantes* del mismo pensamiento podrían citarse: es nítida la que ofrece Pedro Díaz Seijas: «Nuestro pasado encierra para el presente, revisado y estudiado con pasión venezolanista, el más fuerte punto de apoyo en el avance hacia la solidificación de las instituciones democráticas. Empatando la empresa de nuestros días, presidida por la digna aspiración democrática del pueblo, con la de los creadores de la Primera República, estaremos ganando la batalla a los desertores». («Los creadores de la República», *Ideas para una interpretación de*

la realidad venezolana, Caracas, 1962, p. 75). Otras pueden encontrar-
se en la obra de Osorio Calatrava titulada *La sombra de Carujo* (Caracas, Cooperativa de Artes Gráficas, 1939, pp. 3-32) y en la de Augusto
Mijares titulada *La interpretación pesimista de la sociología hispanoamericana* (Madrid, Afrodisio Aguado, S. A., 1952, p. 64), etc.

N.º 2

Si algún aspecto de la ideología del culto a Bolívar me ha impre-
sionado vivamente es el de los ingentes esfuerzos por acreditar la pureza
racial de quien es al mismo tiempo Padre y arquetipo (según José Gil
Fortoul) de un pueblo mestizo. Ya en 1830 Simón Rodríguez, al defender a Bolívar de las acusaciones de que era objeto, cuando establece
el «cuerpo del delito», añade en: «Nota / el Populacho también por no
ser menos que nadie hace su acusación, y pide un lugar a lo último
para estamparla(...) en una causa Popular no puede negársele /DICE/
Primeramente, que Bolívar es Zambo». (*El Libertador del Mediodía de
América y sus compañeros de armas defendidos por un amigo de la causa
social*. Arequipa, 1830, p. 18). Tanto afán se ha puesto en defender a
Bolívar de lo que Rodríguez presenta como acusación popular, es decir la presencia de una nota de sangre negra, que se ha desembocado
en la configuración de un Bolívar de raza blanca pura, y por añadidura
español de esencia y noble de origen. Vicente Dávila dedicó empeño
en demostrar que Doña Josefa Marín de Narváez, segunda abuela de
Bolívar, fue injustamente sospechada de mulata, y concluye triunfan-
te: «No trajo pues el Libertador sangre de esclavo que era vileza en la
colonia». («Doña Josefa Marín de Narváez», *Investigaciones históricas*,
Caracas, Tipografía Americana, 1927, p. 18). Rufino Blanco Fombona no solo pretendió demostrar la condición hispánica de Bolívar,
sino lavarlo de toda sospecha de mestizaje o mulataje. Intentó, para ello,
mostrar «(...) las conexiones de este hombre con su raza. En efecto, en
Bolívar aparecen la mayor parte de las virtudes y de los defectos del

carácter español, en sus variedades vasca y castellana. Aunque se hubiesen mezclado algunas gotas de sangre exclusivamente española que corre por sus venas –en realidad histórica no se han mesclado [*sic*]– lo predominante en él son los caracteres básicos del tipo español». (*El espíritu de Bolívar*, Caracas, 1943, p. 14). Por si esto fuera poco y como para poner en claro los fundamentos racistas de tal concepción, añade en nota: «Insinúan la existencia de esas gotas de sangre indígena en Bolívar, aquellos que, sin conocimiento cabal de la ascendencia del Libertador, se imaginan con ello consustanciar más a Bolívar con América; y los que aspiran a menguar el prestigio racial e histórico de España en el Nuevo Mundo. No me extrañaría que cualquier día apareciese un descendiente de esclavos negros, reivindicándolo para la raza etiópica; y considerándolo como un boxeador». (*Idem*).

Independientemente de la «fórmula étnica» de Bolívar, nos interesa el debate en torno a la cuestión. En ocasiones es tanto lo que se hace para acreditarlo como de pura raza blanca que en el afán de hacerlo representante de la «raza» pareciera subyacer un complejo racial de los venezolanos cultos, y la necesidad de desmentirlo. En función de esta forma de conciencia el proceso ideológico parece ser el siguiente: si Bolívar representa al venezolano, y se admite que lo que haya de malo en el venezolano está en la porción de sangre negra, Bolívar ha de ser blanco *puro*. De allí la enérgica reacción ante toda suposición de que tuviese algo de sangre negra, pues equivaldría a negarnos al desvirtuar el símbolo, el objeto del culto.

De esta manera el símbolo y el arquetipo de un pueblo mestizo y mulato es un hombre que se diferencia de ese pueblo y que lo niega por su propia naturaleza étnica.

N.º 3

Graves problemas ha representado para el culto a Bolívar el funcionamiento del paradigma. En términos de segunda religión, cívica, ejemplarizante, el Bolívar del culto ha de constituir el modelo universal de los venezolanos, pero el endiosamiento anula su funcionamiento como tal. Mal puede pensarse en un creyente que sea «como Dios». De allí que hayan nacido dos tendencias en el culto. Una, la más intransigente e irracional, se resume en el concepto del Dios que rige. Para ella el culto es cuestión de fe. La otra tendencia se resume en el concepto del paradigma, con un punto de contacto con la primera puesto que ese paradigma es por definición inalcanzable, pues si no se puede ser «como Dios» tampoco se puede ser «igual a Bolívar» ni mucho menos superior. De allí que por virtud del culto a Bolívar, en consecuencia de ambas tendencias, el venezolano sabe que su acción vital tiene un límite infranqueable.

En el fondo de la reivindicación de la condición humana de Bolívar está la preocupación por el funcionamiento de su ejemplaridad, porque si se admite, como lo proclamó Antonio Arráiz para uso de escolares: «¡Cuánto podemos aprender de todo lo que hizo y de todo lo que escribió el grande hombre!» (*Culto Bolivariano*, Caracas, Edit. Cóndor, 1940, p. 9) es necesario humanizarlo: «(...) para ello, tenemos que comenzar por figurárnoslo tal como era, un hombre, semejante a nosotros, sólo superior por la fuerza de su genio y por la grandeza de su alma. Imaginémoslo aquí, entre nosotros, en carne y hueso, hablando de viva voz, y entusiasmándonos con el encanto maravilloso de su elocuencia» (*Idem*). La dificultad es clara: o humano, y por lo mismo imitable, o divino, y por lo mismo inalcanzable; tal es el sentido, en ocasiones, de manifestaciones de inconformidad con los excesos del culto: «En las esferas intelectuales en los círculos literarios, abundó el panegirista que al hablar del Libertador lo situó fuera de lo humano, dándole atributos que no le estaban reservados en el plano de la realidad. Pero ello es obra del tiempo viejo: desde antiguo se trató a los héroes, no como personas sino como dioses, como figuras arrancadas a la Mitología, desligadas de lo circundante. / «Los jóvenes de las últimas generaciones y los de las que vienen, han de acrisolar en el pecho un Bolívar, cabal, sin hipérboles, sin rudas concepciones, cuya memoria conduzca e ilumine como el Astro-Rey siempre en su cenit». (Mario Briceño Perozo, «El Bolívar que llevamos por dentro», *Revista Nacional de Cultura*, Caracas, mayo-junio de 1959, n.º 134, p. 75).

Pero aún así el problema subsiste, pues, por obra del culto, el Bolívar humano resulta a la postre sobrehumano, y por lo tanto inalcanzable. El trasunto religioso impide humanizarlo del todo, de manera que constituye un dogma lo inigualable del modelo. Mucho preocupó el asunto a Santiago Key-Ayala, comprometido en la redacción de una «Vida ejemplar de Simón Bolívar» (*Obras Completas*, Caracas-Madrid, Edime, 1955). Key-Ayala comienza por plantearse el problema: «¿Es que la vida de un hombre excepcional puede servir de guía para vidas que no prometen ser excepcionales? ¿El hecho de ser grande hombre no pone un abismo entre él y los hombres corrientes? ¿A qué presentarnos ejemplos que no podemos seguir? Todos no podemos libertar continentes, renunciar caudales, ser padre de naciones» (p. 21). A lo largo de la obra se ofrecen varios ejemplos de funcionamiento del paradigma que culminan en simples recetas de consuelo para mediocres.

Primer ejemplo de funcionamiento del paradigma según Key-Ayala:

Pues, si vuestros maestros no os lo han dicho ya, las lecturas os harán conocer una ley a que está sometido el organismo humano. "Ley del umbral", la llaman los fisiólogos. Hay sonidos más graves y más agudos que los percibidos por el oído humano. Hay más colores que los apreciables por nuestros ojos. Estamos como ante un paisaje en una habitación oscura, a distancia de una ventana que da al campo. Vemos una sección del paisaje. Hacia arriba, hacia la derecha, hacia la izquierda, el paisaje continúa, pero se nos escapa. En las aptitudes, la ley se cumple. Cada uno de nosotros dispone de un campo cercado por lindes que lo demarcan. La voz del bajo recorre una escala de notas, limitada por las más graves y las más agudas que puede emitir. El barítono puede dar notas más altas que el bajo y menos altas que el tenor. Cada uno está encerrado entre límites; pero, dentro de tales límites, puede y debe contribuir a la integridad del conjunto, a la armonía universal. La vida integral del grande hombre abraza un registro más extenso y más alto que el corriente. Pero coincide en su registro medio con el registro de los medianos. Es la sección que está a nuestro alcance. Dentro de ella podemos ponernos en relación con la vida ilustre, aprovecharla para nuestra propia elevación. Porque aun en esta sección media, los hombres en verdad grandes imprimen su sello y dan a las voces corrientes un estilo de comunicativa nobleza. Podemos, siguiéndolos, robustecer nuestra propia voz, afinar nuestra propia nota. Es más, el esfuerzo que hagamos por seguirlos extiende nuestro registro, nos eleva, nos hace llegar más alto de lo que llegáramos por nosotros mismos. Se cumple así una ley biológica que no había escapado a la penetración y a la experiencia de Maquiavelo» (pp. 21-22).

Segundo ejemplo de funcionamiento del paradigma según Key-Ayala:

No es dado a todos los jóvenes alentar sueño tan grande y con tanta intensidad como Bolívar. Porque él era grande en espíritu, y la magnitud de su sueño estaba a la medida de su gran espíritu, cual estaba su espíritu a la medida de su sueño.

Forjad, vosotros, vuestros sueños a la medida de vuestros espíritus. Coronad, si lo podéis —y la mayoría de vosotros lo podrá—, coronad vuestros sueños individuales con el sueño colectivo. Ya por el hecho del engrandecimiento y la mayor nobleza de vuestro sueño crecerá vuestro espíritu. El gran sueño colectivo es un río caudaloso. Los que no podáis ser río, sed, al menos, el arroyo afluente, que lleva lo que tiene, el modesto y valioso tesoro de sus aguas límpidas, a la gran corriente. En el caudal de los grandes sueños humanos correrá inadvertido, pero real y poderoso, el caudal de vuestros propios sueños (p. 36).

Tercer ejemplo de funcionamiento del paradigma según Key-Ayala:

Valorarse, y luego de valorarse, emplear a conciencia el caudal recibido. Todo hombre digno debe intentar asemejarse en esto a Bolívar. No hay que asustarse con la magnitud del modelo, ni excusarse con ella de cumplir el deber. En la semejanza de las figuras geométricas, la magnitud no es esencial. La pequeña figura puede ser semejante a la de proporciones astronómicas. El triángulo equilátero que un niño puede dibujar en una hoja de papel es semejante al triángulo equilátero formado en la inmensidad de los cielos. La esencia reside en los ángulos y en la proporcionalidad. Encaraos con la vida en vuestro pequeño o grande campo con el ángulo de Bolívar y dad a vuestros empeños y esfuerzos la justa proporcionalidad. Estaréis, como Bolívar, a la medida de vuestra obra, y vuestra obra estará a la medida de vuestras fuerzas. No se os podrá exigir mucho más. Porque estaréis a la medida de vuestro deber (p. 43).

Primera receta de consuelo para los mediocres, según Key-Ayala:

Por su grandeza intrínseca, la obra de Bolívar no puede ser modelo para los jóvenes. De ella radia, y a torrentes, la ejemplaridad. Los caminos que la hicieron posible, los caminos del esfuerzo, están siempre abiertos, y si no son siempre los mismos, su conocimiento adiestra para andar por los caminos nuevos y realizar la obra propia y adecuada al momento en que se vive. La ejemplaridad no está tanto en los resultados, como en los recursos y métodos que puso en acción (p. 40).

Segunda receta de consuelo para los mediocres, según Key-Ayala:

Vosotros, en tanto, os preguntaréis: "Bolívar es hombre excepcional. ¿Qué enseñanza podemos sacar de su grandeza? ¿Debemos aspirar cada uno de nosotros a ser el primero?". Podéis ser primeros, no entre todos, sino entre algunos. En tal caso, debéis ejercer vuestra primacía con la elevación de alma con que la ejerció Bolívar. Debéis sacar de vosotros todo lo que podáis dar para honra vuestra, para bien colectivo, para dignidad y progreso de la Patria. Debéis ejercer vuestra primacía sin mezquindad (p. 48).

Tercera receta de consuelo para los mediocres, según Key-Ayala:

Estudiad a Bolívar. Aplicad su espíritu a vuestros personales problemas, teniendo en cuenta las realidades circunstanciales. Realizad el ideal del traductor inteligente que interpreta las bellezas del idioma ajeno con el espíritu del suyo (p. 64).

La preocupación de Key-Ayala por el funcionamiento del paradigma le condujo a ofrecer las muestras más significativas y sistemáticas de una cuestión que ha preocupado a otros autores, y que ya en su tiempo mereció la atención del propio Bolívar. El heroísmo ejemplar puede volverse factor inhibidor cuando la distancia entre el héroe y el común de los mortales no solo es extrema sino insalvable. Obviamente todo intento de resolver este problema tiene que fluctuar entre la explicación racional y lo que hemos llamado la receta de consuelo para los mediocres. De hecho, así enfocó la cuestión Manuel Díaz Rodríguez cuando hablando en la Universidad Central observó que:

Entre esos dos extremos, es decir, entre la modesta iniciativa interesada del hombre que, en medio a los más adversos embates de la fortuna, planta su heredad, y la desinteresada iniciativa del genio que de modo fulmíneo cambia el rumbo y el espíritu de las masas –como esa con que nuestro genio creador de constelaciones de pueblos no vaciló en ponerse, hablando en el lenguaje de Nietzsche, más allá del bien y del mal– caben todos los géneros y especies de la iniciativa sana y fecunda. («Discurso dicho el 11 de diciembre de 1910 en el Paraninfo de la Universidad Central», *Sermones líricos*, Caracas, 1918, p. 86).

Consecuencia muy natural de la concepción ideológica del paradigma es la orientación del mismo hacia la juventud. Criterios patrióticos y pedagógicos presiden esta orientación, y se vinculan con los propósitos de regeneración social que han animado, a través de los tiempos, a diversos escritores y políticos venezolanos, persuadidos de la necesidad de confiar a la juventud el rescate de una Patria que les resultaba cuando menos áspera e ingrata. La imagen de un joven salvador de su Patria, Bolívar, sirve muy bien para el caso. Pedro Emilio Coll desarrolló esta concepción, y para ello hubo de plantearse también el problema del funcionamiento del paradigma cuando en 1927 expuso, ante la Federación Universitaria Hispanoamericana, en Madrid:

Las direcciones espirituales que se desprenden de esta rápida excursión por los Años de aprendizaje de Simón Bolívar, son las que desearía que aplicaseis a vuestro pensamiento y conducta, pues en la existencia, sin duda, pasaréis por parecidas crisis de dolores y placeres, que son comunes a nuestra especie, bien sea sin la misma intensidad y en medio de otras circunstancias. Estaciones sentimentales, por lo regular inevitables y peligrosas si la voluntad no logra superarlas.

La magnitud de la acción que la voluntad militante realice, depende de las capacidades; pero, de todas maneras, será preferible a la perezosa inactividad o a la morosa delectación de detenerse en el dolor o en el placer como estados definitivos. La voluntad puede manifestarse en trabajos superiores de la inteligencia, tanto como en las más humildes ocupaciones.

La Humanidad está como formada de círculos concéntricos; el de mayor periferia es el que recorren los genios, y, desde luego, son menores los discos a medida que nos acercamos al centro inmóvil de la más pequeña circunferencia, al punto ideal, de donde la insondable Divinidad preside o dirige el destino de los seres.

Pero en todos esos círculos, en el de la más abierta dimensión como en el de más reducida trayectoria, gira la vida por iguales curvas. En aquéllos hemos de encontrar el dolor y el placer y también nuestro camino de perfección, al ascender a nuestro Monte Sacro, donde la voluntad resplandece, pero no la voluntad furiosa y ciega, como una loca fuerza de la Naturaleza, sino que se somete a las normas áureas de la inteligencia y del corazón. («Años de aprendizaje de Simón Bolívar», *La escondida senda*, Madrid, 1927, pp. 31-32).

Bolívar se vio a sí mismo en esta perspectiva, y produjo en 1820 un acertadísimo planteamiento del problema del funcionamiento del paradigma. Lo hizo en carta al Padre Francisco Javier Florido, de abril de ese año:

El acto literario que V.P. y el Rvdo. Padre Fr. Francisco Medina se han dignado dedicarme, es a la vez el testimonio más glorioso de la esclarecida virtud y patriotismo de los sagrados alumnos de San Francisco, y la prueba más evidente de la ceguedad de las pasiones impetuosas que inspira una gratitud sin límites, y una exorbitante bondad. Sí, reverendísimo padre, el sentimiento sublime que V.P. abriga en su pecho de lo grande, de lo heroico, de lo perfecto, le ha hecho mirar en mí, al través de los prestigios más lisonjeros, un hombre tal cual V.P. ha concebido el modelo, o quizá ha reconocido en sí mismo la imagen de ese magnífico modelo. V.P., prodigándome sus inagotables encomios, me ha colmado de méritos que no he contraído; de servicios imposibles para mí y de virtudes que no poseo. Así, V.P. ha hollado las débiles honras a que podía esperar; y lejos de ensalzar mi ambición, la ha humillado, presentándome como no puedo ser y haciéndome sufrir el contraste terrible de lo que realmente soy. Si V.P., menos profuso, me hubiera ofrecido un objeto que yo fuese capaz de alcanzar, podía agradecer como lección los honores que se me han tributado; pero, reverendo padre, V.P. me ha querido elevar tanto, que me ha reducido a la imposibilidad de seguir el arrogante vuelo de su genio. (*Obras completas*, vol. I, pp. 426-427).

NOTAS AL CAPÍTULO IV

1 Pedro José Rojas, «17 de diciembre». *La doctrina conservadora. Pedro José Rojas*, t. I, p. 432.

2 Juan Vicente González, «28 de octubre». *La doctrina conservadora. Juan Vicente González*, t. II, pp. 677-678.

3 *Fantoches*, Semanario humorístico fundado en 1923. Además de las frecuentes caricaturas con la imagen del Libertador, publicaba una sección constante titulada «Bolívar, cátedra popular», con fragmentos de su obra.

4 De una carta de «Jokanaán» (Joaquín Gabaldón Márquez) a Raúl Leoni, fechada en Caracas, 20 de octubre de 1928. *Joaquín Gabaldón Márquez, memoria y cuento de la Generación del 28,* p. 180.

5 Mario Briceño-Iragorry, *Mensaje sin destino*, pp. 109-110.

6 Pedro José Rojas, *Op. cit.*, p. 431.

7 Antonio Leocadio Guzmán, «El 17 de diciembre de 1842». *La doctrina liberal. Antonio Leocadio Guzmán*, t. I, p. 262.

8 Francisco González Guinán, *Historia contemporánea de Venezuela*, t. XII, p. 483.

9 Tulio Febres Cordero, «Sobre crítica histórica. La Revolución separatista de 1830». *Obras completas*, t. III, p. 197. Un pensamiento semejante exhibe Laureano Vallenilla Lanz cuando afirma que: «Sin estudiar con criterio libre de prejuicios todos los antecedentes que hemos anotado; sin aplicar a nuestra copiosa

documentación los métodos establecidos por los maestros de la ciencia, haciendo una crítica profunda de "Interpretación, de Sinceridad y de Exactitud", es de todo punto de vista imposible explicarse la reacción anti-boliviana, limpiar al pueblo venezolano de la mancha de ingratitud que han arrojado sobre él historiadores superficiales, demostrar las razones esencialmente humanas de aquella explosión de odio que se descargó sobre el Padre de la Patria, como el representante de un partido político». *Cesarismo democrático*, p. 39.

10 Francisco González Guinán, *Op. cit.*, t. XII, p. 486.

11 Juan Vicente González, «Mis exequias a Bolívar». *La doctrina conservadora. Juan Vicente González*, t. I, p. 454.

12 Ramón Díaz Sánchez, *Guzmán, Elipse de una ambición de poder*, p. 247.

13 Fermín Toro, «Descripción de los honores fúnebres consagrados a los restos del Libertador Simón Bolívar en cumplimiento del Decreto legislativo de 30 de abril de 1842. Hecha de orden del Gobierno por Fermín Toro». *La doctrina conservadora. Fermín Toro*, p. 351.

14 José María Vargas, «Discurso en la Junta General del día 3 de febrero de 1833, de la Sociedad Económica de Amigos del País». Laureano Villanueva, *Biografía del Doctor José Vargas*, p. 192.

15 José Gil Fortoul, Prefacio a la segunda edición de *Historia Constitucional de Venezuela*, vol, I, p. 8.

16 Mariano Picón Salas, *Los días de Cipriano Castro*, p. 160.

17 Juan Vicente González, «Mis exequias a Bolívar», *Op. cit.*, p. 444. Esta concepción del Bolívar que indica *lo que hay que hacer*, ha sido perfeccionada por J. L. Salcedo Bastardo: «Pero además de consignas y caminos se halla siempre en Bolívar un comienzo de ejecución y una pauta para la acción inmediata. Ello diferencia

radicalmente a Bolívar de los frustrados reformadores de América, cuyas reformas son meras declaraciones de principios». *Visión y revisión de Bolívar*, p. 385.

18 Tomás José Sanavria, «A sus consocios al terminar el trienio de la Dirección de la Sociedad Económica de Amigos del País de que estaba encargado en la Junta de Elecciones celebrada en 22 de noviembre de 1835». *Sociedad Económica de Amigos del País. Memorias y estudios, 1829-1839,* t. I, p. 121.

19 Jorge Luciani, «Palabras» pronunciadas en Nueva York, ante la estatua del Libertador, el 28 de octubre de 1928. *La Dictadura perpetua de Gómez y sus adversarios*, p. 32.

20 Juan Vicente González, «Mis exequias a Bolívar», *Op. cit.*, pp. 442-443.

21 *Ibídem*, p. 454.

22 José Luis Salcedo-Bastardo, *Visión y revisión de Bolívar*, p. 384.

23 Juan Vicente González, «Mis exequias a Bolívar», *Op. cit.*, p. 444.

24 *Ibídem*, p. 443.

25 Ramón Díaz Sánchez, «El Bolivarianismo de Cecilio Acosta». *Revista de la Sociedad Económica de Amigos del País*, Caracas, 24 de julio de 1962, vol. XXI, n.º 71, p. 235.

26 Joaquín Gabaldón Márquez, *El Bolívar de Madariaga y otros bolívares*, pp. 186-187.

27 Juan Vicente González, «Mis exequias a Bolívar», *Op. cit.*, p. 454.

28 *Ibídem*, p. 455.

29 Cristóbal Mendoza, «Prefacio. La primera Colección de documentos sobre la vida pública del Libertador». *Boletín de la Academia Nacional de la Historia*, Caracas, octubre-diciembre de 1941, t. XXIV, n.º 96, p. 418.

30 Cecilio Acosta, «José María Torres Caicedo». *Cecilio Acosta*, p. 491.

31 Cecilio Acosta, «Carta al Señor Don Florencio Escadó». *Op. cit.*, p. 474.

32 Cristóbal Mendoza, *Op. cit.*, p. 414.

33 José Alberto Espinosa, «Oración fúnebre en el Templo de San Francisco». Félix R. Fragachán, *Simón Bolívar*, p. 52.

34 Antonio Leocadio Guzmán, *Op. cit.*, p. 265.

35 Laureano Villanueva, «Al Padre de la Patria». *Biografía del Doctor José Vargas.*

36 Antonio Guzmán Blanco, «Discurso en el Panteón Nacional, el 24 de julio de 1883». Francisco González Guinán, *Op. cit.*, t. XII, p. 465.

37 Socorro González Guinán y Santiago González Guinán, *Historia de Venezuela para niños*, p. 54.

38 Antonia Esteller, *Catecismo de historia de Venezuela, desde su descubrimiento hasta la muerte del Libertador*, p. 48.

39 Juan Vicente González, «Mis exequias a Bolívar». *Op. cit.*, p. 452.

40 Laureano Vallenilla Lanz, «Discurso en el Congreso Nacional el 23 de mayo de 1930, en respuesta al Mensaje Especial de Juan Vicente Gómez». *El Centenario de 1930*, p. 9.

41 Luis Correa, «Juan Vicente González». *Terra Patrum*, p. 62

42 Juan Vicente González, «28 de octubre». *Op. cit.*, t. II, p. 676.

43 Antonio Leocadio Guzmán, *Op. cit.*, pp. 262-263.

44 Juan Vicente González, «28 de octubre». *Op. cit.*, t. II, p. 675.

45 Del artículo de *Alfa* (Antonio Guzmán Blanco) publicado en *La Opinión Nacional* (24-4-1882), con motivo de la crítica del Decreto de guerra a muerte hecha por Felipe Tejera en sus *Perfiles...* Francisco González Guinán, *Op. cit.*, t. XII, pp. 384-385.

46 Rafael Villavicencio, «Discurso de incorporación a la Academia Nacional de la Historia, 23 de mayo de 1900». Luis Villalba Villalba, *El Primer Instituto Venezolano de Ciencias Sociales*, p. 218. En

el «Manifiesto del Partido Liberal a la Nación», del 31 de julio de 1893, se expresa una idea semejante: «Colombia fue la hija primogénita de la Gloria, y Bolívar la personificación sublime de la independencia!». Domingo A. Olavarría, *Historia Patria. Décimo estudio histórico-político. Refutación del «Manifiesto Liberal» de 1893*, p. 17.

47 Del artículo de Alfa (Antonio Guzmán Blanco)... Francisco González Guinán, *Op. cit.*, t. XII, p. 385.

48 Francisco González Guinán, *Op. cit.*, t. XII, p. 463.

49 «Elogio a Bolívar en cien Palabras: ... Prócer Máximo del Continente; Héroe Excelso de la Historia del Mundo. Inteligencia cumbre, Corazón óptimo, Voluntad primera. Epónimo de América. Tu gesta superó al ciclo de Manco-Capac y al Periplo de Colón. Alma de Washington, Genio de Bonaparte, Probidad de San Martín, Osadía de Tupac-Amaru en tu espíritu se aúnan. Semidioses de Homero, Varones de la Biblia, Guerreros del Mahabarata, Héroes de Plutarco, Adalides del Romancero, Paladines de la Epopeya Venerad al Primogénito; Manumisor de tu Raza, Hacedor de Pueblos Libres. SIMÓN BOLÍVAR, Magno Libertador, Tu Gloria no tiene paralelo porque es la única que asciende perpendicular hasta Dios». *Revista de la Sociedad bolivariana de Venezuela*. Caracas, 28 de octubre de 1959, vol. XVIII, n.º 60, p. 496.

50 Santiago González Guinán, «Discurso en la Municipalidad de Caracas, el 12 de agosto de 1883». Francisco González Guinán, *Op. cit.*, t. XII, p. 481.

51 José Gil Fortoul, «Cartas a Pascual. Noviembre de 1898». *La Doctrina Positivista*, t. I, p. 235.

52 Diego Carbonell, *Escuelas de Historia en América*, p. 233.

53 Laureano Villanueva, *Op. cit.*, «Dedicatoria».

54 Cecilio Acosta, «José María Torres Caicedo», *Op. cit.*, p. 492.

55 César Zumeta, «Discurso pronunciado en la plaza Petion, de Caracas, el 10 de julio de 1911». *La doctrina positivista*, t. II, p. 311.

56 César Zumeta, «Carta a Laureano Vallenilla Lanz. Nueva York, 3 de septiembre de 1917». *La doctrina positivista*, t. II, p. 319.

57 «Bolívar, el Libertador por antonomasia». *Revista de la Sociedad Bolivariana de Venezuela.* Caracas, 28 de octubre de 1959, vol. XVIII, n.º 60, pp. 319-320.

58 Laureano Villanueva, *Op. cit.*, «Dedicatoria».

59 Ídem.

60 Enrique Bernardo Núñez, «La Historia de Venezuela». *Una ojeada al mapa de Venezuela*, pp. 231-232.

61 Tomás José Sanavria, *Op. cit.*, pp. 121-122.

62 Caracciolo Parra-Pérez, «Discurso de incorporación a la Academia Nacional de la Historia», Germán Carrera Damas, *Historia de la Historiografía Venezolana (Textos para su estudio)*, p. 365.

63 Pedro Arismendi Brito, «Discurso pronunciado en la Junta Pública y solemne del 4 de febrero de 1895, para conmemorar el primer centenario de Antonio José de Sucre». *Memorias de la Academia Nacional de la Historia*, t. I, p. 76.

64 Juan Vicente González, «Mis exequias a Bolívar», *Op. cit.*, t. I, p. 459.

65 Tomás Lander, «Reflexiones sobre el poder vitalicio que establece en su presidente la Constitución de la República de Bolivia». *La doctrina liberal. Tomás Lander*, p. 103.

66 Antonio Leocadio Guzmán, *Op. cit.*, vol. I, p. 261.

67 Cecilio Acosta, «Cosas sabidas y cosas por saberse». *Cecilio Acosta*, p. 142.

68 Juan Vicente González, «Mis exequias a Bolívar», *Op. cit.*, p. 457.

69 José Luis Salcedo-Bastardo, *Op. cit.*, p. 388.

70 *Ibídem*, pp. 388-389.

71 Mario Briceño-Iragorry, *Op. cit.*, p. 27.

72 Cecilio Acosta, «Carta al Señor Don Florencio Escardó», *Op. cit.*, p. 474.

CAPÍTULO V
LA HUELLA TENAZ DE UN FUNDADOR

El amor a Bolívar forma parte esencial del sentimiento de nacionalidad y no se concibe que pueda serse hijo de Venezuela sin ser bolivariano.

Juan Vicente González[1]

Repetidas veces se ha señalado, con admiración por muchos y con no escasa ironía por algunos, la extraordinaria intensidad y amplitud de la evocación bolivariana en la vida de Venezuela. El nuestro es un país que da la impresión de girar en torno a un nombre. No quiere decir esto que sea una peculiaridad venezolana el prestar grande y sostenida atención al héroe nacional. Quizá la peculiaridad nace cuando esa atención comienza a parecer exagerada. (Ver acotación n.º 1, p. 320).

Existe una respuesta a esta imputación, por cierto que altamente halagadora para la mente bolivariana: si nuestra vida se halla hasta ese punto subordinada al recuerdo heroico es porque su objeto es un héroe singular..., y seguirían los explicativos porqués acumulados por el pensamiento bolivariano a lo largo de la edificación del culto cuyas fases principales acabamos de estudiar sumariamente.

Pero sucede con el culto a los héroes algo que no deja de alertar el sentido crítico: por el mismo hecho de ser objeto de un culto, se acaba por no saber exactamente si el héroe crece en razón del perfeccionamiento de su culto, o si esto último deriva de la creciente significación propia del héroe. Aunque no sea posible precisar la importancia de las dos vertientes del fenómeno, sí es posible, en cambio, considerar que ambas están subordinadas a los intereses de todo orden de los hombres del presente, puesto que tanto el culto como el conocimiento del héroe son su obra, y que algo tiene que ver la dirección dada a este obrar en la importancia respectiva de las vertientes mencionadas. Así, el desarrollo y la consolidación de un culto heroico, obedientes a intereses que pertenecen al presente, podrá inflar la significación del héroe, y, al mismo tiempo, atraer sobre este una concentración tal de la investigación que de ella resulte su mejor conocimiento, y de este, nuevo brillo para su significación histórica, la cual, a su vez, alimentará el culto en crecimiento. Pero es prudente no desechar la posibilidad de que una investigación dirigida en función de un culto en desarrollo se aplique a satisfacer las necesidades del mismo, hasta el punto de producir una visión *ad hoc* del héroe. Una vez logrado esto será fácil justificar el culto respaldándolo con el *héroe construido*.

Mas, en rigor, esta noción de *héroe construido* bien podría equivalerse con la de *héroe histórico*, entendido este último como el producto del conocimiento histórico del *héroe real*, ya desaparecido. Lo cual obliga a admitir la posibilidad de que el *héroe construido* y el *héroe histórico* coincidan, como también la posibilidad contraria.

Cabe observar, sin embargo, que esta última coincidencia parece más factible cuando el *héroe construido* es resultado del estudio histórico, entendido como actividad científica *no expresa* o exageradamente subordinada a intereses diferentes de los propios del conocimiento. La irrupción de factores francamente emocionales, como los que componen un culto, parece proclive, por naturaleza, a perturbar el carácter científico del conocimiento. No en balde se apartan y se protegen, decretándolas asunto de fe, las cuestiones relativas a la divinidad religiosa, objeto de culto.

Por todo esto cabe suponer una fuerte relación de dependencia entre la presencia actual de un héroe y la calidad del culto de que es objeto. Es igualmente legítima la posibilidad de que ese héroe objeto de culto responda más a su papel semirreligioso que a su realidad histórica. Por ello ha sido posible, de hecho, la existencia de dos planos en ese culto: primeramente el que se ubica sobre todo en el terreno de la fe, que podría designarse como el *culto popular,* aunque esto no lo limita socialmente, y, en segundo lugar una forma del mismo culto que intenta racionalizarlo, sin que ello implique necesariamente la pretensión de sacarlo por completo del ámbito de la fe, y mucho menos que se consiga tal cosa. Esta versión, apta para mentalidades más desarrolladas en el orden de la cultura, podría designarse como *la vigencia del héroe.* Poca perspicacia se necesita para advertir la maraña de relaciones que puede existir entre ambas formas, aunque no sea más que por su común origen. Esa maraña interrelacionante puede ser tan densa y enrevesada que quizá resulte imposible —y hasta escasamente revelador— el intentar desenredarla. Imposible, por la simultaneidad de las dos fases del culto; escasamente revelador, por cuanto todo intento de fijarle un punto de partida al proceso resultaría, seguramente, convencional, controvertible o aventurado, y distraería la atención del aspecto más significativo del proceso, que es justamente esa interrelación que se habría intentado resolver.

Pero esto último reclama algunas aclaraciones. En buen sentido histórico sería posible afirmar que en el punto de partida de todo el proceso está el héroe como personaje, es decir como realidad. Sin embargo esa misma realidad histórica del héroe es ya un producto complejo, en el cual se conjugan cuando menos tres elementos: el hombre, el significado de su acción como expresión de un anhelo colectivo que le es contemporáneo, y la proyección que sobre él se hace, de inmediato, de los rasgos del proceso precedente en cuya cúspide se sitúa el héroe. Es decir que no sería del todo descabellado pensar que ya en su nacimiento como tal el héroe es él mismo y algo más. Por esto último no entendemos solamente lo que suele llamarse la *circunstancia,* en el sentido de ambiente histórico, sino también la parte de los demás hombres que se realiza o se proyecta en ese héroe naciente.

De allí que sea legítimo pensar que la existencia del culto heroico testimonia no solo —y quizá ni siquiera principalmente— del homenaje rendido a quien se deben servicios extraordinarios. Testimonia también –y quizá de manera principal– de la proyección al presente –real o impuesta– de las circunstancias ya apuntadas en que se prestaron esos servicios. Y de esta manera el héroe así formado será un punto de referencia para el presente; seguramente un punto de consuelo o de acicate, como hemos señalado en los capítulos anteriores; quizá un principio de explicación, como nos proponemos estudiarlo ahora. No sin antes observar, sin embargo, que tal función como principio de explicación no es menos válida para las exigencias de la fe que para las de la razón, aunque las respuestas difieren en su expresión, permaneciendo idénticas en su fundamento.

Por eso habremos de ocuparnos en este capítulo del culto de un pueblo y de la vigencia de un Héroe.

EL CULTO DE UN PUEBLO

Cuando el 17 de diciembre de 1842 Caracas y toda Venezuela acogieron solemnemente los restos repatriados de Bolívar, no solo afirmó su presencia de derecho en la vida política nacional su más fecundo tema, sino que se dio nuevo impulso a una admiración popular apenas mellada por la reacción antibolivariana de 1830. Aquel acto de gobierno, certeramente cumplido por José Antonio Páez y la burguesía agraria y comercial, representada por su entonces sector más conservador, tenía demasiada significación política como para que no fuese disputado el mérito de haberlo promovido. Así como Páez se esfuerza por hacerlo aparecer obra de su espíritu justiciero y de su nunca desmentida admiración por el Libertador, de tal manera que el Decreto legislativo que lo autorizó sería efecto de su decisión, asimismo los opositores del caudillo se afanan en atribuirse la condición de promotores del hecho, gracias a la presión ejercida por la opinión pública sobre el Gobierno. Entre esos opositores es su capitán del periodismo, Antonio Leocadio Guzmán, quien forja la doctrina, muy acorde con el tono popular que comenzaba a impartirle a la política venezolana

el Partido Liberal: el repatriamiento de los restos será, pues, obra de
«la voluntad de la nación, convertida [en] ley». Pero, esa voluntad que
ha «vindicado nuestro carácter, ha rescatado la verdad y la justicia, ha
redimido la gloria de Venezuela y de América», es, en el fondo, la del
pueblo que «(...) con millares de demostraciones patrióticas y sublimes,
se ha hecho digno de la más grande y noble de las propiedades: *de las
cenizas de Bolívar*»[2].

Cuando hubo terminado aquella función «(...) preparada por un
pueblo entero con asiática suntuosidad para recibir por la última vez
al padre más querido»[3], entró en una nueva fase la expresión del ca-
riño y admiración que el pueblo venezolano había sentido crecer en
medio de los hechos de una guerra que fue larga, sangrienta y azarosa,
durante la cual sus arraigados anhelos de libertad e igualdad, confun-
didos al fin en el más general de independencia, acabaron por perso-
nificarse en un caudillo infatigable y rico en recursos, que supo guiarlo
a la victoria.

> Aquí comienza la transfiguración del Héroe —observa Ramón Díaz Sán-
> chez—. Ahora es el Mito, el Paladión de la idea nacional. El pueblo que es
> ingenuo y sincero y que sabe ignorar las intrigas del egoísmo, sabrá despo-
> jarlo también de todo aparato superfluo. Su nombre es, en la mente del
> pueblo, la encarnación de un gran sueño poético[4].

Pero un sueño que, más que eso, es el recuerdo colectivo de sus
propias hazañas, de sus sacrificios sin límite: el reflejo de su propio valor. Por eso le ama «(...) por encanto, con un amor puro, indefinido,
mágico, como la grandeza de Bolívar»[5].

El amor del pueblo por su héroe representativo, así expresado,
no podía ser un sentimiento estático, como no lo han sido jamás los
afectos populares. Rápidamente se convierten estos en expresión de
anhelos y por lo mismo en palancas de la acción consiguiente. No es
que tales afectos muevan al pueblo, sino que todo el agitarse de este
se concentra en aquellos en forma simbólica, porque constituyen la

revelación de su propio poder, de su propia capacidad no ya de desear sino de realizar. Así lo comprendieron quienes tenían el oído y la mente puestos en el pueblo: «Como lo previeran los líderes liberales, el sentimiento popular busca en la figura del Libertador el símbolo de su protesta»[6].

Mas el símbolo del sentir popular −acabamos de decirlo− es también palanca de su acción, posee la virtud de galvanizar los espíritus, de fomentar la decisión, de incitar al arrojo. Pero tiene, sobre todo, la virtud de condensar un programa de lucha que de otra manera podría ser ardua tarea la de inculcarlo a una conciencia popular analfabeta y difícilmente accesible en una Venezuela semiprimitiva, en la cual son rudimentarios o escasamente eficaces los medios de difusión de las ideas (quizá sea todavía el púlpito −como en los tiempos coloniales− el más efectivo de todos). Pero las palancas de acción pueden, al cabo, trocarse en medios para actuar sobre el pueblo, guiándolo por caminos varios gracias a lo expresivo del símbolo y a lo elemental de las conciencias sobre las cuales se ejerce su influjo. Esta parece ser verdad vieja, y más de un demagogo, más de un dictador, incluso, lo ha comprendido. No se trata, en ese caso, de una manera de despertar o de formar conciencia, sino más bien de un sustitutivo de la misma. Así parecen haberlo entendido los dirigentes del liberalismo, y entre ellos Antonio Leocadio Guzmán, según el análisis histórico de Ramón Díaz Sánchez:

Él sabe que las masas incultas no entienden de filosofía, de moral ni de economía, y que sólo reaccionan con el sentimiento. Hay, pues, que explotar esta fibra. No basta revisar los errores que al fin y al cabo son hechos negativos y se esfuman en la repetición de las cifras y los razonamientos. Para que el sentimiento del pueblo se mantenga fijo en torno a ellos, es preciso crear una figura simbólica capaz de darles objetividad, pero no ya como la síntesis de una negación, sino como un arquetipo contrario, como un súmum de los anhelos creadores que alientan en el espíritu nacional. ¿Cuál sería esta figura? Guzmán no tiene que meditarlo mucho. No hay que tomarse el trabajo de fabricarla porque está allí, viva en el corazón de las gentes, hundida bajo el peso de la torpe reserva oficial. Es Bolívar, el gran traicionado, a quien poco a poco el instinto multitudinario ha ido reivindicando del olvido a que le han relegado[7].

Y si en este cálculo basó su agitación antes de 1842, con más razón cuando, pese a los esfuerzos del gobierno paecista, consigue presentar la repatriación de los restos del Libertador como un éxito popular alcanzado bajo la orientación liberal.

La lección fue aprendida, y se convirtió en arma reglamentaria del arsenal de los liberales radicales, sin dejar de ser por ello igualmente utilizada por sus opositores, declinantes después de la Guerra de Federación. Con el acceso del Partido Liberal al poder pudo reunirse en unas mismas manos el uso del prestigio del Libertador como consigna de arraigo popular y como palanca para accionar sobre el pueblo. Antonio Guzmán Blanco supo conjugar hábilmente ambos usos, y en más de una ocasión dio muestras de celo a este respecto. Lo mismo intervino por la prensa, bajo el seudónimo de *Alpha*, para refutar lo que consideraba un atentado a la gloria del Libertador, que se afanó en la celebración de grandes festividades en su honor. Pero sin perder de vista los beneficios políticos e ideológicos que podía derivar del carácter popular del culto al Libertador, como lo prueban las palabras que pronunció al pie de su estatua, en la Plaza Bolívar, el 24 de julio de 1883:

> Venimos de rendir al Padre de la Patria el culto del patriotismo. Ese culto que ha hecho a Venezuela gloriosa y que le responde de todos sus grandes destinos.
>
> ¡Viva el pueblo de Venezuela! ¡Viva por su gratitud al Padre de la Patria![8].

Todos los gobiernos, todos los gobernantes, han usado y abusado de este sentimiento popular, apoyando en él su política o derivando de él algo de prestigio para sus posturas desasistidas de brillo propio. El arte de asociarse a la gloria del Libertador, para penetrar subrepticiamente en el sentimiento popular, quizá llegó a su culminación con Juan Vicente Gómez, el paralelismo cronológico de cuya vida con la del Libertador, real o fabricado, fue empleado como aureola para enaltecer su figura de libertador económico y pacificador del país, como le nombraban sus áulicos. A su muerte, Jesús Antonio Cova escribió en el periódico oficial *El Nuevo Diario*:

> Hombre de Plutarco, el General Gómez –quien en todo momento sostuvo con honra y con decoro la bandera de la República– traspasa las sombras de la Eternidad en día signado por la fatalidad para Venezuela: el día del aniversario del tránsito del Libertador y Padre de la Patria, a cuyas efemérides gloriosas por un designio providencial, estuvo también unida su vida, desde la propia fecha de su natalicio[9].

¿En qué se fundaban estas maniobras? Tenían por base la incuestionable existencia de un vivo sentimiento bolivariano en el pueblo de Venezuela. Un sentimiento que, además de poseer la solidez extraordinaria que le daba su histórico fraguado, era también estimulado permanentemente por las más diversas vías. Todo en la vida cotidiana del pueblo contribuía a recordarle la gloria de Bolívar. Esta permanente e intensiva difusión de todo lo relacionado con la vida y la obra de Bolívar constituye el componente mayor de nuestra fórmula cultural de todos los tiempos de la República a partir de fines de la guerra de Independencia, y muy pronto alcanzó niveles tales que, ya en 1883, Santiago González Guinán pudo decir en la Municipalidad de Caracas: «(...) Hoy es él asunto de la lira y del pincel, tanto en el esplendor olímpico de su grandeza como en los detalles más nimios de su fecunda existencia»[10].

Era, además, un sentimiento *enseñado*. Esto se hacía de tal manera que no solo se divulgaban los méritos del héroe, sino que de paso se inculcaba una interpretación de los mismos cargada de predestinación y superioridad, propia para fomentar el sentimiento de admiración ya presente. Se prestaba muy bien para tales fines el sistema didáctico del catecismo, mediante cuyas preguntas y respuestas era posible catequizar la mente del estudiante con marcado exclusivismo y sin riesgo de estimular su espíritu crítico, mucho menos de ayudarlo a nacer. Tal era el método empleado en las escuelas venezolanas en la segunda mitad del siglo XIX y comienzos del presente. De él tenemos buena muestra, por cierto que las más depuradas, en el elaborado por Rafael María Baralt y Manuel María Urbaneja. Allí se dice, con referencia a la misión a Londres, encomendada a Simón Bolívar, Luis López Méndez y Andrés Bello:

> M. ¿Quiénes eran esos comisionados?
>
> D. El principal era el Coronel Simón Bolívar, a cuyos esfuerzos e ingenio se debió después no sólo la independencia de Venezuela sino la de casi toda la América del Sur, y cuya gloria se elevó hasta ser la primera y más brillante del Mundo de Colón.
>
> M. Decid algo más de ese hombre extraordinario.
>
> D. Nació en Caracas el año de 1783 de familia principal y rica, viajó siendo aun muy joven por Europa y habiendo perdido en Madrid a su esposa volvió a Venezuela con el grado de teniente de milicias de los Valles de Aragua. Ligábale con Emparán grande amistad, y ya por esto cuanto porque no consideraba el país maduro para una revolución, tomó poca parte en la del 19 de abril y en las intentadas antes de ésta. Dado el golpe sin embargo y comprometidos sus amigos y el país, no excusó ni la persona ni los bienes, y llegó a persuadirse que iban a realizarse las ideas de libertad y gloria que había soñado para la Patria desde su más tierna juventud[11].

Los efectos de semejante enseñanza, anecdóticamente presentados por Mariano Picón Salas[12], contribuyeron a preparar el terreno para la edificación de la que es versión organizada y oficial del sentimiento popular hacia Bolívar. Nos referimos al «... bolivarianismo, actitud moral y sentimental, religión exclusiva de un pueblo que sintió desde sus albores la necesidad de constituirse, de crecer, de penetrar

en el porvenir bajo tu amparo [el autor se dirige a Bolívar] y guiado
por las luminarias de tu vida portentosa y de tu acción creadora», según la definición dada por Luis Correa en 1939[13].

Tratábase, por cierto, de una «religión exclusiva», que nacía del
pueblo porque correspondía a su más íntima naturaleza, a su modo
de sentir la gloria de los grandes hombres, según una sorprendente
cuanto absurda interpretación racista del culto heroico:

> Un 90 por ciento del alumnado de nuestros centros docentes son de raza
> mestiza y debido a esta influencia étnica sobreponen los héroes y hechos
> históricos de la Patria por sobre [sic] todos los demás acontecimientos de
> la humanidad, es decir, son exclusivistas en grandeza y heroicidad, y aún
> más, supeditan [sic] el héroe regional a los mismos grandes hombres de su
> Patria[14].

Pero esto que un pedagogo explica étnicamente ha sido denunciado como tendencia a suplantar la lucha ideológica por la lucha de
los hombres símbolos, sin que ello quiera decir, necesariamente, que
el hombre-símbolo resuma para la conciencia del pueblo todo un programa ideológico. No es necesariamente así, porque no lo es tampoco
el que tras tantos nombres hubiese programa alguno, y ni siquiera
sentimiento arraigado históricamente como en el caso de Bolívar. Esta
forma de la lucha política, equivocadamente vista por los publicistas
venezolanos del siglo XIX como expresión de nuestro atraso político
e ideológico, parece corresponder a un fenómeno más general de sustitución de las ideologías por el prestigio personal del jefe, como ha
quedado demostrado en épocas recientes por las dictaduras, y lo es
aún hoy por las rehabilitadores. En ese fenómeno parece ser una tendencia comprobada la disminución de la importancia de las ideologías
en función del ascenso del prestigio personal del jefe.

Por eso se equivocaba Domingo A. Olavarría, si es que no obe-
decía a muy precisos fines partidistas y al olvido de los propios peca-
dos de igual género que los atribuidos por él al adversario, cuando

denunció la tendencia al personalismo como exclusiva de sus opositores. Retengamos el testimonio, no obstante, como probatorio del
sostenido auge del fenómeno de suplantación de las ideologías por el
prestigio del conductor:

> (...) en los titulados liberales entre nosotros, siempre ha prevalecido el es-
> píritu del personalismo. Las causas políticas vinculadas en los hombres: los
> principios de esas causas relegados á letra muerta en las olvidadas páginas de
> uno que otro libro: para las ideas, nada: para las personas todo.
> Bolívar la personificación de la independencia – Bolívar la personificación
> de Colombia – Páez, mientras les convino, la personificación de la «edad
> de oro» – Monagas la personificación del liberalismo criollo – Falcón la
> personificación de la Federación – Guzmán Blanco, la personificación Re-
> generadora y Pacificadora, y de los Ilustres de América![15].

Cualesquiera que sean su o sus orígenes, sin que importe tampoco la legitimidad de sus expresiones, es indudable la presencia de
un sentimiento popular de respeto y de admiración por la gloria de
los grandes hombres que simbolizan la potencia y la capacidad de todo un pueblo, por ser su figura histórica estímulo para la evocación
de grandes hechos colectivos. Otras cosas, diferentes pero históricamente comprensibles, son los usos aviesos que hayan podido hacerse
de ese factor de la conciencia nacional, partiendo de una comprobación cuya apariencia inocua no ha dejado de disimular empresas
no siempre acordes con la grandeza en que se amparaban: «(...) De tal
manera la historia universal para el mundo y la nacional para cada
país constituye tesoro espiritual de necesidad invalorable. En tal aspecto, los héroes, los sabios y los artistas, y sus acciones y sus obras,
son patrimonio común. Debe el pueblo venerarlos y el gobierno cui-
darlos»[16].

He allí enunciados los dos componentes del culto heroico: veneración y cuido. La primera, naciente de la historia del pueblo, como
ya hemos visto, permite que el ejercicio de los cuidados adquiera par-

ticular importancia según sus implicaciones de orden social, político o ideológico. Son estos cuidados oficiales los que han dado al culto heroico carácter de fuerza política, destinada a actuar sobre una conciencia nacional popular favorablemente dispuesta a recibir su influjo por obra de la veneración auténtica. Son numerosísimos los ejemplos que podrían citarse al efecto. En realidad, han sido mencionados muchos en las páginas precedentes. De ellos quizá sea el más logrado el representado por el celo puesto bajo la dictadura de Juan Vicente Gómez en la materia, celo que ha permitido decir de él que:

(...) fue un auténtico bolivariano y sintió la grandeza y el genio del Libertador. Se jactaba de ser –y áulicos y favoritos lo pregonaban en todos los estilos– el Presidente bolivariano por excelencia, tal como el Libertador lo había concebido en su Constitución vitalicia. Se consideraba fideicomisario de su gloria. Reconstruyó la casa natal de Bolívar, adornándola con frescos coloristas que fueron encomendados a Tito Salas, restauró el Panteón donde reposan sus restos, protegió con una verja el Samán de Güere, que lo había cobijado. En el páramo de Mucuchíes, a cuatro mil metros de altura, hizo levantar un monumento conmemorativo de la «Campaña Admirable». Refería con emoción: «Por aquí pasó Bolívar, por aquellos caños lo acompañó Páez, en aquella casita durmió, entre estos árboles colgó su chinchorro la noche anterior a San Mateo», revelando un conocimiento efectivo del Héroe[17].

Para comprender mejor el sentido de estos cuidados oficiales, no debe olvidarse que si bien el acto inicial del culto en su fase organizada, o sea la repatriación de los restos de Bolívar, fue presentado como un triunfo del pueblo, como hemos visto, a ese triunfo estuvieron asociados desde el primer momento los cuidados oficiales. No en balde cuando se hicieron gestiones privadas para esa repatriación «el gobierno venezolano, como tocado por un resorte, manifestó que esos huesos pertenecían a la Nación y no podían ser traídos como los de un cualquiera»[18].

De esta manera, si al estudiar el proceso histórico del culto a Bolívar es posible concluir que este ha culminado en una transformación sufrida por el inicial *culto de un pueblo*, expresado en términos de amor y veneración popular por el Héroe, no puede decirse, en cambio, que la fuerza que ha operado esa transformación en un *culto para el pueblo* no haya estado presente en todo el proceso. La mutación cualitativa ha sido producida por la sistematización y el incremento de los cuidados oficiales.

Pero esta mutación no ha significado, no obstante, la desaparición de las formas puras del culto de un pueblo. Estas se han replegado, refugiándose en el santuario histórico de lo popular: el folclore.

La expresión folclórica del culto a Bolívar ha sido estudiada por Gustavo Luis Carrera en un ensayo inédito titulado *Bolívar y los signos de una nueva identidad intelectual y literaria*. El autor constata que la imagen de Bolívar comparte con las de santos la veneración de los campesinos, y que para estos «... no se trata de un superficial acatamiento de consignas oficiales fetichistas», sino que «se advierte una verdadera compenetración emocionada con la persona y la gesta del prócer Libertador». Según el autor,

> Puede hablarse con toda propiedad de un culto popular, de bases y vías folklóricas, a Simón Bolívar. Sus manifestaciones se patentizan de modo especial en la poesía tradicional: tal vez el mejor vehículo para la veneración emocionada y la exaltación heroica. Sus expresiones son diversas, enriquecidas sin cesar por nuevas creaciones poéticas y populares y por renovados enfoques del personaje y su significación.

De este estudio se desprende que el culto popular expresado en el folclore ve a Bolívar, sobre todo, como el Libertador de Venezuela del dominio español, el Libertador de los esclavos, la cúspide de la fama del venezolano, paradigma de virtudes, e inmortal.

Interesa para nuestros fines subrayar un hecho que según el autor:

(...) no deja de ser notable: en un país donde la propaganda oficial se ha esforzado empeñosamente en crear, mantener y pulir el culto ortodoxo a Bolívar, y sobre todo a los aspectos de su personalidad que interesa destacar, el pueblo ha recurrido a su propio modo de venerar una figura que le resulta sinceramente digna de recuerdo ejemplar[19].

Esta expresión folclórica del culto popular al Libertador corresponde básicamente a la que ha sido definida por Charles Guignebert como característica de las prácticas religiosas populares. Dice este investigador de la historia de las religiones que:

> Por instinto, o, si se prefiere, por incapacidad intelectual para proceder de otra manera, el pueblo, que no ha aprendido y no sabe reflexionar, se adhiere siempre, hasta en las sociedades muy refinadas, a una concepción y una práctica religiosas que no corresponden exactamente ni a las enseñanzas de la religión oficial, ni a la mentalidad de sus ministros ilustrados, ni a la representación de sus dogmas y preceptos que prevalece entre los fieles cultos, [pues el pueblo] y particularmente el del campo, no hace nunca tabla rasa en sus creencias y de sus ritos; los adapta espontáneamente a la religión nueva que se le impone, o bien, si ésta los rechaza, los esconde en el fondo de su conciencia y en el secreto de su vida, en los que perduran en estado de supersticiones activas[20].

La santificación de Bolívar sería buen ejemplo de lo observado por el historiador francés, pues cuando un campesino pide a Bolívar el milagro que debía pedir al Santo, expresa con su gesto devoto la supervivencia de un *culto del pueblo* que marcha aparte y hasta en contra del que ha sido estructurado como un *culto para el pueblo*.

La conversión del *culto de un pueblo* en un *culto para el pueblo*, con la relegación primero al ámbito de lo folclórico como expresión típicamente popular, ha significado mucho más que un cambio en la estructura del culto, al volverlo parte de las funciones del Estado y por lo mismo objeto de reglamentación y de administración. Ha determinado, también, consecuencias que atañen al objeto mismo del culto. Son las naturales repercusiones del culto sobre su objeto, a que nos referimos al comienzo de este capítulo. Ellas han producido una transformación de la figura que hoy alienta en el folclore, un tanto vaga, hecha más de sentimiento que de comprensión, en una figura nítidamente dibujada, cuyos rasgos obedecen justamente a las finalidades a que se le destina. El Bolívar elaborado para servir de centro a un *culto para el pueblo* difiere del que ese mismo pueblo concibe estimulado por su imborrable memoria histórica.

No son pocas las consideraciones que pueden hacerse acerca del Bolívar así elaborado, ni son de escasa significación. Las hay de orden religioso, de orden ideológico y hasta metodológico. Pero quizá las más elocuentes, por su inmediata y considerable trascendencia histórica, son las de orden social y político. Les atribuimos esta destacada importancia por cuanto es gracias a ellas como el culto a Bolívar se ha convertido en factor activo de la vida del pueblo en el plano de su quehacer histórico general.

Ese Bolívar formado para el culto popular corresponde al que fuera definido en capítulos anteriores como Padre de la Patria, juez censor, guía y refugio. Según esa imagen, como ya hemos visto, de Bolívar recibimos entre otros valores dos que hablan muy elocuentemente a la conciencia popular: la libertad y la igualdad, concretadas históricamente en un Libertador que rompió las cadenas hasta de los esclavos... Si esa preciosa donación no se ha podido implantar y extender entre nosotros como él lo deseara, si no hemos sabido o podido disfrutar de ella, consolidarla o lo que se quiera, esta es nuestra culpa presente. (Se admite así la realidad ambiente y se presta verosimilitud al argumento). Pero lo realmente principal, lo que es objeto de énfasis y hasta de delirios patrióticos, es que, según ese criterio, hoy no tendríamos que luchar por conseguir esa libertad y esa igualdad, por la sencilla razón de que las poseemos, y donadas, ni siquiera conquistadas por nuestro esfuerzo. (Bolívar nos hizo libres e iguales). De esta manera el culto a Bolívar se vería convertido en freno puesto a toda

veleidad de lucha social, por vana e injustificada. El conflicto entre la
perfección de lo recibido y lo imperfecto de su disfrute se reduciría a
una cuestión de organización, según los constitucionalistas; de educación, según los pedagogos; de inspiración, según los poetas; de moral,
según los moralistas, etc.

Pero esta versión del culto no solo frena o endereza rebeldías
sino que brinda a los rebeldes un refugio donde rumiar su derrota.
Con la circunstancia, favorecedora de estos efectos, de que ese Bolívar
no es artificial, sino que se le decreta, desde el comienzo mismo de su
culto, como obra del propio pueblo que ayuda a embridar, si admiti-
mos que...

> La transformación mítica que del héroe realiza el pueblo exaspera a los que
> no son capaces de intuir las aspiraciones ocultas que así se transforman en
> idolatría histórica y la fuerza social que representa, en medio de los natu-
> rales infortunios que tiene la historia de todo pueblo, ese repliegue de la
> conciencia colectiva en busca de una visión reconfortante y pura[21].

Esta última tesis se propone un objetivo nada insignificante:
atribuye al pueblo la responsabilidad original de lo mismo que se le
inculca e impone, y cuya práctica se ha hecho merecedora, en no
pocas ocasiones, de la sentencia unamuniana: «(...) Los esclavizadores
saben bien que mientras está el esclavo cantando a la libertad se con-
suela de su esclavitud y no piensa en romper sus cadenas»[22].

Y no se atribuya a esfuerzo de nuestro análisis lo que ha sido
visto y proclamado con aceptación por los promotores más calificados
del culto bolivariano para el pueblo:

> Larrazábal al endiosar a Bolívar hacía obra patriótica –dice Luis Correa–,
> pues complacía al instinto popular en su deseo de hacer del Libertador un
> símbolo de la nacionalidad venezolana; un mito viviente, algo que reflejara
> ante las multitudes el esplendor de una gloria sin par, un arquetipo del hé-
> roe en pose homérica, divinizado, deshumanizado[23].

Mas, ¿no cabría preguntarse acerca de la congruencia entre lo anhelado por el «instinto popular» y el Libertador que se le *hacía* para satisfacerlo? En todo caso, se advierte una diferencia entre la exaltación retórico-literaria de ese *héroe hecho* y sus significados menos ostensibles por ocultos pero más significativos por eficaces.

El Bolívar hecho para el pueblo, en el sentido que nos ocupa, tiene su origen en la figura del «sembrador de principios», aquel que en el pasado y en el presente «no cesa de sembrar generosas ideas, principios liberales, la educación republicana que ha producido las constituciones de la América del Sur», como lo proclamaba Juan Vicente González en 1839[24]. Esos principios son los más apropiados para recoger las aspiraciones populares y para encauzarlas, y forman los atributos del Bolívar eje del *culto para el pueblo*.

El resultado ha sido un Bolívar que, entre otros rasgos, es demócrata hasta simbolizar la Democracia, revolucionario, moral y católico. Las dos primeras cualidades parecen las más indicadas para responder al «instinto popular», las segundas para satisfacer las exigencias de un culto rector del mismo.

La condición de demócrata en Bolívar ha sido objeto de una prolongada demostración, nacida de la necesidad de refutar los cargos de monarquismo que se le hicieron al calor de las exigencias de la lucha de facciones que rodeó la disolución de la República de Colombia. En su curso, la afirmación de la fe democrática del Libertador ha respondido a necesidades circunstanciales de diversa índole. Al cabo, y a juzgar por los testimonios, parece haber alcanzado un altísimo grado de aceptación, pese a que aún se escucha alguna voz disonante en este concierto que calificamos de notable y ya veremos por qué. Conozcamos antes algunos de esos testimonios:

La significación democrática de Bolívar fue invocada por Francisco Machado el 14 de octubre de 1858, en la Convención Nacional de Valencia, cuando se debatía sobre el artículo del proyecto de Constitución que fijaba los requisitos para la elegibilidad de los diputados, con clara intención igualitaria:

El Padre de la Patria, el gran Bolívar, que muchas veces fue calumniado de profesar principios monárquicos, fue, sin duda, mucho más demócrata que algunos de los que aquí ostentan practicar la democracia. Lo prueba su discurso, al presentar, al Congreso de Perú, el proyecto de Constitución que se llamó Boliviano. En él dijo: *Saber y honradez es lo que se necesita para el buen desempeño de las funciones públicas, no dinero*. (Aplausos). En efecto, con saber y honradez, ¿quién no desempeñará bien el destino de diputado del pueblo? Y en este caso, ¿para qué es necesaria la renta? Y si no hay inteligencia, si falta la honradez, ¿para qué sirve el dinero? ¿Qué garantía puede prestar éste en un mal ciudadano, en un diputado sin virtudes? Convengamos en que el Libertador tuvo razón, cuando sentó este principio cardinal de la democracia, que debieran venerar los verdaderos demócratas[25].

Por su parte, César Zumeta no halló incongruente exaltar la obra democrática de Bolívar en presencia de Juan Vicente Gómez, como lo hizo en la plaza Petión de Caracas el 10 de julio de 1911, al decir que Bolívar «(...) salió a hacer posible la estupenda labor de la democracia en el siglo XIX; labor entonces irrealizable, si no la hubiera estribado del Ávila al Potosí aquel hijo de Caracas, en los flancos y contrafuertes del continente»[26].

La condición democrática del Libertador fue robusteciéndose en el reconocimiento general, de tal suerte que salió indemne incluso de la más radical revaloración de que ha sido objeto la historia de Venezuela en lo que va del siglo. Nos referimos a la nueva postura crítica surgida del naciente pensamiento marxista aplicado a la comprensión de nuestra historia. Mientras muchos aspectos de la misma adquirían perfiles diferentes de los tradicionales bajo la nueva luz, la democracia del Libertador no solo no sufre desmedro sino que es objeto de una reivindicación y de una defensa rayanas en la justificación. Eso hizo Carlos Irazábal, en 1939, cuando, partiendo de la necesidad de vindicar a Bolívar de los cargos de que fuera objeto en su ocaso político, admite para refutar y comienza a justificarlo de la imputada inconsecuencia:

Propició, en efecto, Bolívar un ejecutivo fuerte y vitalicio: «la monarquía sin corona», un poder moral de ejemplar actuación que sirviera de freno a las ambiciones del titular del Poder Ejecutivo. Todo ello sin duda son restricciones a la democracia; pero en esencia para el Libertador la democracia era la forma ideal de gobierno. En él esas restricciones tenían un carácter transitorio[27].

Para, más adelante, explicarlo históricamente, con base en la admiración que Bolívar sentía por el sistema de gobierno inglés:

> Por otra parte, el sistema de gobierno inglés, no obstante su forma monárquica, era para entonces, como todavía lo sigue siendo, un régimen más democrático que las monarquías absolutas y que las repúblicas, formales solamente, de nuestros países. Por su contenido democrático, por la estabilidad política que Bolívar consideraba efecto de ese sistema de gobierno, fue por lo que Bolívar quiso imitarlo en las naciones recién creadas. Pero en ningún caso por simpatías hacia gobiernos autocráticos. Si así no hubiera sido, sus simpatías políticas habrían debido mostrarse por las autocracias que por cierto, en su época, abundaban en Europa y en el mundo.

Solo que «(...) se equivocaba el Libertador cuando creía que la eficacia, la estabilidad y el democratismo del gobierno británico, dependían del carácter vitalicio del Jefe de Estado»[28]. Tras lo cual llega Irazábal a la conclusión deseada: «En consecuencia, la simpatía de Bolívar por la forma de gobierno inglés no prueba su vocación autocrática, sino antes bien, su indiscutible vocación democrática»[29]. Así, la prueba acusatoria se vuelve favorable al acusado y este sale fortalecido en su significación democrática.

Semejante consenso permitiría pensar que, al menos hasta el presente, el democratismo de Bolívar queda fuera de duda, si bien, en casos extremos, haya que apreciarlo en forma de un democratismo básico. Pero sorprende, entonces, que todavía se crea necesario reafirmar ese democratismo, a la manera de Ángel Francisco Brice, por ejemplo, en 1959, cuando hizo a Bolívar tributario de la concepción liberal de la Democracia: «Fue un demócrata, porque en todas sus concepciones constitucionales colocó por encima de todo la soberanía popular y la elección directa y universal. Si la democracia es el gobierno del pueblo y para el pueblo, nadie mejor que Bolívar aplicó el postulado»[30]. ¿Qué motiva esta afirmación, demasiado enfática para convenir a la materia? Probablemente la persistencia, todavía combatiente, de la tesis que no solo no ve en Bolívar la imagen de la Democracia, sino que lo considera contradictorio con ella, aunque ahora bajo un nuevo aspecto, pues Bolívar aparecería como una especie de campeón de la democracia a pesar suyo. Así lo presenta Enrique Bernardo Núñez cuando, al negar la designación de Boves como «primer jefe de la democracia venezolana», afirma que: «Lo fue en todo caso Bolívar, aunque no creyese en la democracia, y aun la considerase funesta como sistema de gobierno»[31], versión esta que sería, vista críticamente, más afinada y reveladora que el simplista «gran señor autoritario y demócrata»[32] concebido por José Gil Fortoul.

El Bolívar creado para el pueblo es también un revolucionario, y al serlo representa la perfección en este orden de las aspiraciones populares. Mas a poco que veamos críticamente la historiografía venezolana resulta ser un revolucionario sin revolución, pues esa historiografía admite casi generalmente que la obra histórica de ese revolucionario no puede ser considerada, en rigor, como una revolución[33]. No obstante, ello ha sido poco impedimento para proclamarlo revolucionario. Parecería, sin embargo, que ese carácter se le reconoce a un nivel especial, diferente del habitualmente designado con el término, a juzgar por la definición dada por J. L. Salcedo-Bastardo: «En el orden histórico Bolívar es un revolucionario por advertir y sostener antes que nadie la especificidad del continente, por ser el Primer Filósofo de la Historia Americana, y sobre todo por construir una mística de acción que da sentido a la vida continental»[34]. Pero el mismo autor se ocupa de explicar que Bolívar fue revolucionario también en el sentido corriente de la palabra, aunque, eso sí, revolucionario perfecto, como no podría dejar de serlo. Esto hizo en ponencia presentada ante el VI

Congreso Latinoamericano de Sociología, recientemente celebrado en Caracas [escrito en 1962], ponencia que dio origen al siguiente comentario crítico, que realza el sentido de la tesis de Salcedo-Bastardo:

> «Bolívar fue un auténtico revolucionario», se asienta, y de inmediato se corta cualquier exageración –muy con los tiempos–, precisando el alcance del calificativo con una definición *ad hoc* que concluye en la más elemental definición del revolucionario: quien no se queda «en la mera función destructiva y subversiva», sino que «trabaja por reemplazar las estructuras rotas», pero, eso sí! –signo también de los tiempos–, «con las más adecuadas a la realidad y a la conveniencia de su medio y de su porvenir». No se vaya a creer, pues, que el calificativo de revolucionario aplicado a Bolívar puede tener algo de común con el asestado a los *no evolucionistas* sociales de hoy[35].

Ese Bolívar que es demócrata y revolucionario ha de ser también símbolo de la moralidad y de la fe. Su sentencia: «Moral y luces son nuestras primeras necesidades», puesta en la fachada de las edificaciones escolares, se encarga de recordárnoslo a cada paso, en cuanto a su significado moral, y lo hace responder a una necesidad tan profunda de nuestras sociedades latinoamericanas que ha sido vista, gracias a un particular criterio histórico, como factor explicativo de las dificultades políticas vividas por esas sociedades, ya que «... la mayor parte de los trastornos políticos y de la defectuosa obra administrativa de los gobiernos de América, se ha debido más que a la inepcia o incapacidad *stricto sensu*, a una palpable carencia de virtudes públicas»[36].

El hacer un Bolívar católico, y militante por añadidura, ha sido empresa más difícil. Pesan demasiado la exclamación del año 1812, impía, según José Domingo Díaz[37], sus esfuerzos nada comedidos por meter en cintura al Arzobispo Narciso Coll y Prat[38], y la excomunión de que fuera víctima por obra de los prelados bogotanos, para que puedan ser ignorados lisa y llanamente. Sin embargo, con base en sus relaciones diplomáticas con la Iglesia en los últimos años de la guerra, y sobre todo en su reacción conservadora de 1828, se ha edificado el Bolívar católico, hasta el punto de que en 1930, al conmemorarse el centenario de su muerte, el Episcopado venezolano le rindió homenaje en los siguientes términos:

> Como venezolanos, bástenos decir que vemos en él al Padre de la Patria; como Obispos, reconocemos en él al insigne Magistrado, benefactor de la Iglesia: recordamos, agradecidos, el especialísimo empeño que puso, durante las angustias de la magna guerra, a fin de que los pueblos no se vieran privados de Pastores, «en orfandad», como él mismo dijo con poética ternura; el respeto y acatamiento con que siempre trató a nuestros Hermanos del Episcopado y gloriosos Predecesores nuestros, los Obispos de la Gran Colombia; el solícito afán, con que, una vez concluida la epopeya, procuró relacionar a las recién nacidas Repúblicas con la Cátedra Apostólica, Centro augusto e inconmovible de nuestra Fé; la solemne recomendación con que quiso clausurar, ante los legisladores colombianos, su gloriosa vida pública: *«Permitiréis que mi último acto sea recomendaros que protejáis la Religión santa que profesamos, fuente profusa de las bendiciones del cielo»*.
>
> Y si, como gobernante dio en todo tiempo muestras de respeto y acatamiento a la Iglesia, como hombre privado perteneció a Ella y fue en su maternal regazo en el que reclinó su cabeza para abandonar esta vida transitoria y despertar en la inmortalidad[39].

Difícil saber si al declararlo «benefactor de la Iglesia» se rinde homenaje a la verdad histórica, o se da muestra de la ductilidad que permitió adjudicarle título semejante a Juan Vicente Gómez, según la siguiente invitación luctuosa:

> Ha fallecido cristianamente el Benemérito General
> Juan Vicente Gómez
> Presidente de los Estados Unidos de Venezuela
> Bienhechor de nuestra Iglesia.

El Arzobispo de Caracas, su Cabildo y Clero, invitan para el acto del enterramiento que se verificará hoy, en Maracay, a las 11 am[40].

No cabe duda de que la tarea de hacer resaltar el catolicismo de Bolívar ha sido ardua, a juzgar por el empeño que hubo de poner Monseñor Nicolás E. Navarro tan solo en probarlo, aunque toda su laboriosa construcción argumental deriva peligrosamente hacia la demostración de un catolicismo *in extremis*, el cual es proyectado retrospectivamente por artes no muy claras:

> Queda, pues, así bien de resalto este aspecto de la personalidad del Libertador y cábenos la satisfacción de haber podido acumular tan auténtica serie de probanzas en torno de un hecho de tamaña significación para la historia de nuestro Héroe Máximo. Bolívar penetró en la eternidad envuelto en el radiante pabellón de su fe cristiana, como legítimo hijo de la Iglesia Católica y con pleno derecho a la bienaventuranza celestial. A virtud de la absolución sacramental en aquella hora suprema tan ejemplarmente recibida, todas las flaquezas de su humana condición quedaron disipadas y su alma, ya predispuesta para los efectos de aquella limpieza ultraterrena que la misericordia divina tiene prevenida, voló en busca de la compañía de los elegidos, sin correr el riesgo de que se cumpliera a su respecto el tremendo dicho de San Agustín: *Laudantur ubi non sunt, cruciantur ubi sunt.* No, la gloria de Bolívar no es engañosa y estamos seguros de que los himnos de alabanza que aquí abajo le tributamos hallan resonancia en los concentos del paraíso, en parias al brillo de sus proezas y al halo resplandeciente de su amor a la justicia[41].

Aunque, a decir verdad, no ha de ser por escasez de argumentos por lo que la Iglesia quede en un predicamento, y siempre será posible afirmar, a falta de convincente demostración histórica de que *Bolívar estuvo en Dios*, que *Dios estuvo en Bolívar*, y muy evidentemente, a fuer de buenos creyentes, como lo *probó* el doctor José Alberto Espinoza en la oración fúnebre que pronunció el 17 de diciembre de 1842, ante los restos del Héroe:

Una señal de la Omnipotencia, cristianos, es bastante para el trastorno de los imperios, y hacer pasar los cetros de unas manos a otras. Así, pues, cuando Dios en la sabiduría y rectitud de sus consejos determina obrar estos sucesos de escarmiento y de gloria, de infortunio y de dicha, él escoge y envía a los que han de cumplir sus órdenes y llevar su beneplácito: arma sus brazos con el rayo de su poder, y escribe en sus frentes los títulos de sus respectivos destinos. El Nuevo Mundo es el teatro de la última escena de esta especie y el gran Bolívar el elegido desde la eternidad para presidirla. ¡Oh Providencia admirable! ¿Quién podrá nombrar a este Héroe sin prosternarse al mismo tiempo ante vuestra diestra y quedar absorto en la profundidad de vuestros juicios?[42].

El culto que debe rendirse a este Bolívar demócrata, revolucionario, moral y católico, *hecho para el pueblo*, requiere medios para su práctica, una suerte de liturgia de la religión civil de los héroes. Se le explicará, o justificará, por la necesidad de dar curso a la expresión de los sentimientos populares en este campo, y por la conveniencia de encauzar, fomentar y reglamentar esa expresión, juzgada beneficiosa y necesaria para la salud cívica y moral del pueblo, ansioso de vidas ejemplares que le den pautas de buen comportamiento y de superación en todos los órdenes de la vida. Los benéficos efectos de estas prácticas devotas del heroísmo han sido generalmente aceptados por el pensamiento venezolano. Incluso quienes expresan algún desacuerdo o inconformidad suelen referirse a alguna modalidad del culto que juzgan desacertada, o a diferencias en cuanto a la correcta orientación del mismo, pero sin poner en duda, en ningún momento, la legitimidad del culto y su utilidad. En ello han estado básicamente acordes incluso quienes tuvieron una exaltada conciencia de su función innovadora de la sociedad y de sus cánones espirituales:

Pero es preciso que esa luz auroral [emanada de la batalla de La Victoria] no sea una simple promesa, que haya de hundirse luego, vano simulacro de resurrección o de despertar, en la nada de la pereza tradicional. Que esta fiesta de la Semana del Estudiante marque el comienzo de una *época*, para que pueda decirse mañana, en plenitud de verdad y de justicia, que fuimos nosotros –cabeza embrionaria de la futura patria renacida...– los que fijamos la Egira, punto de partida, como en la religión del Islam, de una nueva numeración de años, de una nueva ruta moral e intelectual, de un culto nuevo y de una nueva razón de ser. ¡Sí! ¡Es preciso que fijemos aquí, frente a la montaña maternal, henchidos del espíritu de nuestros viejos héroes civiles o guerreros, la bandera que presidirá la deliberación de nuestras empresas y el empuje de su realización definitiva! Por eso –y ya se dijo mil veces en los prólogos de las ediciones de Plutarco–, conviene que se haga a los hombres el elogio de sus abuelos, que fundamentaron la grandeza de su Patria o que vertieron su sangre –por la arteria rota o por la pluma colérica– en el campo amplísimo de la lucha bélica o ciudadana. Que se lo diga en alta voz y que se lo lleve a la página del libro primario y a la página del libro de historia científica; para que todos, desde el niño, que ve las hazañas a través del velo de las mitologías, hasta el sabio que desentraña las verdades y deslinda las fábulas, tomen ejemplo y fuerza para la parte de acción y de pensamiento que corresponde a cada uno de la inmensa obra colectiva. Por tal razón, no está nunca de más recordarlo, no para exaltar más las gloriosas virtudes y los magníficos destinos, que bien se exaltan por sí mismos a su sola y sencilla narración, sino para que el espíritu que animó las vidas preclaras ilumine las que hoy son carne y hueso y que serán hueso y carne de la historia que escribirán nuestros hijos[43].

A esta especie de teoría de la devoción heroica corresponde la liturgia oficialmente organizada del culto a los héroes; y en primer lugar al que lo fue máximo. Esta liturgia, que asume las más diversas formas de expresión, parece responder a las modernas técnicas de saturación empleadas por la propaganda, pues se basa en la constante presencia del objeto de culto, hasta el punto de que, utilizando un pensamiento de Rafael Fernando Seijas, originado en circunstancias por completo diferentes de las que condicionaron la tesis de Joaquín Gabaldón Márquez, y destinado a censurar la agobiante y abusiva presencia de

Antonio Guzmán Blanco en la vida venezolana, puede decirse que se necesita «marcarlo todo con el sello de aquella histórica denominación», inscribiendo el nombre del Héroe «en libros, puentes, calzadas, estatuas, piedras, ciudades, ríos, lagos, aldeas, villas, edificios, caminos y en todo lo que tuviese bastante ductilidad para resistir el fuego de la marca»[44]. Lográndose esto hasta un extremo tal que se siente la tentación de recurrir a la estadística para que nos informe de cuántas inscripciones con el nombre de Bolívar se han hecho en Venezuela, así como de cuántas estatuas y monumentos se han levantado. Pero quizá las cifras que arroje esa estadística, que cabe suponer muy elevadas, no aporten nada nuevo al hecho cierto de que el culto a Bolívar ocupa, con mucho, lugar principal y que, sencillamente, no existe término de comparación.

Esta liturgia oficial del culto heroico no cumple una mera función de culto exterior. Tiene como fin, además, impartirle una orientación a la manera como el pueblo siente el culto, velando por su pureza y cuidando de que no pierda en ningún momento su carácter de culto jerarquizado, presidido por la figura de Bolívar. Porque este culto tiene, además, un carácter altamente selectivo. Parece comprenderse que una religión demasiado poblada de dioses pierde cohesión, y el monoteísmo heroico campea en Venezuela hasta el punto de excluir figuras cuyos méritos las recomendarían al bronce pero que no tuvieron la suerte histórica de haber vivido bajo la sombra del Héroe máximo. Esto ha dado como consecuencia una situación que fuera denunciada por Mario Briceño-Iragorry, aunque viéndola, equivocadamente, como una cuestión que atañía al «nivel general de la inteligencia y aptitudes del pueblo venezolano», lo cual le permitió enfrentarle la que juzga ejemplarizante actitud del pueblo colombiano, descubriendo de paso su ortodoxa y moralizadora concepción del culto heroico:

La más elocuente lección al respecto me la dieron las numerosas estatuas y bustos que decoran parques, plazas y plazuelas de las distintas ciudades de Colombia. Para el colombiano, el muerto parece deshumanizarse, a fin de que se vea sólo en la ejemplaridad de sus grandes hechos. Los vicios y los defectos se van con él a la tumba, como expresión de lo corruptible que perece. A la Historia le interesa apenas el valor creador de las vidas. Pueden por ello estar pareadas los difuntos, así sus actos de vivos se hubieran contradicho abiertamente. Y si el muerto no tuviese aún los contornos requeridos para su transformación en figura nacional, el homenaje que le rinden compensa en aplausos la falla del coturno[45].

Pero se equivocaba Mario Briceño-Iragorry, decíamos, al atribuir al pueblo venezolano la responsabilidad de tal situación, porque olvidaba que el culto a los héroes, y en primer término el rendido a Bolívar, dejó hace mucho de ser el *culto de un pueblo* para convertirse en un *culto para el pueblo*, institucionalizado, orquestado y dirigido por el Estado a través de organismos competentes integrados a su estructura administrativa, cuyo funcionamiento se acuerda, por consiguiente, con la política del gobierno de turno, y que se encargan de regular las manifestaciones del culto, haciéndolo eficaz medio de acción sobre la conciencia popular, al servicio de la política oficial imperante. Es ese aparato el que sopesa los méritos y decreta la gloria o el perpetuo olvido para los aspirantes a próceres, y lo hace guiado por la que quizá constituye la más arraigada tradición ideológica venezolana, plasmada en el culto a Bolívar.

El primero de esos organismos, por su especificidad, es la Sociedad Bolivariana de Venezuela, «a cuyo cargo está la divulgación del ideario del Libertador y la defensa de sus glorias»[46], como tiene el cuidado de recordarlo insistentemente, así como sus más de veinte años consagrados al cumplimiento de esa labor, que ella define, como su «fin propio», también en términos de «sostener y enaltecer el culto al nombre, a la obra y al espíritu del Libertador»[47].

Aunque de fundación reciente, la *Sociedad* es la culminación de esfuerzos que comenzaron a manifestarse con ocasión de la repatriación de los restos del Libertador, cuando, en medio del fervor patriótico y bolivariano a que tal hecho dio lugar, hubo quienes «inventaron ese medio honroso y noble de conservar entre nosotros fresco e indeleble el recuerdo de las glorias de Bolívar», según el decir de Pedro José Rojas al reseñar en *El Manzanares*, de Cumaná, el 25 de julio de 1843, que: «Desde enero último se estableció en Caracas una sociedad titulada Boliviana, que tiene por objeto el culto de la venerable memoria de nuestro preclaro Libertador; y siguiendo tan remarcable ejemplo de patriotismo y gratitud, poco tiempo hace que en Barcelona se ha establecido una sociedad de título y objeto iguales»[48].

Estrechamente vinculada en sus orígenes con la política bolivariana del general Eleazar López Contreras, la actual Sociedad ha desempeñado sus funciones de vigilancia y fomento del culto bolivariano con un celo del cual lo menos que se puede decir es que ha servido a consideraciones como las hechas por Mario Briceño-Iragorry –en su obra apologética del culto bolivariano–, significativamente enderezadas contra el fariseísmo que advertía en ese celo:

> Para cumplir esa misión sagrada [la defensa de Bolívar] han sido creadas las Sociedades Bolivarianas. Estos centros venerables tienen a través de toda nuestra grande América la misión nobilísima de defender y exaltar la gloria del Padre de la Patria. Para Venezuela la Sociedad Bolivariana es una institución oficial, incluida en su presupuesto de gastos públicos. Sus funcionarios gozan de congrúa, como los futuros ordenados «in sacris». La misión de la Sociedad tiene en esto cierto parentesco subterráneo con los secretos misterios eleusinos. Disentir de ella es crimen semejante al que provocó la persecución de Esquilo. El bolivarianismo societario constituye, junto con una línea de conducta cargada de inflamado patriotismo, una actitud respetable, severa, que da distinción a sus adeptos[49].

Antecesora de la actual Sociedad en estas funciones es la Academia Nacional de la Historia, corporación instituida oficialmente por el gobierno del doctor J. P. Rojas Paúl en 1888. Si bien en el Decreto que le dio origen no se contempla propiamente la actividad de la Academia en este campo, él ha sido tradicionalmente de su especial

dedicación, incluso con cierto olvido de los fines expresamente estipu-
lados. Extralimitándose en su competencia como censor histórico oficial, restringida a las actividades del propio gobierno en materia histórica, según el artículo 2.º del mencionado Decreto[50], la Institución
derivó hasta colocarse plenamente en posición de máxima autoridad
rectora del culto bolivariano, hasta el punto de que su Secretario pudo
decir en 1939 que «(...) Es así como el 28 de octubre [de 1888] nació
para Venezuela el bolivarianismo», aludiendo a la fecha de fundación
de la Academia y a la fecha onomástica de Bolívar. Añadió, entonces,
el Secretario: «Es por eso que hace hoy medio siglo, la Academia Nacional de la Historia vino a arrodillarse a tu presencia [del Libertador]
y a invocar, para la cruzada que iba a emprender los favores de tu ex-
celsitud». En esa ocasión la Academia fue definida como una Institución
«(...) consagrada al culto de tu grandeza [de Bolívar], al amor de tu
gloria y a la guarda de los anales que dan a tus enseñanzas permanente
vigencia de actualidad en el proceso de nuestra evolución histórica»[51].
	La contradicción que se advierte entre esta preferente dedica-
ción y las obligaciones expresamente estipuladas por el Decreto de
creación de la Academia, fue resuelta por el mismo secretario al hacer
el balance de los primeros cincuenta años de labores, afirmando pura
y simplemente el respeto de esas obligaciones y presentando esa dedicación preferente como la prueba número uno de su cumplimiento:

> Una ojeada por los libros de actas, nos va a proporcionar, en síntesis muy
> breve, la satisfacción de mostrar al público cómo la Academia ha procurado
> ceñirse a las obligaciones de su Decreto orgánico. Sea lo primero proclamar
> que nuestro Instituto se ha mantenido, con celosa vigilancia, fiel al culto
> del Libertador; que no ha habido ocasión en que no le haya rendido el de-
> bido tributo[52].

Nada más lógico que sea la educación el campo indicado para
que se ejerza el principal esfuerzo de implantación y fomento del culto
a Bolívar. Por ello ha sido preocupación constante de los promoto-

res de ese culto el orientar la educación hacia la formación en los jóvenes de una conciencia favorable a tal propósito. Ya nos hemos referido al papel desempeñado en este sentido por los manuales de historia, con ocasión de estudiar la conformación de la figura historiográfica de Bolívar como objeto de culto. En el presente, igual orientación se advierte en la enseñanza escolar de la Historia de Venezuela y en los cursos de educación cívica, colocados ambos bajo la égida del Libertador. Vale la pena consignar todavía los esfuerzos realizados para que la orientación bolivariana de la enseñanza culmine, en una suerte de consagración académica, en la instauración de cátedras específicamente dedicadas al efecto, pero ya al nivel más elevado de los estudios. Así, en la Mesa Redonda sobre el Movimiento Emancipador de Hispanoamérica, celebrada en el Palacio de las Academias del 1.º al 10 de julio de 1960, fue propuesto «que se recomiende que en los Centros de Enseñanza Superior del Continente se dé especial relieve al estudio del Pensamiento Filosófico Bolivariano»[53]. Semejante proposición no podía menos que alarmar diplomáticamente a los participantes en la reunión cuya devoción se debía a otros próceres nacionales, de manera que por fuerza hubo de resultar la proposición en un proyecto de recomendación que conciliase los diversos intereses y respetase susceptibilidades, en términos de: «Que en las cátedras de Historia Americana existentes o que se creen en los Centros de Enseñanza Superior del Continente se dé al pensamiento bolivariano y de los Próceres de la Emancipación de los países americanos el relieve necesario»[54].

Se actualizaba así una idea ya sugerida por el general José Rafael Gabaldón al dictador Juan Vicente Gómez en 1928, cuando le propuso, atendiendo a criterios que merecerían atención especial en función del sentido progresista y militante como se ha manifestado desde entonces el bolivarianismo que lo animaba,

> (...) la creación de una institución, en Caracas, para el sostenimiento de dos estudiantes de cada una de las Repúblicas Hispanoamericanas y de dos de cada uno de los Estados de la Unión Venezolana, que se llame «La Gran

Colombia», para que hagan sus estudios en nuestra Ilustre Universidad Central, reorganizada con cátedras y profesores de acuerdo con los adelantos de la Ciencia, y con una cátedra especial para estudiar la vida y las ideas políticas del Libertador y su influencia en los destinos del continente[55].

Testimonian en el sentido de la continuidad de propósito semejante los esfuerzos del doctor José Luis Salcedo-Bastardo, como «Profesor fundador de la Cátedra '*Pensamiento Social del Libertador*', en la Universidad Central de Venezuela», durante los años 1953-1956 [56].

Los tres instrumentos de culto que acabamos de reseñar someramente, la Sociedad Bolivariana de Venezuela, la Academia Nacional de la Historia y la Cátedra Bolivariana, constituyen el más alto nivel de los mismos. Si bien no puede disminuirse su importancia para los fines del culto popular, puede afirmarse que su acción se ejerce sobre todo en el plano ideológico del culto, sin desconocer, no obstante, sus derivaciones administrativas.

Son otros los instrumentos directamente destinados a actuar sobre la conciencia popular, tanto por su amplitud como por el fasto de que suele rodeárseles. Han sido concebidos para impresionar y estimular el sentimiento popular de veneración por la gloria de Bolívar, y se les emplea para ello obedeciendo a propósitos que no siempre han estado acordes con la nobleza de ese sentimiento ni con la elevación patriótica que se dice servir.

En primer lugar, entre estos instrumentos, están las fiestas patrias, cuya teoría como excitantes de la veneración popular hizo Antonio Álamo con ocasión de una sesión solemne realizada en la Academia Nacional de la Historia en homenaje a Francisco de Miranda, con motivo del bicentenario de su nacimiento, el 27 de marzo de 1950, «como uno de los actos principales dispuestos por la Junta Militar de Gobierno». Dijo Álamo:

A lo primero [o sea, a excitar la veneración popular] tienden las conmemoraciones como la presente, por cuanto además de merecido recuerdo son incitaciones de respeto, gratitud y admiración. Dios no necesita de la pompa religiosa. Somos nosotros los que necesitamos rendirle culto externo para llevar la imaginación a planos de comprenderlo mejor y amarlo más, animados por resplandores de cielo y llamas de fe. Así mismo los Próceres no necesitan de las fiestas patrióticas. Somos nosotros los que de ellas necesitamos, para mantenernos en el culto de sus virtudes, y hacer de éstas estímulos que contribuyan a estrechar cada vez más la unidad nacional, fundamento y fin de toda prosperidad[57].

La teoría desarrollada por el académico corresponde a una realidad que se expresa en la solicitud puesta por los diversos gobiernos en la celebración de las fiestas patrias, desde que: «Disuelta la gran República Venezuela declaró en 1834, por medio de un Decreto legislativo, días de fiesta nacional el 19 de abril y el 5 de julio; y más tarde, en 1849, fue incorporado el 28 de octubre, como día especialmente dedicado a la gloria de Bolívar»[58].

Esta solicitud por las fiestas patrias ha experimentado una progresión creciente. Entre sus puntos culminantes cabría señalar la conmemoración del centenario de la muerte del Libertador, dispuesta por Juan Vicente Gómez en 1930, cuyos actos de toda índole fueron recogidos en grueso volumen de 816 páginas[59], y la ingratamente recordada *Semana de la Patria*, dispuesta por Decreto del 15 de junio de 1953, en atención a: «Que en las ocasiones en que se conmemoran los grandes días de la nacionalidad es especialmente oportuno estimular la mística que impulsa con energías crecientes la acción venezolana para el cumplimiento del ideal nacional»[60].

Si bien es patente el hecho de que tales festejos «(...) se desvían indefectiblemente hacia el clamoroso recuento de la gesta militar», como observa Caracciolo Parra-Pérez para la «tradicional celebración del 5 de julio»[61], y que ese recuento se hace siempre en función de la gloria de Bolívar y de su culto, quizá ninguno de estos actos haya alcanzado la resonancia y tenido la significación de la celebración del Primer Centenario del Libertador y Padre de la Patria, Simón Bolívar, dispuesta por Decreto de Antonio Guzmán Blanco de 3 de setiembre de 1881. Este decreto, que iniciaba «los preparativos para la gran festividad del patriotismo», que habría de «realizarse en Caracas con pompa inusitada», comenzaba declarando el 24 de julio de 1883:

> (...) fiesta nacional para rendir la primera de las grandes manifestaciones que a cada nuevo siglo consagraría la gratitud de los pueblos sudamericanos a su Libertador, y disponía, además, que el programa de la festividad fuese formado por una comisión compuesta por los señores Antonio L. Guzmán, Pablo S. Clemente, Fernando S. Bolívar, Andrés A. Level, doctor Arístides Rojas, doctor Manuel Vicente Díaz y doctor Agustín Aveledo; que esta comisión comenzase, desde luego, sus trabajos; que el programa se sometiese a la aprobación del Gobierno; que se invitara a todas las Repúblicas hispanoamericanas a tomar parte en la festividad; que se invitara a concurrir a la dicha festividad a la República de los Estados Unidos de Norteamérica, a la República francesa, a la Confederación helvética, a los Gobiernos de aquellas naciones de Europa que se hicieron representar en la traslación de las cenizas del Libertador de Santa Marta a Caracas, y que se hiciese una invitación especial a la Gran Bretaña, que tan valiosa y decisiva cooperación prestó a la causa de nuestra Independencia, y a la República de Haití en recuerdo de la hidalguía con que coadyuvó aquel país a la grande empresa de Bolívar[62].

Para apreciar la posible significación íntima de esta celebración patriótica, es muy revelador el cotejo de la manera como fue presentada por los ideólogos del régimen que la promovió, con la visión que de la misma proporciona la crítica histórica.

Santiago González Guinán, el 12 de agosto de 1883, proclama que: «Esta cita universal que Guzmán Blanco ordenó con entusiasmo insólito y ha llevado a cabo con soberbia esplendidez es la primera piedra colocada en los cimientos del hermoso templo que las futuras generaciones habrán de levantar al hombre extraordinario»[63]. Por su parte, Ramón Díaz Sánchez observa que eran más de uno los hombres a quienes se consagraba el templo, comenzando por el padre de su constructor, pues: «Necesariamente el nombre de Antonio Leocadio Guzmán, del *Primer Apóstol*, como le ha llamado su hijo, tiene que estar asociado al nombre de Bolívar en esta apoteosis»[64].

El intelectual jefe del régimen, Francisco González Guinán, sin disimular su entusiasmo, afirma que «el suceso revistió formas extraordinarias y fue digno de la excelsa gloria del Libertador Bolívar, Padre de la Patria, digna de la gratitud de Venezuela y digna también de Guzmán Blanco, iniciador, propulsor y ejecutor de la magnífica apoteosis»[65], dando pie a que el mismo Díaz Sánchez observe que: «hasta Bolívar queda relegado a un segundo plano y así aparece en la gran medalla conmemorativa de los actos del Centenario»[66].

Mas no basta a un culto el disponer de un dogma diligentemente establecido y preservado, y de la pompa del culto exterior. Requiere puntos de referencia concretos, materiales; necesita templos y lugares sagrados cuya indudable objetividad testimonien de la realidad del culto. Son estos, también, instrumentos cuya finalidad es influir en la conciencia popular estimulando su devoción patriótica expresada en el culto heroico a Bolívar. Así lo comprendió Antonio Guzmán Blanco al disponer un acto celebrado el 31 de junio de 1883 para consagrar a la gloria del Héroe su casa natal, que tenía «el sello de la gloria», según Francisco González Guinán, por ser uno de esos

> (...) sitios así preferidos de la fortuna [que] descubren con frecuencia dulces reminiscencias; dan pábulo a las exaltaciones de la imaginación y aun parecen transformar el inerte y mudo material que los compone con una individualidad moral animada y gloriosa. Esa casa habla de episodios que son nuestra historia, de escenas de suyo interesantes por ser escenas de la infancia, de predestinación, de esfuerzos supremos, de martirios y de glorificación. El verbo de una idea y la espada de una brillante cruzada salieron de ahí encarnadas en Simón Bolívar[67].

Cumpliendo función concomitante están las estatuas y lugares sagrados del patriotismo dedicados a perpetuar la memoria de Bolívar y a asegurar su constante presencia en la vida del pueblo. Ya hemos visto cómo la Municipalidad de Caracas reclamaba, en 1825, los honores de la estatuaria para el Padre de la Patria[68]. Su reclamo ha sido atendido en una magnitud que seguramente ni siquiera sospecharon los ediles agradecidos, pues a partir de 1842, cuando Gabriel Picón, como gobernador de Mérida, «tuvo la dicha de erigir una hermosa columna en honor del Libertador, primer monumento de este género que se le dedicara en Venezuela»[69], «(...) los monumentos a Bolívar se han multiplicado de manera infinita. Muy pocos personajes históricos han tenido tantos mármoles y bronces, tantos lienzos y estampas como los que hoy reproducen en todo el mundo la olímpica figura del gran Héroe hispanoamericano»[70]. Esta multiplicación infinita ha culminado, hasta ahora, con el monumento de Carabobo, «lleno de majestad y de grandeza», que constituye la «obra máxima de su gobierno [de Juan Vicente Gómez] en este aspecto [el bolivarianismo del dictador]»[71].

Son estos, en sus grandes líneas, los instrumentos más eficaces del culto bolivariano *para el pueblo*. Su acción se ha ejercido sistemáticamente, y en conjunto durante unos ciento veinte años, sobre la conciencia del pueblo venezolano. Al cabo de este lapso y en razón de esta acción, si intentásemos adelantar alguna estimación sobre sus resultados volveríamos a la dificultad, planteada al comienzo de este capítulo, de saber si la versión actual del culto es *producto* de esa acción, o si esa acción es ella misma producto del sentimiento popular que se propone satisfacer, sentimiento cuyo origen está, según los promotores del culto, en que «la devoción de los pueblos no halla en el santoral del civismo ningún genio, antiguo ni moderno, que pueda disputar a Bolívar el culto que merece como Patrón Universal de la Libertad y del Derecho»[72].

Sí cabe consignar, en cambio, la existencia de inconformidad con la orientación de este *culto para el pueblo*, atendiendo a lo grueso de sus recursos habituales, lo que ha determinado que, en los hechos,

Se rinde «culto» a los hombres que forjaron la nacionalidad independiente, pero un culto que se da la mano con lo sentimental más que con lo reflexivo. Nuestra misma devoción oficial por el Libertador podría decirse que fuera una prolongación de las fiestas de San Simón, preparadas para agasajar en vida no sólo al héroe magnífico de la libertad, pero también al poderoso dispensador de favores, o una repetición sin sentido de los funerales de 1831. Poco hemos hecho, en cambio, para formar una teoría ejemplar de lo bolivariano[73].

Con lo que se expresa la necesidad de fomentar y extender una versión de ese mismo culto que, dirigida al entendimiento de los prosélitos, los vuelva practicantes cabales, y, al mismo tiempo, impida que se abra en su fe la brecha que suele producir la ilustración en casos semejantes.

LA VIGENCIA DE UN HÉROE

Quizá sea la vigencia de los grandes hombres uno de los signos más visibles de la perdurabilidad del pasado histórico y de su proyección sobre el presente. Decimos la posibilidad de que sea uno de los más visibles, no de que lo sea más importante o más significativo. En todo caso, el calificativo aplicable dependería de la concepción de la historia que anime al observador. Pero creemos posible afirmar que cualquier sea esta concepción la manera de *recordar* la historia corresponderá en líneas generales a la señalada. Dos razones, cuando menos, y de peso, explican la persistencia de esa manera de evocar el pasado: el claro matiz individualista predominante en la historiografía universal, y el hecho cierto de la función principal del hombre en la historia, ya como objeto general de ella, ya como su agente más fácilmente aprehensible. Ambas razones se conjugan en el que podríamos llamar método tradicional de figuración de los hechos y los procesos históricos, tan usual aunque no sea más que como expediente de clasificación de los mismos. Así puede entenderse por qué designamos habitualmente con nombres propios de personas situaciones cuya compleja naturaleza conocemos lo suficiente como para valorar la actuación de esas personas con más modestia de lo que la designación permitiría suponer.

Esto para legitimar la duda acerca de que la presencia constante e intensa de la figura de un héroe pueda tomarse por signo evidente de su vigencia. Por esta última se entiende algo más complejo que ese constante estar presente. Ella sería, en cierto modo, la manera como el grande hombre o el héroe desaparecido participa de nuestra vida, perdurando en ella de otra forma que como simple recuerdo. Facilitaría mucho las cosas el que fuese este el único sentido del fenómeno. Pero hay otro: la vigencia es también la manera como nosotros participamos de la vida del héroe, forzándola a proyectarse en la nuestra y a enfrentar situaciones que nos pertenecen. Diríase que la vigencia puede ser tanto la vía que hallan los grandes de la historia para escapar a la muerte total, como el instrumento que emplean sus sucesores para no dejarlos descansar en paz.

Hemos dicho que la vigencia de un héroe representa el plano superior de su culto. No obstante que creemos esta afirmación básicamente acertada, es necesario explicar de inmediato que ello es así cuando por vigencia entendemos la operación que consiste en referir el presente al pasado representado por el grande hombre, encontrando alguna forma de correspondencia que permita concluir en la persistencia actual de sus ideas o de su significado histórico general. Mas es claro que tal vigencia también se da en el plano inferior del culto, por vía de la sencilla evocación sentimental y patriótica. Es esta común raíz la que hace de ambas formas de la vigencia expresiones de un mismo culto. Solo que, considerada en su plano superior, la vigencia presupone predominio del entendimiento sobre el sentimiento, mientras que en plano inferior sucede lo contrario.

Aún cabe una observación, nacida de la comprobación histórica de que algunas mentes, luego de seguir con afán y celo senderos de razón, desembocan en un pantano de fe y, un poco como proclamando que jamás alcanzaron realmente el grado de depuración que pretendieron exhibir, retornan a su estado primario –jamás abandonado en verdad, repetimos–, llaman *redescubrimiento* tan torpe hallazgo y lo cargan a la cuenta de una razón desvirtuada en sus fines y en sus métodos. Solo en este sentido, diríamos, es posible la reunión de estos planos al cabo de su aparente separación y la fe razonada del sabio se confundirá con la fe ingenua del ignorante en una parecida emoción.

Mas volviendo sobre la posible diferenciación entre la vigencia entendida como proyección histórica real de los grandes hombres en el presente, y entendida como intromisión del presente en su pasado glorioso, es bueno apuntar que si bien esto es teóricamente posible, esa posibilidad se enfrenta al hecho de que ambas formas están supeditadas al interés, al conocimiento e incluso a la curiosidad del hombre, y que será este, entendido en última instancia como una resultante de condiciones históricas, quien dará el tono a la vigencia. Nada imposible, entonces, que en ella predominen los intereses actuales del hombre, y que la vigencia, cualquiera que sea su forma, acabe por significar la manera como ese hombre se apoya en el pasado para encarar situaciones presentes.

Este análisis tiene, sin embargo, un lado inconveniente: si se le admitiese, y más aún si se le proclamase, el interés del hombre actual por la vigencia de héroe chocaría con la pérdida de fuerza, y hasta de significado, de su evocación. Los instrumentos que conseguiría mediante este recurso a la historia perderían eficacia, poniéndose con ello de evidencia el fondo de fe –de culto– que yace en la vigencia del héroe, puesto que esa eficacia radica, sobre todo o básicamente, en el prestigio de la figura evocada. Dicho prestigio es, en último análisis, la fuerza suplementaria de la suya propia que busca el hombre actual al invocar la vigencia del pensamiento o del significado del Héroe para colocarla al servicio de sus propios intereses.

Quizá no sea, del todo, llevar el análisis más allá de lo permitido el ver en esta operación ideológica una forma más del tenaz y multifacético principio de autoridad.

Pero el culto heroico quedaría reducido así a una suerte de cita erudita, y no hay necesidad de demostrar que ello reduciría extraordinariamente sus posibilidades de acción –apreciadas en función de los propósitos del culto–, y que correría el riesgo de convertirse por completo en un asunto de conocimiento, vale decir de controversia legítima, con gran peligro, cuando menos, de perder su condición sagrada.

Por eso es imprescindible al culto que la vigencia del héroe sea tenida por su proyección propia en el presente, por su forma natural de llegar hasta nosotros, sin que nuestra voluntad intervenga en ello más que como defensora, propagandista o continuadora de esa vigencia. Se explicaría, de esta manera, que el culto a Bolívar pueda fundarse en que este

> (...) Se resiste a ser gloria pretérita, rehúye la altura de los pedestales. Deja sus palabras, limpias de retórica, y su ejemplo de perseverancia hasta la muerte en pos de una idea, y su conducta íntegra arreglada a un plan vital para que su pueblo lo tenga siempre al alcance del corazón y lo recuerde cotidianamente en la noble artesanía de su historia[74].

Semejante enfoque de la vigencia del héroe es la normal en el culto heroico. Facilita las cosas hasta el punto de que emancipa la vigencia de toda subordinación no solo temporal sino incluso ideológica. Se comprende así, que Juan Marinello haya podido escribir muy recientemente sobre «el creciente amor por un héroe de muchas letras [José Martí] que mantiene vigencia y mandato sobre el hermoso proceso libertador que estamos impulsando»[75].

Es fácil advertir hacia dónde puede conducir esta práctica, tan generalmente seguida por historiadores, pero marcadamente por los políticos que acuden a la historia en búsqueda de apoyo para armar sus alegatos: hacia una variante del «vicio», o «la tergiversación historiográfica del 'modernismo'», definido por Wenceslao Roces como «la tendencia a presentar y construir ciertos hechos y fenómenos de las sociedades antiguas enfocándolos a través de conceptos y categorías

que corresponden a realidades históricas sustancialmente distintas, tí-
picas, propias y peculiares de los tiempos modernos»[76]. En su grado
más acentuado este vicio se vuelve pura y simple tergiversación de la
historia, que contraría su más elemental sentido, como lo denuncia-
ra Mario Briceño-Iragorry al decir que: «Pretender fabricarnos una
historia a la medida de nuestras preferencias actuales, desdeñando,
al efecto, los hechos y los personajes que contradicen nuestras incli-
naciones ideológicas, es tanto como ir contra el propio sentido de la
nacionalidad»[77], porque para él no podían significar otra cosa el fal-
seamiento o la adulteración interesada de los anales patrios.

No es exagerado pensar que bajo este signo se ha colocado la
afirmación de la vigencia de Bolívar, estrechamente enlazada, desde el
primer momento, con la reivindicación de que fue objeto el héroe luego de su violento desconocimiento. Aun este acto inicial de su culto
organizado estuvo caracterizado por la pugna en torno a su vigencia,
esgrimida por partidos empeñados en utilizarlo como bandera para la
realización de programas, confusos e incoherentes todavía, urgidos de
alguna solidez:

> La reivindicación del Libertador es un movimiento complejo en el que con-
> curren elementos variados y bárbaramente polémicos. Vargas, bolivariano,
> es derribado sin razón ni elegancia por amigos y parientes del Héroe a los
> que vemos hacer causa común con reitres de dudoso pasado y con ma-
> quinadores notoriamente anti-bolivarianos. Sin embargo, este movimiento
> determina o define en el pueblo un sentimiento vital de reivindicación de
> Bolívar[78].

Todo consistía, en el fondo, en un desmesurado afán de hacer
que Bolívar compartiese problemas y situaciones ajenos a su tiempo,
utilizando también este procedimiento para subrayar sus propios méritos y virtudes, mediante la atribución de una conducta que se deduce
a partir de la que se considera su línea inalterable de acción. Esta tendencia está presente desde muy temprano en el culto a Bolívar, como

lo prueba la determinación de su posible política europea por Juan Vicente González en 1841, fundado en el supuesto de su nunca desmentido amor a la libertad:

> Bolívar en Europa hubiera guerreado también; mas hubiera sido con Rusia a favor de Polonia, con Alemania y España a favor de las libertades públicas, para darles una Constitución como a Bolivia, o procurar que se la diesen ellas mismas, como Colombia y Perú. ¿Qué hubiera sido Italia? Una nación que llevaría su bello nombre[79].

Este procedimiento, que tan pronto hace de Bolívar campeón eterno de la libertad en el mundo, como guía y conductor permanente de su propio pueblo, impone la *adaptación* del significado del héroe a condiciones que le son del todo extrañas. Nada detiene, sin embargo, a los cultores de su vigencia, aunque deban realizar operaciones de dudosa lógica que acaban por contraponer a Bolívar, en su actitud *vigente*, con normas que fueron de rígida consecuencia en su actividad política. Entre estas últimas, una de las más firmes fue su oposición al sistema federal de gobierno, a veces franca, como en el llamado «Manifiesto de Cartagena», a veces matizada y hasta disimulada como admiración por lo perfecto irrealizable, como en el «Discurso al Congreso de Angostura». Sin embargo, Cecilio Acosta no vacila en invocar su lección, *adaptándola* a las necesidades de la Venezuela de 1856, cuando recuerda que

> (...) él no cesó de recomendarnos las ventajas de la *unión*, que si para entonces era *personal*, porque debía estar consubstanciada con su persona, para ahora ha de ser *real*, porque debe buscarse en la combinación y equilibrio de las instituciones. En suma, si en la Colombia de Bolívar, el alma era él, en la Colombia nuestra, el alma debe ser la federación, la cual no es otra cosa (si el fin es conciliar la libertad y los gobiernos) que la *unidad en la pluralidad y la pluralidad en la unidad*[80].

La *vigencia adaptada* del héroe le permite gozar de un raro privilegio histórico: una suerte de crédito abierto que le hace abarcar con su significación los hechos más lejanos y hasta disímiles, siempre y cuando sea posible hacerlos encajar, de alguna manera, en la proyección eternamente abierta de esa vigencia. En este proceso los hechos negativos o contradictorios son vistos como simples accidentes, o son sencillamente ignorados. Solo interesan, para el efecto final, aquellos que se inscriben en la línea favorable del análisis. De esta manera el héroe adquiere el sentido de permanente e incesante realización, en la medida en que lo que se considera su legado halla eco en situaciones o hechos actuales. Esto es particularmente claro en cuanto toca a la *vigencia* de Bolívar como impulsor de un nuevo tipo de relaciones entre las naciones:

> Soñó Bolívar en 1815 congregar en América a los representantes de las repúblicas, reinos e imperios para tratar y discutir sobre los altos intereses de la paz y de la guerra con las naciones de las otras partes del mundo. De entonces a hoy asambleas pacifistas, ensayos de arbitraje, conferencias interamericanas y bolivarianas, congresos órbicos de La Haya y vuestra presente reunión aquí, dan testimonio de que el ideal del vidente caraqueño va a realizarse, de que otra vez atormenta al mundo la visión babélica; pero no al modo asiático de las castas, no al modo cesáreo de conquista y señoría, sino al modo boliviano conforme al cual «la fuerza no es gobierno»; mirífica babel en donde no hablen lengua de soberbia los amos y lengua de protesta los esclavos, sino que, señores todos de sí mismos, ciudadanos todos, se entiendan en el prodigioso lenguaje de la unión y la dignidad fraterna, que hablaron a América sus libertadores y, al nacer, proclamó por el águila de su escudo el pueblo norteamericano[81].

Esta vigencia así concebida tiene un sentido de construcción permanente, sin que ello implique desconocimiento de la que podría calificarse como *vigencia por derecho propio* del legado. Es más, quizá pueda argüirse que es precisamente esa posibilidad de ser construido una prueba de esa *vigencia por derecho propio*. Se necesita, pues «la incesante labor de los pueblos y el ejercicio constante de la libertad para que la obra de nuestro Libertador aparezca en toda su colosal magnitud»[82]. Es decir, si bien la vigencia absoluta o por derecho propio aspira a situarse fuera del tiempo, a juzgar por los testimonios, no sucede lo mismo con su realización, la cual por precisar de la mano de los pueblos cae de lleno dentro del tiempo histórico. De allí que sea posible observar momentos en esa realización, como lo hiciera Santiago González Guinán, al decir, en 1883, que «ella se comienza a destacar ya en sus prolongados perfiles»[83], lo cual nos conduce al problema que denominaríamos como la *oportunidad* de esa vigencia así realizada. Al plantearse este problema se ve claro cómo da pie para dos posturas respecto a él, cuando menos: una que consiste en la posibilidad de *inaugurar* esa vigencia cada vez que el intérprete de turno la proponga como guía para la acción; y otra que consiste en afirmar la *verdadera vigencia* cuando se la entienda en un sentido nuevo o diferente del que hasta ese momento se había admitido. Esta última postura, que nos parece más fecunda aunque no necesariamente menos arbitraria que la primera, puede conducir a equiparar la vigencia cuyo sentido se rechaza con la pura y simple no vigencia, en absoluto. De esa manera la nueva interpretación gozaría del brillo adicional que le prestaría al estar directamente entroncada con la fuente original, quedando las *falsas vigencias* intermedias desacreditadas como simples tergiversaciones malévolas. Esto intenta hacer Ricardo A. Martínez cuando, tratando del panamericanismo de Bolívar, afirma que:

> Un concepto muy difundido por los panamericanistas, para «ensalzar» la visión histórica de Bolívar, dice que «las ideas del Libertador *conservan su actualidad y vigencia*», lo cual no es cierto. Es en la etapa presente cuando sus ideas internacionales y las de otros estadistas de la independencia comienzan a tener vigencia: y, repetimos, es precisamente por esta circunstancia histórica que los artífices y paniaguados del Panamericanismo quieren apoderarse de ellas para adulterarlas, despojarlas de su contenido exclusi-

vamente latinoamericanista y ponerlas al servicio de la política de sojuzgamiento de los Estados Unidos. Las ideas internacionales de los libertadores
fueron en su época simples anhelos utópicos; *pero en la época en que vivimos
son consignas de lucha antimperialista*[84].

También el bolivarianismo ortodoxo, y precisamente por serlo
y por querer mantener su pureza, ha expresado su inconformidad con
la manera como suele afirmarse la vigencia de Bolívar, más orientada
hacia la satisfacción de las necesidades del *culto para el pueblo*, que a
darle una proyección real y constructiva a su legado, haciéndolo parte
de la conducta del ciudadano. En suma, se halla contradicción entre
esa vigencia exterior y sentimental y el propósito de ejemplaridad a
que pretende servir. Por eso, según Mario Briceño-Iragorry:

> Puede decirse que hemos tratado la historia de fuera con preferencia a las
> «razones» y a los «sentimientos» que movieron a hombres y a hechos. He-
> mos visto más a la liturgia de las efemérides que al permanente valor funcio-
> nal de la historia como creadora de actos nuevos. Hemos dado preferencia
> a la parte teatral de las circunstancias sobre los propios fines y resultados
> de éstas. A Miranda, a Bolívar, a Sucre, a Páez, a Vargas consagramos toda
> nuestra devoción cuando acaecen los ciclos cronológicos de sus vidas. Des-
> pués de haber exaltado hasta la hipérbole histérica el mérito de sus existen-
> cias magníficas, seguimos la vida cotidiana como si ninguno de los grandes
> pensamientos de ellos valiera la pena de ser tomado por empresa para lo
> común de nuestro quehacer de ciudadanos[85].

Esta reacción del bolivarianismo ortodoxo se explica por el cambio que se ha operado en el pueblo venezolano, hacia quien está orientado el culto en lo fundamental. El creciente desarrollo cultural del
pueblo, gracias sobre todo a la disminución del analfabetismo y a las
facilidades educacionales; la existencia de partidos políticos organiza-
dos con el consiguiente adoctrinamiento político de masas cada vez
más numerosas; la agudización y la transformación de los *problemas*

tradicionales de la sociedad venezolana y el surgimiento de nuevos y graves conflictos; la presencia de ideologías que basan en el despertar de las conciencias y en el desarrollo de la capacidad crítica del ciudadano común su propaganda y su funcionamiento organizado, son factores principales de un cambio considerable del estado intelectual del pueblo. Cada día se hace más difícil convencer con llamados a la fe, o con su imposición más o menos encubierta. Se hace necesario echar mano de mejores y más fundados instrumentos para preservar la fe y extenderla; es necesario robustecerla... presentándola de manera tal que resulte convincente incluso para los sectores más desarrollados culturalmente.

Y es que cuando no basta con el tradicional acatamiento de la vigencia de Bolívar surgen las preguntas. Son interrogantes que el bolivarianismo ortodoxo de no hace muchos años evitaba exponer, si le venían a la mente, o se cuidaba de formulárselas. Prefería concentrar sus fuerzas en refutarlas anticipadamente o en intentar impedir su surgimiento. Algunas de esas preguntas fueron enunciadas, con mucho acierto, por Alirio Ugarte Pelayo, aunque utilizándolas como mero punto de partida para afirmar la «Presencia de Bolívar en los problemas actuales de América»:

> ¿Cuál es la razón para que Bolívar, cuyas creaciones temporales fueron hundidas por las contradicciones de su tiempo y por la mediocridad rencorosa de algunos de sus contemporáneos; cuyo pensamiento mismo, producido en la acción y para el combate, estuvo cargado de lo contingencial de los sucesos en que participara; y cuyo verbo y cuya acción –polémicos, agresivos, a veces implacables– cargaron con el eco de los años calamitosos de su gesta, pueda todavía, no solamente presentarse con relieves de absoluta vigencia, sino proyectarse en la búsqueda de valores sustanciales que solamente en el futuro pueden encontrar realización?
>
> ¿Por qué, mientras otros héroes, que en su momento llenaron los ámbitos de naciones y de continentes, reposan en la augusta calma de los panteones, nuestro Bolívar continúa encarnando el olvidado mensaje de

Cristo, de no traer la paz sino la espada contra las injusticias y las conculcaciones?

El mismo orador observa que una respuesta apropiada a sus interrogantes requiere en primer lugar el abandono de las viejas prácticas del bolivarianismo tradicional:

> Para responder a esas cuestiones es necesario aplicar al análisis de la acción y del pensamiento de Bolívar la resolución insobornable de buscar la verdad, de proclamar toda la verdad, de arrojar al fango del oportunismo las máscaras que los turiferarios de la historia han pretendido colocar sobre las proposiciones que encarnan la vigencia del padre de seis Repúblicas[86].

Sería erróneo concluir, apresuradamente, que estamos ante una herejía que amenaza la perpetuidad del culto al debilitar su dogma. Nada sería más contrario al revisionismo así proclamado. Se trata, muy cabalmente, de un esfuerzo por robustecer el dogma depurándolo de vicios y adherencias caducas, de tal manera que su nueva formulación le haga responder a las necesidades de una nueva conciencia social y política, más desarrollada e ilustrada que la del pasado reciente. Este movimiento de *reforma* del culto denota, por una parte, la existencia de un sector de la población para el cual resulta del todo inapropiada la prédica simple y patriótica del bolivarianismo oficial tradicional y, por la otra, la necesidad que siente ese sector social de hallar en Bolívar, todavía, una respuesta a sus dificultades. Se confirma así la que podría ser ley de todos los cultos: «(...) si parece natural que en cada sociedad se dé la religión que le conviene no lo es menos que, en una misma sociedad, cada medio social, cada 'mundo', como decimos, cree una variedad de esa religión que responda a sus necesidades particulares»[87].

La presencia de este fenómeno de adaptación en el culto bolivariano ha tenido como consecuencia la aparición de diversas actitudes en los fieles, pero todas basadas en la aceptación de esa vigencia. Sumariamente, esas actitudes podrían presentarse así:

a) *Los herederos*: corresponde a quienes se sienten y actúan como administradores y usufructuarios del culto. Celosos de su integridad, reverentes hasta el simplismo, hacen gala de un sólido sentido anti-histórico que les lleva a negar de hecho la transformación del teatro histórico en que se encuentra enclavado el culto, *su* culto.

b) *Los continuadores*: no menos celosos y ortodoxos que los anteriores, pero con una intención activa, que les lleva a constituirse en una especie de cruzados-realizadores de los ideales bolivarianos. Forman el cuerpo de vanguardia del bolivarianismo oficial y muestran una intolerancia agresiva y misionera.

c) *Los exegetas*: son los admiradores extáticos de una gloria inmarcesible, convertida por ellos en su principal y quizá único alimento espiritual e intelectual. Van a la obra de Bolívar en búsqueda de inspiración e ideas, y hacen de su incesante y estéril estilo laudatorio una razón y un modo de vida.

d) *Los racionalizadores*: se muestran inconformes con cualquiera de las actitudes anteriores, e incluso les achacan la responsabilidad de la decadencia o de la ineficacia del culto que creen advertir. Acaban por convertirse en analistas y actualizadores forzados del pensamiento de Bolívar, supliendo con él su desamparo ideológico.

e) *Los patriotas*: *sienten* la gloria de Bolívar como pueden *sentir* un triunfo deportivo, y actúan como si creyesen que voceando sus méritos le favorecen y le ayudan a vencer en una justa imaginaria de la cual no pueden ser otra cosa que espectadores.

f) *Los hastiados*: forman el detritus maldito del culto. Perdida la fe, condensan su rebeldía en un *¡hasta cuándo!* que de inmediato es calificado de irreverente.

g) *Los reivindicadores*: convencidos del *mal uso* que se ha hecho de Bolívar, creen haber descubierto su *buen uso*, y parten al rescate del héroe para convertirlo en estandarte de nuevas causas. Exhiben de paso una escasez o una debilidad de sentido histórico, y una no menor carencia de recursos propios, que acaba por igualarlos con *sus* adversarios, a los que consideran, no obstante, *detentadores* de la gloria de Bolívar.

Y paramos aquí, pues corremos el riesgo de caer en los más bajos niveles, ilustrativos, y no por cierto con exclusividad, de la apesadumbrada y amarga sentencia unamuniana: «Lo triste es que la gloria fue de ordinario una alcahueta de la codicia»[88]. Nos referimos a quienes han hecho de la vigencia de Bolívar buen pretexto para mejores negocios. Estos bolivarianos del interés inconfeso parecen haber estado presentes en nuestra historia desde muy temprano. En todo caso, la imputación de tal adulteración del culto sí lo ha estado, pues ya le fue hecha a los reformistas de 1835, cuya *revolución* pusieron bajo la invocación de Bolívar. Con o sin razón, o no con toda razón, si juzgamos con los criterios expuestos por Caracciolo Parra-Pérez al estudiar esos hechos[89], los reformistas fueron presentados como:

> (...) individuos [que] no se tomarían la pena de ser tan fieles ejecutores de los planes de aquel hombre eminente, si no estuviesen impelidos por una causa vergonzosa: por la miseria en que los ha dejado su disipación; por su horror al trabajo; por el hábito de la ociosidad y la holgazanería. Mi amigo, yo no me cansaré de repetirlo: ningún país del mundo ha pagado con más profusión los servicios que se le han hecho, que el nuestro; pero la corrupción, la disipación han dejado a muchos de ellos en una situación de que ahora no encuentran otro modo de libertarse que haciendo revoluciones a costa del propietario honrado y pacífico. Las ideas de Bolívar no son más que el pretexto: la comodidad de vivir de empleos es el verdadero móvil[90].

Mas el uso del culto bolivariano y sus variantes obedecen a la condición de fuerza real que dicho culto ha adquirido en los diversos ámbitos de la vida venezolana. Su utilidad como vehículo para todo propósito puede ser sobradamente comprobada con solo tomar un periódico, una revista, escuchar la radio, etc. Multiplicando al infinito las presentaciones ha sido posible asociar la gloria de Bolívar a todos los terrenos de la vida, utilizándolo como escudo y como arma al servicio de causas de todo tipo. Quizá sea el más genérico de estos usos el señalado por Mario Briceño-Iragorry: «También nos valemos del Libertador para cubrir con los resplandores de su gloria lo opaco y menguado de nuestra realidad cívica». Esta vigencia interesadamente afirmada, que hace de Bolívar escudo y arma puestos a disposición del más osado o del menos escrupuloso, se funda en el indudable prestigio de que goza en el pueblo venezolano –prestigio cultivado oficialmente–, pero es posible gracias a que «como es Padre de todos, cualquier se cree con derecho de interpretar sus pensamientos y aún de ponerlos al servicio de intereses foráneos»[91].

Esta libertad de interpretación del Libertador no debe ser entendida como signo de ausencia de vigilancia y de intolerancia en su culto. Al contrario, si algún sector de la vida ideológica de los venezolanos es objeto de permanente guarda es precisamente el culto a Bolívar. Sería largo tratar de esta intolerancia, y ello nos conduciría fuera del tema del presente capítulo. Señalemos, no obstante, que esa libertad de interpretación debe ser entendida como coincidente, en sus fines últimos, con los que animan a los cultores de la intolerancia, o como franca rebeldía contra los mismos, según los casos, pero siempre que todos esos actos se hallen fundados en un mismo sentimiento hacia el héroe y en el reconocimiento de su vigencia. Así entiende la tolerancia la Sociedad Bolivariana de Venezuela, por ejemplo, cuando hace «un llamado al patriotismo venezolano» para cerrar filas contra peligros, imaginarios o reales, que amenazan la integridad del culto:

> La Sociedad Bolivariana hace un llamamiento a los escritores nacionales de todos los estilos y tendencias para que observen una pauta de reverencia en sus escritos sobre el Libertador, sin perjuicio de la más libre expresión (sic) de sus ideas. Está, desde luego, muy bien que se censure, pero está muy mal la violación de obligados sentimientos para con el autor de nuestra libertad[92].

La observancia de esta pauta ha presidido de hecho los más disímiles propósitos, sin alertar el celo oficial por cuanto *todos* se sitúan bajo el signo del acatamiento del núcleo fundamental del culto, o sea la proclamación de la vigencia de Bolívar y el reconocimiento de su participación activa en nuestra vida presente.

Así Bolívar será escudo de la Patria, incluso en las peores circunstancias, invocado por quienes padecían en el exilio las consecuencias de la conversión de esa misma patria en tierra inhóspita para ellos:

> (...) si la alpargata del gañán de «La Mulera» [General Juan Vicente Gómez] ha encallecido nuestros dorsos, tened por cierto que la bota del conquistador extraño jamás profanará el territorio nacional, ¿y sabéis por qué? Porque los manes de Bolívar inspirarán nuestros corazones y moverán nuestros brazos, y con la bandera que él tremoló hace una centuria volaremos al campo y nos batiremos como leones y si la suerte nos fuere infausta su dominio no se asentaría sino sobre un suelo cubierto de cenizas y cadáveres[93].

Al mismo tiempo que servía de escudo y arma a los *espíritus realistas* que fungían de teóricos al servicio de la dictadura que representaba ese estado de cosas:

> Sí señor –afirma Laureano Vallenilla Lanz–. Yo creo, como Renán y como el Libertador, en el «buen tirano»; y lo digo no veladamente ni con eufemismos impropios de mi carácter; y bien convencido estoy, como el gran filósofo francés, de que «Calibán, en el fondo, nos presta mayores servicios que Próspero, apoyado por los jesuitas y por los suavos pontificios»[94].

Igualmente, Bolívar será el denunciado cobijo de la entrega antinacional, como sucedió en la X Conferencia Interamericana de Caracas, según Mario Briceño-Iragorry:

> Bajo la presuntuosa tutela de los Padres de la revolución americana se firmarían tales compromisos y se harían semejantes declaraciones. Bolívar será invocado como el numen mayor en la pretensa reunión caraqueña. En su nombre se intentará entregar una vez más el decoro de nuestra América mulata. Bajo su amparo ficticio, los valores afirmativos de América se tro-

carán con los anti-valores de una América a la cual hoy se ofrece billete de retorno al coloniaje[95].

También será bandera de las fuerzas que se oponen a la entrega, que se proclaman a sí mismas *verdaderas continuadoras* del héroe y combaten a quienes tergiversan su legado:

> Los verdaderos continuadores de la política de independencia de nuestros países, de su lucha no concluida por convertirse en naciones libres y soberanas, son los pueblos de América, son sus fuerzas democráticas, son todos aquellos que se oponen a la diaria y sostenida agresión imperialista.
>
> Sirven, en cambio, los designios «del coloso», de nuestro enemigo tradicional convertido hoy en *nuestro principal enemigo*, quienes no toman en sus manos el legado de los Libertadores y tratan por el contrario de buscar pretexto y justificación al crimen que los Estados Unidos cometen en nuestra América[96].

Pero no es propiamente en el campo de esta suerte de esgrima bolivariana donde, sin embargo, mejor puede apreciarse el sentido de la vigencia entendida como plano superior del culto a Bolívar. Es cierto que esa esgrima puede estar relacionada con este nuevo campo, pero constituye con respecto a él la parte episódica. Nos interesa estudiar ese nuevo campo en sus postulados, que nos permiten pensar que es este el aspecto en el cual la transfiguración historiográfica *infligida* al Libertador, por razones muchas veces inconfesables, contraría nuestro desarrollo como pueblo: nos referimos a la desmesurada y antihistórica vigencia que se quiere dar a sus ideas, erigiéndolas en una suerte de filosofía política que se pretende imponer como guía de acción a un pueblo que ha superado, y con mucho, la situación histórica en que esas ideas se produjeron.

Esta empresa ideológica, tan contraria al sentido histórico, tiene su raíz en la afirmación de la perdurabilidad del legado de Bolívar, es decir, en la *propia naturaleza de la empresa*. Lo que equivale a decir que tiene por todo fundamento su propia afirmación, ya sea como reconocimiento de la perdurabilidad del legado, como lo hizo Juan Vicente González en 1839, cuando, refiriéndose a Bolívar y a Washington, afirmó que:

> Sus principios, sus doctrinas, cuanto dijeron desde la tribuna de un mundo, justificado por la victoria, irá a animar constantemente generosas revoluciones en Europa, despertará en todos los siglos recuerdos peligrosos al despotismo, y traerá tarde o temprano una alteración en los gobiernos, obligados a moverse en el círculo descrito por la superioridad de estos genios[97].

Ya sea que esa perdurabilidad se presente en forma de retorno a un legado que había sido desatendido, como lo hizo Cecilio Acosta en 1856, al referirse a *Colombia* cual «(...) una necesidad de la época, un tributo hecho a la historia, una profecía de Bolívar», y concluir que «Después de muchos años de errores, volvemos al evangelio del Grande Hombre»[98].

Esta proyección de la vigencia de Bolívar, basada en la perdurabilidad de su legado entendido como punto de partida o como meta de retorno, ha tropezado con objeciones que se ha intentado sortear hábilmente. Quizá una de las más sólidas de esas objeciones sea la que puede resumirse como *Bolívar superado por Bolívar*, expuesta por Pedro Manuel Arcaya en 1934:

> Bolívar tuvo la intuición de que había seguido un camino errado en materia de instituciones políticas; pero, cuando terminó la guerra de independencia, ya él estaba agotado y, por otra parte, sentía en sí mismo, agobiadora y trágica, la contradicción entre las ideas que como dogmas había acogido en su juventud y lo que su clarísima inteligencia le estaba haciendo ver en la realidad de las cosas[99].

Otra objeción, no menos sólida, que presenta el inconveniente adicional de constituir el resultado de la deficiente orientación del culto bolivariano, fue expuesta por Mario Briceño-Iragorry, en 1953, en los siguientes términos:

> Pero ocurre que la esclerosis histórica de cierta tesis del bolivarianismo ha terminado por hacer de Bolívar un «logos» infecundo y carente, en consecuencia, de toda posibilidad de concretarse, de encarnarse en la realidad presente. Bolívar ha dejado de ser una fuerza caminadora para convertirse en simple figura decorativa[100].

La refutación de estas objeciones ha estado a cargo de los *racionalizadores* del culto bolivariano. Su defensa se halla condensada en la ponencia presentada por José Luis Salcedo-Bastardo en el VI Congreso Latinoamericano de Sociología y podría descomponerse en tres tiempos:

a) *La afirmación inicial,* auténtica petición de principio: «Bolívar deja al continente un apretado y coherente conjunto de metas claras para edificar en el Nuevo Mundo un mundo nuevo».

b) *Amplia formulación del programa,* tan vaga que se hace *inobjetable*: «Independencia política, justicia económica, igualdad social, unidad jurídica».

c) *Prueba de la vigencia,* que resulta probada por cuanto podría *negarla*: «la vigencia de Bolívar se revela en lo que subsiste de incumplido todavía en su programa orgánico y coherente»[101].

De manera general puede decirse que estos intentos de racionalización de la vigencia de Bolívar, como paso conducente a su transformación en una ideología capaz de responder a las preocupaciones del hombre de hoy, tropiezan con dos géneros de dificultades, derivadas unas de las propias lagunas o de la inevitable caducidad que presenta la ideología invocada, y otras de la propia evolución histórica representada por el planteamiento de problemas que solo muy remotamente se relacionan con los encarados por el héroe, si es que existe esa relación.

Es tan claro este contraste, en su primer aspecto, que se resuelve en la necesidad de «destacar lo que hay de general y permanente entre lo anecdótico y provisional», en el «piélago innumerable de la literatura de Bolívar», según observara Alirio Ugarte Pelayo, apoyándose en la siguiente constatación:

> Si de los más complejos y unitarios sistemas filosóficos, si de esas cosmologías construidas por Aristóteles, por Kant o por Marx, es menester separar lo perecedero de lo trascendente y absoluto, ¿cómo no proceder así cuando se trata de quien no fue un filósofo sino un caudillo, de quien no fue un ideólogo formal sino un hombre de acción, de quien no meditó en jardines académicos ni en la penumbra de las bibliotecas, sino en medio al fragor de la más cruenta e interminable de las guerras contra sistemas militares, contra hombres enconados y contra elementos de una naturaleza cruel y desorbitada?[102].

Se trata, ni más ni menos, que del problema de la supervivencia de las ideologías, problema que parece resolverse en el sentido de que lo más perdurable de las mismas suele ser el método, por estar menos estrechamente vinculado a lo contingente. Esto ha sido admitido incluso para una ideología reciente, históricamente, acerca de cuya coherencia no hay disputas, como lo es el marxismo. En un ensayo sobre las posibilidades del conocimiento científico de la historia contemporánea, Jean Bruhat apunta al respecto que:

> Como todas las ciencias, el marxismo se supera a sí mismo. Sería fácil demostrar que precisamente, en lo concerniente a nuestro tiempo, el marxismo supera *por sí mismo* y por su propio movimiento las conclusiones a las cuales había llegado anteriormente. Ningún marxista digno de ese nombre se aferra, por ejemplo, a análisis hechos por Marx en 1867. Sino que, utilizando el método científico descubierto por Marx, es decir el materialismo histórico, observa, estudia y explica las transformaciones ocurridas desde 1867[103].

No hemos encontrado ningún testimonio acerca de la vigencia de Bolívar que pretenda adjudicarle el descubrimiento de un método.

En este sentido lo más lejos que se ha llegado es a atribuirle la creación de nuevos estilos en las relaciones internacionales, particularmente.

Más decisoria es la confrontación de la vigencia del héroe con la vasta gama de nuevos problemas surgidos del devenir histórico. Estos derivan de tan particulares antecedentes que constituyen realidades totalmente nuevas, por así decirlo, con relación a las vividas por el héroe. Sería cosa de ver cómo podrían encuadrarse en la vigencia ideológica de Bolívar los modernos problemas laborales y económicos, por ejemplo, o los derivados del auge científico belicista. Los intentos como el que acabamos de estudiar tienen que refugiarse en la vaguedad, en las imprecisas líneas que necesariamente conducen hacia la reivindicación de la ejemplaridad ética, la cual constituye, quizá, la parte más perdurable del legado.

Sirva de referencia para la apreciación de esta dificultad la enmienda que ha tenido que introducir recientemente otro culto heroico hispanoamericano, tan arraigado y tan denso como el de Bolívar. Ante situaciones históricamente nuevas, se asoma la perspectiva de una asimilación selectiva del legado de José Martí, y hasta podría decirse que de la magnitud de la porción asimilable depende su vigencia: «El entendimiento de los hechos y los caminos de la creación en Martí no pueden ser los de hoy, aunque en tanto tengamos que arrancar de su advertencia patriótica y literaria. Su ejemplaridad, absorbida martianamente, tiene mucho que hacer entre nosotros. La precisión de su cuota usufructuable configura su verdadera grandeza»[104]. No quiere decir esto, sin embargo, que se haya hecho abandono del culto, sino tan solo que se advierte la necesidad de adaptarlo a la nueva realidad: «El momento en que nos sitúa nuestra revolución ofrece nueva altura a la previsión martiana»[105], afirma el mismo autor, Juan Marinello, en su Lección Primera de la Cátedra Martiana impartida en la Universidad de La Habana, en 1962.

Estos escollos no arredran, sin embargo, al bolivarianismo ocupado en demostrar la vigencia del pensamiento del Libertador. Lejos de detenerse a elaborar una respuesta satisfactoria a objeciones como las apuntadas, se acoge a su *método* tradicional de la afirmación, y recurre a la audacia cuando es hora de mesura. Solo así podemos entender la afirmación de que: «El programa bolivariano no se detiene en las costas oceánicas, es un programa ecuménico, se remite en última instancia a todos los pueblos del orbe a los cuales América saluda desde su juventud histórica»[106]. Valga la frase en lugar de demostración.

Ante la dificultad –o la imposibilidad, según creemos– de demostrar la vigencia del pensamiento bolivariano de manera tan absoluta y enfática como se pretende, siempre quedará al bolivarianismo ortodoxo la posibilidad de abandonar sus intentos de hacer de esa vigencia un programa para los tiempos de hoy, y regresar a su inicial posición que consistía en ver esa vigencia como derivada del valor simbólico del héroe. En ello estará acompañado por los bolivarianos *reivindicadores*, que ven en Bolívar «(...) el símbolo de la lucha antimperialista, no del sojuzgamiento nacional al cual ha servido el panamericanismo»[107].

ACOTACIONES

N.º 1

La omnipresencia de Bolívar en la vida de Venezuela es hecho observable sin dificultad. Quizá la explicación –por cierto la más satisfactoria para los devotos y promotores de su culto–, dada por Mario Briceño-Iragorry, resuma la cuestión: «Bolívar no es un difunto. Bolívar es el héroe permanente y ubicuo». («El caballo de Ledesma». *Pasión Venezolana*. Caracas-Madrid, Edime, 1954, p. 47).

La síntesis más completa y expresiva de esa omnipresencia de Bolívar la compuso Santiago Key-Ayala en su «Vida ejemplar de Simón Bolívar». (*Obras selectas*. Caracas-Madrid, Edime, 1955, p. 5).

A cada momento oís nombrar a Simón Bolívar. A cada momento oís llamarlo también «El Libertador». Su nombre aparece diariamente en los periódicos innúmeras veces. Sus retratos son incontables: de frente, de perfil, de cuerpo entero, en busto. Pintado en colores, en negro; en suntuosos marcos dorados o en humilde cañuela de cedro; a caballo, en apostura triunfal; a pie, espada al cinto; en traje de guerrero, en traje civil; con un legajo de papeles, signo del legislador. Fijo con tachuelas a la pared; en la casa del rico, en el rancho del pobre; en la quinta de la ciudad, en la choza campesina que se destaca del cerro sobre el azul del cielo o el verdor de la campiña.

Su rostro, grave y pensativo, no podéis olvidarlo. Lo tenéis en las estampillas de correo, en las cartas de vuestros padres, de vuestros hermanos y de vuestros amigos, y en vuestras propias cartas. Está en las blancas monedas de plata y en las relucientes amarillas monedas de oro. Si vais a una oficina pública, lo encontraréis en sitio principal, junto con la bandera y el escudo de la Patria. La plaza mayor y más lujosa de la ciudad mayor de nuestro país se llama plaza Bolívar. Y en casi todos los pueblos de nuestro país, donde hay una sola plaza, se llama Bolívar, y si hay más de una, la que se construyó primero lleva el nombre del Libertador. Bolívar se llama la principal ciudad del Orinoco, la antigua Angostura. Bolívar se llaman estados, distritos, municipios. Bolívar se llama la unidad monetaria de Venezuela. Como los franceses cuentan su dinero en francos, nosotros contamos el nuestro en bolívares.

Hay en las plazas bustos y estatuas que lo representan.

En ello se ha visto una prueba objetiva e irrefutable del amor y la admiración de un pueblo por su Libertador, como lo apuntó Luis Emilio Gómez Ruiz, entonces ministro de Relaciones Exteriores, con ocasión del traslado de la estatua de Bolívar a la avenida de las Américas en Nueva York, el 19 de abril de 1951 (*Discurso en homenaje al Libertador Simón Bolívar*, p. 4):

Las creaciones del arte; los monumentos esparcidos por las más apartadas regiones; las innumerables producciones de carácter histórico, científico y literario de que él es objeto; la veneración con que de todas partes se acude a visitar, como templos de la libertad y de la gloria, los campos de sus batallas cuyos nombres ya repercuten con el eco inmortal de la epopeya; las sociedades constituidas por doquiera para rendirle culto; los homenajes que nuestras Repúblicas le tributan cuando, fieles a su admonición, se reúnen para deliberar acerca de sus comunes intereses, son argumento suficiente para demostraros por qué no puedo pretender que mis palabras, pronunciadas en nombre de mi patria, os inciten a amar lo que la vuestra ama, a admirar lo que ella admira, a conocer lo que conoce.

Buen cuidado pone el Poder Público, por su parte, en alimentar y promover esos sentimientos en el pueblo venezolano, reforzando sin cesar la omnipresencia del Héroe. Sirva de muestra la siguiente noticia de prensa: «Ochenta mil oleografías del Libertador repartirá el Congreso. Es el homenaje del Parlamento a Caracas Cuatricentenaria» (*El Nacional*. Caracas, 21 de julio de 1967). En la información se especifica que: «Las oleografías serán distribuidas en las escuelas, cuarteles, centros de historia, instituciones culturales, etc.». Esta actitud del Poder Público encontró su sanción legal en el Artículo 2.º» de la «Ley sobre el uso del nombre, la efigie y los títulos de Simón Bolívar», promulgada el 20 de junio de 1968: «La efigie de Simón Bolívar deberá ser colocada en lugar de honor en todas las oficinas públicas y los establecimientos docentes y culturales. No se permite su exhibición en lugares o centros de actividades reñidas con la moral».

Culminan de esta manera, en la consagración legal, dos vertientes de la devoción del pueblo venezolano por el Libertador. Por una parte, el *culto popular*, siempre anclado en la conciencia colectiva con tonos en los que predominan la ternura y la fe ingenua sobre todo género de elaboración ideológica, en actitud que bien capta Manuel Díaz Rodríguez en su novela *Sangre Patricia* (Caracas, 1902, pp. 44-45), al componer el personaje de la abuela del protagonista, Tulio Arcos:

Muy poco y rara vez hablaba de sí misma. De su propia vida oculta, solamente se conocía la imponderable suavidad con que narraba la vida de los otros. De los otros hablaba mucho y siempre: del hermano, de los tíos, de su padres y de los contemporáneos de su padre. De modo invariable, por sus reminiscencias pasaban la silueta y el nombre de algún personaje ilustre. Y de modo invariable, sus narraciones las balbuceaba con un principio ingenuo:

–Tal día, á tal hora, estaba el Libertador...

O bien:

–Tal día, á tal hora, el Libertador me sentó sobre sus rodillas, y dijo...

Pero Tulio muy pocas veces hubiera podido recordar en dónde estaba *aquel* día el Libertador, ni repetir las palabras que el Libertador dijo á la abuela. Él no existía sino para la caricia de aquella voz que lo refrescaba como un bálsamo.

Por otra parte, el sostenido esfuerzo de los bolivarianos militantes por conquistar para el Héroe de su culto los más altos y universales signos de reconocimiento, cuya máxima expresión quizá sea la recogida por Santiago Key-Ayala en su obra «Luz de Bolívar» (*Obras selectas*, p. 331): «Boliviana. Uno de los pequeños planetas cuya órbita está comprendida entre las de Marte y Júpiter. Fue bautizado así por su sabio descubridor Max Wolf en homenaje a la América Latina por sugestión del ilustre astrónomo y escritor Camilo Flammarión. Boliviana es el número 712 de los pequeños planetas. Wolf, director del observatorio de Heidelberg, lo descubrió el 19 de marzo de 1911. Por una tradición de la ciencia astronómica, los nombres de los pequeños planetas son femeninos. Esto explica la adopción de Boliviana, para poder dedicarlo al Libertador».

La magnitud del fenómeno a que nos referimos ha impuesto la necesidad de explicaciones. En ocasiones cuesta distinguir en ellas cuánto hay de tales, en estricto sentido, y cuánto hay de pura y simple comprobación de una realidad creada –con participación franca y decidida del Poder Público–, que es tomada como una realidad original

y espontánea. Es decir, se hace explicación del origen del fenómeno
con base en las manifestaciones propias del culto, y se termina por no
saber si Bolívar es símbolo universal de los venezolanos por espontáneas actitudes y prácticas de un pueblo o por obra de un culto oficial
e institucionalizado.

En este orden de ideas, con razón pudo decir Rafael Caldera
que: «... difícilmente se podrá encontrar en la historia el caso de otro
pueblo tan identificado con la gloria de un hombre, como Venezuela lo está en el amor de la gloria de Bolívar. Bolívar es para nosotros
símbolo de la nacionalidad, como pueden serlo la bandera, el himno
y el escudo. Mejor dicho, sin él encontraríamos incompleta la significación de los otros» («Bolívar, símbolo de un deber actual». Separata
de la *Revista Nacional de Cultura*. Caracas, mayo-junio de 1951, n.º
86, p. 6). Esta concepción fue recogida por la Sociedad Bolivariana
de Venezuela en su «Exposición de motivos de la Ley sobre el uso del
nombre, las efigies y los títulos de Simón Bolívar», de 28 de marzo
de 1967, dirigida al Congreso Nacional: «Se ha considerado como de
necesidad inaplazable que el nombre y las efigies de Simón Bolívar,
así como sus títulos de Libertador y Padre de la Patria, se encuentren
debidamente amparados desde todo punto de vista legal, como lo están los símbolos patrios: la Bandera, el Escudo y el Himno Nacional»
/ «En realidad, desde el punto de vista patriótico, tal omisión legisla-
tiva no tiene razón de ser desde el momento en que se consideran al
nombre y a las efigies de Bolívar así como sus títulos de Libertador
y Padre de la Patria, como símbolos gloriosos dignos de figurar en el
mismo plano en que están los símbolos indicados anteriormente». El
Congreso Nacional se limitó a establecer en el Artículo 1.º de la Ley
ya mencionada que: «El nombre y la efigie de Simón Bolívar, así como
sus títulos de Libertador y Padre de la Patria, son patrimonio histórico
de la Nación, en cuyo territorio deben ser venerados por los venezolanos y respetados por los extranjeros».

Ha encontrado de esta manera realización lo que José María de
Rojas advirtió en 1883: «La historia de Venezuela es todavía y será por

mucho tiempo la historia de Bolívar, no ya sólo por merecimientos de quien trajo un mundo a la vida del derecho, sino también por virtudes de una generación legendaria, que vive aun en el corazón de la patria, y llena con sus recuerdos y con sus grandezas inmarcesibles la historia de todo un siglo». (*Simón Bolívar*. París, Librería de Garnier Hermanos, 1883, pp. VI-VII).

Todo lo cual no impide que muchos estimen, todavía, que hay frialdad en el culto, a la manera de José Abel Montilla cuando confiaba, en 1941, que: «He pensado, más de una vez, que a los venezolanos, fríos en el culto de sus grandes hombres, se les hace necesaria una permanencia en El Ecuador y el trato con los hijos de ese noble país, para sentirse un tanto culpables de su conducta y para tratar de modificarla, que algunas veces viene de la ignorancia o de un escepticismo sin justificación». («Palabras... Palabras...». *Tres Conferencias*. San Cristóbal, Imprenta del Estado, 1941, pp. XXI-XXII). Nada hay de extraño, por consiguiente, en que conserve plena vigencia, para quienes así piensan, la justificación que dio Tulio Chiossone de su obra *Últimos años del Libertador*: «(...) Justifica este trabajo la necesidad de contribuir diariamente a la difusión de la personalidad del Libertador entre todas las gentes, pues se tiene por sabido y averiguado que entre nosotros hay muchos, quizá la minoría, que poseen grandes conocimientos históricos, y también muchos que apenas han oído nombrar al Libertador. Creo que ningún libro sobre el Libertador es inútil, porque si adolece de cualidades literarias, por lo menos sirve para recordarlo, para tener siempre presente que vivimos en la patria de aquel que todo lo sacrificó por la Libertad de América». (Mérida, Tip. El Lápiz, 1930, p. VII).

N.º 2

Los requerimientos del culto, en el sentido de un Bolívar católico –creyente y observante–, encuentran en el incidente del terremoto de 1812 y en la célebre exclamación de Bolívar un serio escollo. Resulta fácil, y así lo comprendió José Domingo Díaz, señalar el pecado de blasfemia en quien no se resignó ante la voluntad divina y hasta la retó con jactancia que chocaba con el acendrado catolicismo de la época. Para salvar tal escollo se han seguido tres orientaciones fundamentales:

A. *La exaltación y la justificación de la exclamación de Bolívar, prescindiendo de sus implicaciones religiosas*: no es operación fácil, pero sí realizable cuando se anteponen a toda otra consideración las consecuencias felices del desafío. No vaciló en realizar esa operación el presbítero Antonio Luis Mendoza, en discurso pronunciado con ocasión del centenario de Monagas: «Del centro de aquellas inmensas ruinas se levanta un hombre, cual figura apocalíptica, lívido el semblante, de mirada terrible y con voz de trueno grita esta homérica frase: 'si la naturaleza se opone á nuestros designios, lucharemos contra ella y haremos que nos obedezca!...', frase tan atrevida como poderosa que repercute con bélico acento en los ámbitos más lejanos de los pueblos que había de redimir la espada del egregio Libertador(...) Y ese fue el grito de guerra, y ese el himno anticipado de la victoria!». (*Discursos del Padre Mendoza*. Valencia, Imp. de C.A. Mendoza, 1897, p. 54). Ya antes, y en franca refutación de la interpretación dada por José Domingo Díaz, había puntualizado Felipe Larrazábal que:

> (...) Bolívar, con aquella penetración de que estaba dotado, comprendió al momento el gran partido que los realistas podían sacar de tan horrible catástrofe, presentándola como un castigo del Cielo «por el pecado de la independencia»; y al ver á José Domingo Díaz, *conocidamente godo*, sin que éste le hablase siquiera, le dijo aquellas palabras que no son extravagantes, sino reveladoras de un alcance y de una perspicacia superiores. –El propio Díaz, que después había de escribir tantas inepcias, y sostener como un fanático, que «la culpable Caracas recibió el castigo que le descargó el brazo de la justicia divina»; que «el terremoto era castigo del Cielo por los sacrílegos actos de rebeldía contra el legítimo monarca»; ese mismo Díaz no alcanzaba que podía pensar después lo que Bolívar adivinaba ya que pensaría; y aque-

lla frase «lucharémos» manifiesta cuál era la decisión irrevocable de aquel hombre, que nada podía hacer volver atrás, ni las alteraciones, ni los más horrendos fenómenos de la naturaleza. (*Vida del Libertador Simón Bolívar.* Nueva York, 1866, pp. 108-109).

Hubo de enfrentarse al escollo Pedro Emilio Coll en su disertación sobre los «Años de aprendizaje de Simón Bolívar» (*La Escondida Senda.* Madrid, 1927, p. 30-31), destinada a proponer a Bolívar como paradigma de la juventud. A tal efecto y olvidándose de la imputación de blasfemia, presenta a los jóvenes un Bolívar que: «sobre los escombros de Caracas, en medio del terremoto de 1812, que los amedrentados sacerdotes declaran castigo del cielo para los conjurados contra el trono –porque las falaces ambiciones suelen hacer al cielo cómplice de sus deseos–, lanzará esta trágica imprecación, que, más que la posibilidad ilimitada de dominar las fuerzas cósmicas, es signo del máximo dinamismo de una voluntad imperiosa: 'Si la Naturaleza se opone, lucharemos contra la Naturaleza y la venceremos'». En circunstancias semejantes, puesto que se trataba de una «Vida ejemplar de Simón Bolívar» (*Obras selectas*, Caracas-Madrid, 1955, p. 33), Santiago Key-Ayala resolvió el problema apelando a la condición sobrehumana de Bolívar: «En las ruinas de San Jacinto, Bolívar es formidablemente humano. Es el hombre, fuerte por la conciencia de lo que puede frente a la naturaleza. El carácter en medio del pánico. El valor genial frente al miedo. La fe, de frente a la duda. Los hechos le dieron toda la razón. Nunca apóstrofe al parecer más jactancioso fue mejor justificado».

Refrenda esta orientación un sacerdote, el presbítero Pedro Pablo Barnola, S. J., quien en su obra titulada *Por qué Bolívar* (Caracas, Imprenta Nacional, 1960), ofrece una elaborada justificación de la controvertida exclamación bolivariana:

Y ahora, en el instante de la frase pronunciada entre los escombros del terremoto, aquel ideal se ratifica en prenuncio de realidad ya en marcha, y queda rasgado el velo de toda posible duda, porque la conjunción de aquellos dos brazos [formados por sus «palabras en la Sociedad Patriótica el 4 de julio y su juramento en Roma...»] se acaba de realizar, como en vértice maravilloso, en el corazón magnánimo y decidido de Bolívar. Que eso y no otra cosa fue –y así debe admirarse– la vibrante exclamación salida del corazón y lanzada frente a todo posible obstáculo de la naturaleza. Aquello fue como el refrendado y ratificación, preciso y consciente, del juramento romano. Pocas veces juramento alguno fue tomado más a pechos. Pocas veces juramento alguno en los fastos de la historia pudo encerrar compromiso más amplio y trascendental. Pero pocas veces también, juramento de tal categoría encontró molde y calor donde fraguar con tan acabada seguridad como en el corazón del esforzado hijo de Caracas (p. 12).

B. *La refutación, argumentada, del carácter blasfemo de la exclamación bolivariana*: obviamente, no puede haber abogado más idóneo en esta causa que un sacerdote, y ha sido efectivamente uno, monseñor doctor Enrique María Dubuc, quien produjo el más completo y conciso alegato que hayamos encontrado sobre el asunto. Lo hizo en una *Oración Fúnebre*, pronunciada en su condición de obispo de Barquisimeto en el Templo de San Francisco de Caracas, con motivo del Centenario de la traslación de los restos mortales del Libertador y Padre de la Patria, el 17 de diciembre de 1942:

Esta frase inmortal, que excede en inspiración y magnificencia a todas las que han pronunciado los grandes hombres a través de los siglos, es la más genuina expresión de la épica personalidad de Bolívar, es una síntesis sublime del programa de su espada, es el brote más fulgurante de su genio soberano.

Bien sabéis que la incomprensión y la mezquindad han dado a esta frase una espuria y maligna interpretación como si hubiera sido una impiedad blasfematoria escapada de los labios del Grande Hombre en las horas álgidas de aquel sísmico desastre. Otros, meticulosos y falsos exegetas del pensamiento del Libertador, habrían deseado borrarla de las páginas de nuestra historia, temiendo puerilmente que aquella pretensa blasfemia empañara un tanto la gloria de nuestro Héroe; pero han ignorado que con semejante desacato histórico habrían extinguido la más bella revelación de su recia genialidad, habrían ocultado la más pujante manifestación de su virilidad gallarda, y habrían destruido el sólido fundamento de su exclusiva y típica grandeza.

Para justificar su ridícula imputación, aquellos apasionados intérpretes han debido acusar de panteísmo a Bolívar; pero él fue discretamente racional para distinguir entre la naturaleza y el Creador de ella, él fue sobradamente inteligente para no dar en la crasa estupidez de querer luchar contra Dios, y fue suficientemente sensato para no pretender vencer a la Divinidad (pp. 11-12).

Elude el punto teológico Santiago Key-Ayala, y al referirse en su «Vida ejemplar de Simón Bolívar» (*Obras selectas*, p. 33) a la frase que José Domingo Díaz, «(...) el enemigo irreductible», «califica de demencia y de blasfemia», compone un sintético alegato historicista: «Pudiera parecerlo, si la historia de la civilización no representara en realidad la historia de la lucha del hombre con la naturaleza», alegato recogido por Rafael Caldera: «Apreciamos como flor de la raza aquella identidad sorprendente entre el Bolívar del terremoto de Caracas y el Bolívar febril de Pativilca. No fue blasfemia, nó, sino expresión del más alto deber del hombre americano, su reto homérico a la naturaleza sobre las ruinas del templo de San Jacinto. Key-Ayala lo sugiere con atildada inteligencia, al recordar que no otra cosa es la epopeya de la humanidad que una lucha constante, un supremo vencimiento de la naturaleza». (*Op. cit.*, p. 8).

Corresponde a otro sacerdote, el presbítero Pedro Pablo Barnola, S. J. (*Op. cit.*, pp. 10-11 y 11-12, respectivamente) establecer la conexión entre el alegato historicista y el teológico, reuniéndolos en una síntesis exculpatoria por demás elocuente. Barnola comienza por hacer el cuadro histórico en que se produjo la exclamación:

La tremenda consternación general que el suceso produce, en momentos cuando todavía hay grandes sectores de la población aun criolla que no tienen concepto claro de lo que significa el nuevo orden político, y el goce de las libertades legítimas, de una nación que ha hecho uso del derecho inalienable de su autodeterminación; y cuando todavía está reciente el recuerdo del estado de cosas anteriores, en el que la figura del Monarca peninsular y la rendida sumisión a su régimen y autoridad, habían creado la falsa conciencia colectiva de que, ante Dios y ante los hombres sólo era lícito y conveniente a los americanos seguir siempre sometidos a aquel régimen; cuando todo esto ocurría –decimos– nada extraño resultaba que más de una persona influyente, tanto en el orden cívico como en el religioso, se persuadiera, y creyese su deber persuadir a las gentes, de que aquel desastre sísmico era como un aviso claro de Dios mismo, que permitía que la naturaleza estremeciéndose manifestara a los venezolanos que se habían equivocado de camino, y que debían volver a la antigua fidelidad al Monarca de las Españas.

A continuación encara el problema desde el punto de vista teológico y le da una solución entre rotunda y especiosa:

La frase no era ninguna blasfemia ni iba dirigida en son de soberbio desacato contra la soberanía de Dios, como malignamente la han interpretado los enemigos de nuestras glorias, y como parece haber sido la impresión que el malévolo cronista Díaz quiso despertar en sus lectores. Interpretarla en tan mal sentido equivale a decir que también Bolívar miraba el terremoto como obra directa de Dios; y éste era cabalmente el falso concepto que quería borrar de las mentes de aquel público ansioso de una palabra de aliento y de esperanza en medio de su explicable consternación. No era Bolívar tan mal cristiano ni tan escaso de luces, como para lanzar la ridícula baladronada de un reto a Dios.

C. *La reinterpretación del significado del terremoto como expresión de la voluntad divina*: hemos hallado dos muestras de esta orientación que son particularmente expresivas. Una, elaborada cual correspondía, la produjo monseñor Enrique María Dubuc en la circunstancia ya anotada (*Op. cit.*, p. 13). Comienza por establecer que «(...) La naturaleza, que el genio de la libertad americana enfocó y apostrofó, es ese conjunto de factores naturales que se opone a toda grande empresa; es esa creatura enemiga del hombre de acción que envidiosa lo persigue en todas partes; es esa maldición del Génesis caída en la tierra para sancionar la culpa original; es ese demiurgo infernal armado de espinas y abrojos que intercepta o hace difíciles los caminos de esta vida, y contra el cual el hombre, por mandato de Dios, debe luchar con éxito para poder vestirse de inmortalidad. 'Sólo al que lucha y vence —dijo Jesucristo— le daré a comer del fruto del árbol de la vida que está en Dios'»; y termina por componer una definición de esa naturaleza que reúne lo telúrico con lo histórico: «(...) esa naturaleza maligna que improbó el Libertador no sólo fué el efecto catastrófico que para la causa de la independencia produjera en el pueblo venezolano la desgracia del terremoto, interpretada fanáticamente por predicadores realistas 'que abusaban sacrílegamente de la santidad de su ministerio', sino también toda la oposición que él sabía iba a encontrar en los caminos de la libertad».

La segunda muestra constituye una curiosa operación ideológica que hace del terremoto nada menos que un acicate divino a favor de la emancipación. Así lo apreció P. E. Hernández, hijo, orador de orden en la Recepción Oficial del 5 de julio de 1911 en San Fernando de Apure. El orador no vaciló en afirmar que: «Bolívar al creer en la oposición de la Naturaleza, en ese día de tremenda prueba, sufrió un error», y esto fue así porque el terremoto era en realidad la protesta de la tierra venezolana ante el dominador ibero: «(...) Es el reproche hacia los indecisos y la cólera del dios de las naciones para los que el 19 de Abril de 1810, tuvieron la debilidad de proclamar los derechos de Fernando VII!!». (*El 5 de Julio en Apure, 1810-1911*, p. 47).

N.º 3

Al intentar hacer una clasificación de los fieles omitimos a los *imitadores*, por ser, en su versión elemental, los más ridículos. Santiago Key-Ayala los caracterizó con toda propiedad: «La innegable sugestión que la personalidad de Bolívar ejerce después de su muerte, hermana de la que ejerció por vida, induce en espíritus débiles la tentación de remedarle, no seguirle. Ciertos actores que repetidamente han caracterizado en las tablas a un gran personaje acaban por caracterizarlo en la vida diaria, poniéndose en ridículo. No podían faltar, y no han escaseado en la vida venezolana, los remedos, las caricaturas de Bolívar». («Vida ejemplar de Bolívar». *Obras selectas*, p. 62). Por otra parte, esta actitud es en su esencia común a diversos tipos de fieles, como lo es también la «bolivaritis», o sea, según el mismo autor, «(...) cierta inflamación del entusiasmo y la especialización que se apodera de algunos fanáticos, bolivaristas». («Luz de Bolívar». *Ibídem*, p. 330).

Los *herederos* merecieron de Mario Briceño-Iragorry una severa condena indirecta cuando afirmó que Bolívar «(...) está vivo, y si muchos lo miran como muerto, debemos luchar tenazmente contra tal idea. Bolívar murió para aquellos que quisieron hacerse sus albaceas». («El caballo de Ledesma». *Pasión venezolana*. Caracas-Madrid, Edime, 1954, p. 47).

Los *continuadores*, y en cierta forma quienes adoptan actitud similar, gozan de algún grado de benevolencia en la visión de Santiago Key-Ayala: «A un nivel más alto y excusable, otros se agarran a las faldas de la casaca del Libertador para colarse tras él en el templo de la gloria. Anhelan formar en el cortejo de los grandes cometas bolivarianos. Estos al menos, cuando son circunspectos, dejan algo para el bien colectivo. Pájaros de la huerta bolivariana, expropian la fruta para su propia ventaja, pero esparcen la semilla». («Vida ejemplar de Bolívar». *Obras selectas*, p. 65).

Cabe establecer diferencias de grado entre los *exegetas*, según predomine en ellos la actitud de admiradores extáticos o la de quie-

nes buscan en Bolívar inspiración e ideas, en actitud activa, constructiva, que los reúne con los *reivindicadores*. Alirio Ugarte Pelayo
podría representar esta última postura con elevación de espíritu y de
propósito: «Bolivariano convencido, Alirio martillaba siempre sobre
el pensamiento del Padre de la Patria. 'Por eso quiero –decía– que
nos remontemos hoy al pensamiento de Bolívar. Que analicemos las
tres coordenadas ideológicas para entender el curso de la historia de
nuestros pueblos, y que afirmemos con toda claridad y sin vacilacio-
nes, que ellas representan un resumen y una exaltación de la filosofía trascendental que debe orientar los pasos de nuestros pueblos'».
(«Pensamiento político de Alirio Ugarte». *El Mundo*, Caracas, 21 de
mayo de 1966).

Como ilustración de los *racionalizadores* cabría mencionar un
buen número de obras, muchas de las cuales ya hemos citado a lo largo de este estudio. Los niveles más elevados de este género podrían
estar representados por obras como *Visión y revisión de Bolívar*, de J.
L. Salcedo Bastardo, y *El Magisterio americano de Bolívar*, de Luis Bel-
trán Prieto Figueroa.

Los *patriotas* fueron cáusticamente caracterizados por José Rafael Pocaterra al enumerar los «tipos» observados por él en la cárcel
de *La Rotunda*: «X 8.º. Puerilidad. Presuntuosidad física. Lugares
comunes como base ideológica. Ideales de 'raza', de 'familia' y de
'patriotismo'... Combinación ideológica: Bolívar, Belmonte, Alfon-
so XIII (o sea la 'madre patria'), y 'las primeras familias de Caracas'».
(*Memorias de un venezolano de la decadencia*. Caracas, 1936, vol. II,
p. 95).

Los *hastiados* se ubican en una extensa gama cuyos polos no es
fácil precisar. Entre la exclamación tremendista y la razonada censura
de los excesos del culto se dan todos los tonos imaginables. Quizá sea
la síntesis más mesurada de esta posición la expresada por Santiago
Key-Ayala al referirse a que: «Gentes alarmadas han pedido que se en-
tierre a Bolívar tal como un grande español pidió se enterrase al Cid.
Pero el muerto sería demasiado grande. Para enterrarlo faltaría la in-

mensa urna que pedía para enterrar sus sueños y su dolor el poeta del Intermezzo y para llevarla en hombros, los doce gigantes. No abundan los gigantes en estos tiempos y no se encontrarían para cargar la urna simbólica de Bolívar. Y pues no es posible enterrarlo, hagamos algo mejor y más justo. Sigamos su alto ejemplo». («Vida ejemplar de Simón Bolívar». *Ibídem*, p. 68).

Los *reivindicadores* han existido en todo tiempo y se manifiestan en forma continua o intermitente. En este último caso suelen hacerlo coincidiendo con alguna coyuntura crítica, de orden político o social, que pone de relieve la necesidad de la orientación bolivariana. Un reciente y expresivo ejemplo de esta actitud la dio Miguel Ángel Burelli Rivas, cuando en su condición de embajador de Venezuela en Inglaterra promovió el estudio del pensamiento bolivariano en la Universidad de Cambridge. Con tal motivo publicó un artículo titulado «Repatriemos a Bolívar» (*El Nacional*, 5 de julio de 1967), en el cual se contrasta la creciente estimación de que goza Bolívar en el extranjero con la apatía y hasta el encono respecto de su figura que exhiben los venezolanos, tan necesitados, por otra parte, de su guía:

«Ello [la adopción del Discurso de Bolívar ante el Congreso de Angostura como texto en la cátedra de castellano en la Universidad de Cambridge] ocurre, mientras en la patria de origen muchos han decidido que es anticuado; o cursi, o poco conveniente recordar a Bolívar; cuando su ejemplo parece ser eludido como insufrible admonición; cuando modernos filisteos ratifican el destierro de tanto idealismo y desprendimiento tanto. / «Pero no es posible mantener más, respecto de Bolívar, esa incierta conducta proditoria. Él es la mayor expresión humana y política de todo un mundo; pero es también un compatriota sin cuya presencia no hay República, ni vertebración nacional, ni desarrollo futuro que nos vincule y acredite como país trascendental». No puede haber duda de la veracidad de este aserto, puesto que: «Fuera de Bolívar no hay caminos, como lo ha visto y sufrido nuestra arrogante suficiencia de siglo y medio. Permitámosle, entonces, que con su constancia, con su previsión, con su sentido ético de la vida, presida la marcha de esta Venezuela de dispersos vigores que se forja con sangre de inmigrantes sin pasado criollo y con criollos sin conciencia histórica. Al fin y al cabo, con él hemos de dar en cualquier parte a donde nos lleven la integración y la cultura; donde se combinen armoniosamente la libertad, el progreso y la justicia: eso que hoy llamamos el desarrollo».

Los *negociantes* del culto bolivariano dan con qué nutrir un enjundioso capítulo. Su acción cuadra en la de aquellos que Mario Briceño-Iragorry denominaba «(...) cultivadores de cementerios históricos» («El caballo de Ledesma», *Pasión venezolana*, p. 73). Unas veces se trata del negocio político, como lo observó José Rafael Pocaterra: «Vallenilla [Laureano Vallenilla Lanz] andaba mendigando la amistad de Vivas por los pasillos del Registro de Caracas en 1913 y cultivaba el 'bolivarianismo' de este canciller 'pour-rire' a fin de irse metiendo en la confianza de Miraflores». (*Op. cit.*, vol. II, p. 185). Otras formas de explotación de la gloria y el nombre de Bolívar señala Santiago Key-Ayala como especialmente odiosas: «Hay la explotación indigna en provecho de intereses menudos. Formas burdas de explotación mercantil. Prácticos y aventureros invocan la gloria de Bolívar aun para las más rastreras combinaciones del petardo. Cualquier chato representante de los más inferiores estratos de la intelectualidad se diputa embajador bolivariano y pronuncia la palabra mágica a cuyo conjuro se abren las puertas de los establecimientos de cultura, las salas de conferencias, a veces hasta las puertas del Panteón, las de las cajas fuertes y los bolsillos recelosos. Venir 'en nombre de Bolívar' es conquistar honores y proventos. ¿Quién ha extendido la credencial? 'Viene en nombre de Bolívar'. La palabra surte su efecto mágico. El procedimiento es fácil y seguro». («Vida ejemplar de Simón Bolívar». *Op. cit.*, p. 64). La simple y abusiva explotación comercial, que naturalmente acompaña todo culto, ha llevado a que la recién promulgada «Ley sobre el uso del nombre, la efigie y los títulos de Simón Bolívar» disponga en su artículo 3.º: «Se prohíbe utilizar la efigie y el nombre de Simón Bolívar, así como sus títulos de Libertador y Padre de la Patria, en materia comercial, industrial u otras análogas que impliquen fines lucrativos de cualquier orden».

NOTAS AL CAPÍTULO V

1   Luis Correa, «Juan Vicente González», *Terra Patrum*, p. 53.

2   Antonio Leocadio Guzmán, «El 17 de diciembre de 1842». *La doctrina liberal. Antonio Leocadio Guzmán*, t. I, p. 265.

3   *Ibídem*, p. 259.

4   Ramón Díaz Sánchez, *Guzmán, Elipse de una ambición de poder*, pp. 252-253.

5   Antonio Leocadio Guzmán, *Op. cit.*, p. 263.

6   Ramón Díaz Sánchez, *Op. cit.*, p. 247.

7   *Ibídem*, p. 244.

8   Francisco González Guinán, *Historia contemporánea de Venezuela*, t. XII, p. 465.

9   José Pareja y Paz Soldán, *Juan Vicente Gómez, un fenómeno telúrico*, p. 147.

10 Francisco González Guinán, *Op. cit.*, t. XII, p. 483.

11 Rafael María Baralt y Manuel María Urbaneja, «Catecismo de la Historia de Venezuela», Rafael María Baralt, *Obras completas*, t. II, p. 780.

12 Mariano Picón Salas evoca de esta manera los efectos de la «enseñanza catequística de la historia»: «... Me embeleso mirándola [a una alumna], mientras la señorita Emilia toma la lección de Historia de Venezuela por el libro de Antonia Esteller e inquiere de pronto:

    —¿Quién era el tirano Aguirre?

    Y debemos responderle para ser fieles al libro:

    —Un vizcaíno inquieto y de una ferocidad incomparable.

Y como un ser cubierto de horrendo pelo, de palabrotas blasfemas y extraño cuchillo de vengador, permanentemente desenvainado, imaginamos al cruento caudillo de la Conquista». *Viaje al Amanecer*, p. 93.

13 Luis Correa, «En el Panteón Nacional, en la mañana del 28 de octubre». *Boletín de la Academia Nacional de la Historia*, Caracas, octubre-diciembre de 1939, t. XXII, n.º 88, p. 538.

14 Alberto Castillo Arráez, *Breve ensayo sobre la metodología de la historia*, p. 9.

15 Domingo A. Olavarría (Luis Ruiz), *Historia Patria. Décimo estudio histórico-político. Refutación al "Manifiesto Liberal" de 1893,* p. 28.

16 Antonio Álamo, «Palabras... en la apertura de la sesión solemne de la Academia de la Historia en el Paraninfo de la Universidad Central», en homenaje a Francisco de Miranda con motivo del bicentenario de su nacimiento, el 27 de marzo de 1950, *Boletín de la Academia Nacional de la Historia*, Caracas, abril-junio de 1950, t. XXXIII, n.º 130, p. 216.

17 José Pareja y Paz Soldán, *Op. cit.*, pp. 84-85.

18 Ramón Díaz Sánchez, *Op. cit.*, p. 245.

19 Gustavo Luis Carrera, *Bolívar y los signos de una nueva identidad intelectual y literaria*, inédito.

20 Charles Guignebert, *El cristianismo antiguo*, pp. 14-15.

21 Augusto Mijares, «El Libertador como político». *Boletín de la Academia Nacional de la Historia*, Caracas, enero-marzo de 1931, t. XIV, n.º 53, pp. 14-15.

22 Miguel de Unamuno, *Vida de Don Quijote y Sancho*, p. 21.

23 Luis Correa, «Los estudios históricos en Venezuela». *Boletín de la Academia Nacional de la Historia.* Caracas, enero-marzo de 1937, t. XX, n.º 77, p. 183.

24 Juan Vicente González, «Mis exequias a Bolívar», *La doctrina conservadora. Juan Vicente González*, t. 2, p. 447.

25 Francisco Machado, «Intervención en la Convención Nacional de Valencia sobre requisitos para ser elegible diputado (1858)». *Conservadores y liberales. Los grandes temas políticos*, p. 545.

26 César Zumeta, «Discurso pronunciado en la plaza Petión de Caracas, el 10 de julio de 1911». *La doctrina positivista*, t. II, p. 312.

27 Carlos Irazábal, *Hacia la democracia*, p. 124.

28 *Ibídem*, p. 125.

29 *Ibídem*, p. 126.

30 Ángel Francisco Brice, «La creación de Bolivia». *Revista de la Sociedad Bolivariana de Venezuela*. Caracas, 17 de diciembre de 1959, vol. XVIII, n.º 61, p. 572.

31 Enrique Bernardo Núñez, «La historia de Venezuela». *Una ojeada al mapa de Venezuela*, p. 234.

32 José Gil Fortoul, Prefacio a la segunda edición de la *Historia Constitucional de Venezuela*, vol. I, p. 9.

33 Esta tesis es sostenida por autores de muy diversas y hasta contrapuestas ideologías. Atengámonos a la formulación ponderada de Charles C. Griffin: «En el caso de las revoluciones de independencia americanas el resultado fue la creación de nuevos Estados soberanos, pero no se produjeron transformaciones sociales tan importantes y fundamentales como en las revoluciones del viejo mundo. [...] Una interpretación socio-económica de la época de la Independencia Hispanoamericana». *Los temas sociales y económicos en la época de la Independencia*, p. 11.

34 José Luis Salcedo-Bastardo, *Visión y revisión de Bolívar*, p. 383.

35 «El VI Congreso Latinoamericano de Sociología». *Crítica contemporánea*, Caracas, mayo-junio de 1961, n.º 5, p. 29.

36 José Luis Salcedo-Bastardo, *Op. cit.*, p. 72.

37 «Me vio Bolívar y me dirigió estas impías y extravagantes palabras: *Si se opone la Naturaleza, lucharemos contra ella y la haremos que nos obedezca*». José Domingo Díaz, *Recuerdos sobre la rebelión de*

Caracas, pp. 98-99. (Ver acotación n.º 2, p. 325).

38 «No es ya el tiempo de burlar las disposiciones gubernativas, y todo el peso de la ley caerá sobre los infractores», escribió Bolívar al Arzobispo, a propósito de «... los incentivos que en el confesionario se suministraron a la guerra sorda que al fin aniquiló nuestra independencia». «Carta de Simón Bolívar al Arzobispo de Caracas, 10 de agosto de 1813», Simón Bolívar, *Obras completas*, vol. I, p. 59.

39 «Del Episcopado Venezolano a sus Diocesanos. El acuerdo del 17 de mayo [*sic*] de 1930». Está fechado en Caracas «a los 17 días del mes de marzo de 1930». Firman Felipe, Arzobispo de Caracas y 8 obispos (*El Centenario de 1830,* pp. 142-143). Por su parte, el Arzobispo de Caracas se dirigió a sus «Amados hijos» en esta forma: «En este día solemnemente triste en que se hace la conmemoración de la muerte del Padre de la Patria, de aquél refulgente sol de la libertad, que pasó por el mundo regando constelaciones de pueblos libres, de Bolívar, quien en más de una ocasión levantó su voz para proclamar la unión de la espada con el incensario, quien en todo momento quiso vivir bajo el madero santo de la Cruz y en la hora de su muerte llevó adentro, muy adentro, a Jesucristo, Rey de las naciones, venimos a pediros una oración por su alma». *Ibídem*, pp. 143-144.

40 José Pareja y Paz Soldán, *Op. cit.*, p. 144.

41 Nicolás E. Navarro, *La cristiana muerte del Libertador*, p. 8.

42 José Alberto Espinoza, «Oración fúnebre en el templo de San Francisco». Félix R. Fragachán, *Simón Bolívar*, pp. 51-52.

43 «Palabras pronunciadas por Joaquín Gabaldón Márquez el 12 de febrero de 1928, con motivo de la Semana del Estudiante, en la concentración estudiantil efectuada en la plaza de la Pastora, alrededor del busto de José Félix Ribas». Joaquín Gabaldón Márquez, *Memoria y cuento de la Generación del 28,* pp. 159-160.

44 Rafael Fernando Seijas, *El Presidente*, p. 29.

45 Mario Briceño-Iragorry, *Mensaje sin destino*, p. 75.

46 «La Nueva sede de la Sociedad», *Revista de la Sociedad Bolivariana de Venezuela*, Caracas, 24 de julio de 1960, vol. XIX, n.º 63, p. 271.

47 «Bases para el concurso Premio Anual 'Sociedad Bolivariana de Venezuela'». *Revista de la Sociedad Bolivariana de Venezuela*, Caracas, 24 de julio de 1962, vol. XXI, Nº 71, p. 452.

48 Pedro José Rojas, «¡Bolívar!», *La doctrina conservadora. Pedro José Rojas*, t. I, p. 57.

49 Mario Briceño-Iragorry, *El fariseísmo bolivariano y la anti-América*, p. 12.

50 El Decreto de creación de la Academia Nacional de la Historia, del 28 de octubre de 1888, establece en su artículo 2.º: «Esta Academia tendrá las siguientes obligaciones:

1.ª Coleccionar para su Biblioteca, impresos y manuscritos sobre Historia.

2.ª Formar un Monetario.

3.ª Adquirir y formar colecciones de toda clase de objetos que puedan calificarse como monumentos históricos.

4.ª Examinar y juzgar los textos de enseñanza sobre Historia, sin cuyo requisito no podrán ser adoptados por el Gobierno.

5.ª Examinar y juzgar las obras de Historia que el Gobierno se proponga imprimir a costa del Tesoro público.

6.ª Trabajar por aclarar los puntos difíciles o dudosos sobre la Historia de América, desde los tiempos más remotos hasta la época presente, y en especial lo que se refiera a Venezuela.

7.ª Fomentar los estudios de este género de literatura por medio de certámenes, conferencias públicas, o de cualquiera otra manera adecuada.

8.ª Abrir y sostener correspondencia con Academias de Historia del Extranjero.

9.ª Escribir textos de Historia para la enseñanza elemental y obras de carácter superior para la instrucción de orden elevado.

10.ª Acopiar materiales para la Historia de Venezuela en todas las diversas manifestaciones de la actividad pública, á cuyo efecto empezará á formar los anales patrios á contar desde la fecha de su instalación; y dictar, en suma, todas las disposiciones que considere útiles para el mejor desempeño del alto encargo que se le confía por el presente Decreto».

Academia Nacional de la Historia, *Reglamentos y memorias*, t. I, 1889-1915, pp. 31-34.

51 «En el Panteón Nacional, en la mañana del 28 de octubre. Palabras del Señor Luis Correa», *Op. cit.*, t. XXII, n.º 88, p. 538.

52 «Exposición leída por el Secretario de la Academia, Señor Luis Correa». *Boletín de la Academia Nacional de la Historia*, Caracas, octubre-diciembre de 1939, t. XXII, n.º 88, p. 548.

53 Academia Nacional de la Historia. *El movimiento emancipador de Hispanoamérica* (actas y ponencias), t. I, p. 175.

54 *Ibídem*, p. 185.

55 «Carta del General José Rafael Gabaldón al General Juan Vicente Gómez, fechada Santo Cristo, 7 de septiembre de 1928». Joaquín Gabaldón Márquez, *Op. cit.*, p. 172.

56 José Luis Salcedo-Bastardo, *Op. cit.* (Solapa).

57 Antonio Álamo, *Op. cit.*, p. 216.

58 Tulio Febres Cordero, «Orígenes de la fiesta patriótica del 28 de octubre». *Obras completas*, vol. II, p. 345.

59 *El Centenario de 1930. Recopilación de Homenaje y de Recuerdo Histórico a la Memoria del Libertador Simón Bolívar*. Caracas, Ediciones de Publicidad «Arpissa», 1931, pp. 816.

60 Félix R. Fragachán, *Op. cit.*, p. 19.

61 *Discurso de incorporación del individuo de número doctor Caracciolo Parra-Pérez*, pp. 14-15.

62 Francisco González Guinán, *Op. cit.*, t. XII, p. 310.

63 *Ibídem*, p. 482.

64 Ramón Díaz Sánchez, *Op. cit.*, p. 586.

65 Francisco González Guinán, *Op. cit.*, t. XII, p. 462.

66 Ramón Díaz Sánchez, *Op. cit.*, p. 587.

67 Francisco González Guinán, *Op. cit.*, t. XII, pp. 469-470.

68 «Acta de la Municipalidad de Caracas». *Revista de la Sociedad Bolivariana de Venezuela*, Caracas, 24 de julio de 1962, vol. XXI, n.º 71, pp. 215-216.

69 Tulio Febres Cordero, «Dos versos de Bolívar». *Obras completas*, vol. II, p. 343.

70 Tulio Febres Cordero, «Apuntes históricos. El primer monumento a Bolívar». *Obras completas*, vol. II, p. 378.

71 José Pareja y Paz Soldán, *Op. cit.*, p. 86.

72 Tulio Febres Cordero, *Op. cit.*, *Obras completas*, vol. II, p. 378.

73 Mario Briceño-Iragorry, *Mensaje sin destino*, pp. 25-26.

74 José Luis Salcedo-Bastardo, *Op. cit.*, p. 388.

75 Juan Marinello, *Martí desde ahora*, p. 3.

76 Wenceslao Roces, *Algunas consideraciones sobre el vicio del modernismo en la historia antigua*, p. c5-77.

77 Mario Briceño-Iragorry, *Mensaje sin destino*, p. 39.

78 Ramón Díaz Sánchez, «El Bolivarianismo de Cecilio Acosta». *Revista de la sociedad Bolivariana de Venezuela*. Caracas, 24 de julio de 1962, vol. XXI, n.º 71, p. 234.

79 Juan Vicente González, *Op. cit.*, p. 458.

80 Cecilio Acosta, «Cosas sabidas y cosas por saberse». *Cecilio Acosta* (Colección Pensamiento Político Venezolano del siglo XIX, vol. 9), p. 142.

81 César Zumeta, *Op. cit.*, pp. 313-314.

82 Francisco González Guinán, *Op. cit.*, t. XII, p. 482.

83 *Ídem.*

84 Ricardo A. Martínez, *El Panamericanismo, doctrina y práctica impe-rialista*, pp. 97-98.

85 Mario Briceño-Iragorry, *Mensaje sin destino*, p. 27.

86 Alirio Ugarte Pelayo, «Presencia de Bolívar en los problemas actua-les de América», *Cuadernos Americanos*. México, setiembre-octubre de 1960, año XIX, n.º 5, p. 205.

87 Charles Guignebert, *Op. cit.*, p. 14.

88 Miguel de Unamuno, *Op. cit.*, p. 55.

89 Caracciolo Parra-Pérez, *Mariño y las guerras civiles*, vol. I.

90 Francisco Javier Yanes, hijo, «Epístolas Catilinarias. Primera». *Con-servadores y liberales. Los grandes temas políticos*, pp. 24-25. (Ver acotación n.º 3, p. 332).

91 Mario Briceño-Iragorry, *Mensaje sin destino*, pp. 25-26.

92 «Un llamado al patriotismo venezolano». *Revista de la Sociedad Bolivariana de Venezuela*. Caracas, 24 de julio de 1960, vol. XIX, n.º 63, p. 276.

93 Jorge Luciani, *La dictadura perpetua de Gómez y sus adversarios*, pp. 18-19.

94 Laureano Vallenilla Lanz, *Cesarismo democrático*, p. 220.

95 Mario Briceño-Iragorry, *El fariseísmo bolivariano y la anti-América*, pp. 54-55.

96 *De un Congreso de Independencia a una reunión colonialista*, p. 40.

97 Juan Vicente González, *Op. cit.*, p. 444.

98 Cecilio Acosta, *Op. cit.*, p. 142.

99 Pedro Manuel Arcaya, «Un tratado de Sociología». *Estudios de sociología venezolana*, p. 255.

100 Mario Briceño-Iragorry, *El fariseísmo bolivariano...*, p. 13.

101 «El VI Congreso Latinoamericano de Sociología», *Op. cit.*

102 Alirio Ugarte Pelayo, *Op. cit.*, p. 206.

103 Jean Bruhat, «L'Historien face à son temps». *La Pensée*, París, enero-febrero de 1962, n.º 101, p. 19.

104 Juan Marinello, *Op. cit.*, pp. 12-13.

105 *Ibídem*, p. 14.

106 J. L. Salcedo-Bastardo, *Op. cit.*, pp. 384-385.

107 Ricardo A. Martínez, *Op. cit.*, p. 152.

CONCLUSIONES

En la vida ideológica de Venezuela la constante presencia de quien simboliza su Emancipación ha adquirido la forma de un culto. Dicho culto rendido a Bolívar constituye el eje del culto heroico venezolano, en su forma más general. Se ha estructurado históricamente a partir del momento en que las hazañas por él cumplidas o personificadas culminaron con el triunfo después de una lucha larga, azarosa y sangrienta. Fama y prestigio, a un nivel hasta entonces desconocido por los americanos, rodearon su nombre y lo distinguieron como el autor de la libertad de los pueblos.

Desde aquel momento la figura del héroe ha sido objeto de inagotable atención hasta en sus menos significativos detalles, con el resultado de que a la vista de la enorme masa documental que testimonia de su vida y hechos, y más todavía, ante la profusión de los estudios que se le han consagrado, asalta al investigador la sensación de que se trata de uno de esos casos en que la persistente atención prestada a un tema, lejos de adelantar el conocimiento del mismo, lo hace cada vez más confuso, cada vez menos convincente.

Aumenta de grado la inquietud cuando el investigador advierte que no es cuestión de un tema de conocimientos que, fría o entusiastamente considerado, se iguale en su proyección con los tantos que puedan interesarle. La tenaz vinculación de la conciencia nacional, de la vida toda de un pueblo, a la imagen de su héroe máximo, constituye un fenómeno de tal naturaleza y de tan diversas consecuencias, que su estudio confiere toda su dignidad a la tarea del historiador al situarla en un plano de extraordinaria complejidad y de acentuada trascendencia. Si puede calificarse de complejo el esfuerzo por desentrañar las numerosas implicaciones de la vinculación vital de un pueblo con su pasado histórico, personificado en el Héroe, no es menos cierto que cuanto a ese tema se refiera toca también a la conciencia nacional y compromete la responsabilidad social del historiador.

Mas esa vinculación tiene su historia, y ella encierra las posibilidades de comprender el fenómeno. Si para algunas mentes no bastare este fundamento de la legítima preocupación del historiador, sirva de prueba suplementaria su necesidad de intentar captar las líneas más generales del desenvolvimiento ideológico de su pueblo, como paso necesario a la comprensión global de ese desenvolvimiento, sin la cual reinaría la incoherencia, la desarticulación y se desvirtuaría, en última instancia, el sentido del conocimiento histórico.

Por todo ello el estudio del culto a Bolívar tiene para el historiador el significado de una contribución a la mejor definición de la conciencia nacional, al promover su apoyo en categorías históricas cuidadosa y críticamente establecidas, despojadas de velos o de tergiversaciones propias a conducirla por vías que pueden serle adversas.

A esta preocupación responde el presente ensayo, cuyas conclusiones exponemos a continuación, pero no sin antes consignar nuestra crítica valoración de las mismas en razón de las dificultades que hemos encontrado en el tratamiento de un tema en el cual la inagotable riqueza de matices solo puede compararse con la de los requerimientos metodológicos. Por eso consideramos estas páginas un esbozo para un ensayo crítico de la Historia de las ideas en Venezuela. Ellas dan prueba, más que de la suficiente actitud de quien cree haber comprendido, de la sentida y legítima aspiración a comprender.

A. Cuando la inquietud inicial surgida a propósito de la figura histórica de Bolívar se trueca en indagación, al percibir una dificultad merecedora de estudio, los resultados preliminares confirman lo presentido, y a medida que adelanta la indagación se hace más patente que puede hablarse con propiedad de una doble condición de la figura histórica de Bolívar. Así, ella aparece compuesta por la que reúne significados reales y por la que combina significados atribuidos. Los primeros de esos significados corresponden al hecho histórico de la existencia y la obra de Bolívar. Sobre ellos se extiende el producto de una historiografía marcadamente orientada hacia la exaltación de esos valores.

De allí que pueda hablarse de una figura de Bolívar formada por la historiografía. Pero no se trata, en modo alguno, de resultados accidentales o erróneos. Se trata, en todo rigor, del producto de una labor conscientemente aplicada a la construcción de un culto. Mas tampoco este culto fue, en sus inicios, resultado de actos o propósitos arbitrarios. Históricamente nace en condiciones determinadas y se muestra como factor activo del acontecer histórico. Gestado durante la guerra, al calor de los triunfos y de la infatigable dirección del héroe, ese culto reingresa a la vida pública venezolana, oficialmente, el 17 de diciembre de 1842, con ocasión del repatriamiento de los restos mortales del Libertador. En rigor jamás había desaparecido de la escena: el prestigio difícilmente mensurable alcanzado por Bolívar sufrió un acentuado decaimiento durante el proceso de desintegración de la Gran Colombia, pero no es menos cierto que sobrevivía en la conciencia popular y que fue precisamente con base en esa supervivencia, y apoyándose en ella, como se desarrolló la campaña de agitación política que culminó con el mencionado repatriamiento.

Reingresa así Bolívar, de derecho, a la vida pública venezolana, y lo hace cuando llena una función real e importante en esa vida, pues si bien su reivindicación por la oposición liberal radical le da visos de programa popular el Gobierno entiende convertirlo en símbolo de su propia política, declarándose cuidador de sus restos y continuador de su programa. Bolívar contribuía de esta manera al fondo ideológico de una Venezuela cuyas fuerzas políticas comenzaban a definirse positivamente. Al desempeñar este papel el culto a Bolívar cumple funciones como factor de unidad nacional, al contribuir a desalentar veleidades separatistas; como factor de gobierno, al proporcionar un programa coherente del mismo; y como factor de superación nacional, al ofrecer una pauta ejemplarizadora para estimular el espíritu cívico.

B. Se daban así, desde el primer momento, los tres aspectos fundamentales de la significación del culto como factor del proceso histórico. Y, en cierto modo, lo elaborado posteriormente ha sido tan solo desarrollo de aquella fase primaria del culto. Esta obra ha sido cumplida por la historiografía venezolana con tan empeñoso celo que ha creado la situación a que nos referimos al comienzo de estas líneas. Para ello ha puesto todos sus esfuerzos en formar una figura histórica que corresponda a las necesidades del culto, o que esté encuadrada en esas necesidades. Para lo cual ha debido, frecuentemente, distribuir las luces y las sombras según criterios no muy fundados científicamente, hasta el punto de que aún hoy puede hablarse de la necesidad de continuar la búsqueda de aquella figura histórica, para observar en ella aspectos descuidados por una historiografía presidida por la imagen augusta del Padre de la Patria, su máxima creación, lograda a partir del prestigio cierto e inmenso de que gozó en vida.

C. Mas sería muestra de escaso sentido histórico el ver esta operación ideológica como la obra de escritores e historiadores que al hacer tal cosa satisfacían motivos personales. El estudio histórico revela que la instauración de ese culto fue preparada y comienza a realizarse al favor de una coyuntura histórica particularmente crítica y de profundas repercusiones. Esa coyuntura no es otra que el tránsito de la sociedad colonial a la nueva sociedad emancipada. La guerra no había sido concebida como la sola expresión de un natural derecho a operar un simple cambio político. Había sido presentada, y realmente concebida, como una empresa de transformación de la sociedad, de promoción de la misma a un nuevo *status*. La tardanza en el advenimiento de este último marca el punto inicial de la que parece

ser una constante del pensamiento venezolano: el permanente interrogarse acerca de nuestras posibilidades como pueblo. Ante la invencible dificultad representada por una realidad que poco o ninguna
relación guardaba con la nueva sociedad prometida, hubo indagación
angustiada de las causas de ese estado, y se extremaron las búsquedas
hasta el punto de componer una nutrida maraña de causas. Pero tal
indagación no se agotaba en el hallazgo de estas. Tenía un sentido
constructivo que se concretaba en la proposición de remedios y en la
estimación crítica de sus resultados. Por ello ha podido hablarse de la
convivencia en el pensamiento venezolano de una constante de optimismo y de otra de pesimismo.

D. En esta búsqueda de un orden social que realizara el programa de la Emancipación, Bolívar desempeña, por obra del culto
de que es objeto, un papel múltiple. Por una parte simboliza las posibilidades del hombre venezolano, refutando con su sola existencia
las tesis denigratorias acerca de esas posibilidades. Por otra, se halla
erigido en función de juez censor al representar la conciencia nacional ante la cual estaba comprometido el esfuerzo individual y colectivo de los venezolanos por lograr una sociedad estable y el progreso.
Aún más, su figura simbólica brindaba a los desalentados un consuelo y un refugio al cual podían acudir en solicitud de nuevas fuerzas
cuando la hostilidad ambiental los derrotaba. Pero, quizá sea la función más importante la que le compete como guía probado, capaz
de orientar los afanes de todos hacia la consecución de los resultados
que tanto tardaban. Esto hacía, a la vez que su culto adquiría para
los venezolanos el carácter de una segunda religión con la perfección
heroica como meta. Dicha perfección se halla personificada en Bolívar, quien compendia en su gloria las virtudes y los anhelos de todo
un pueblo.

Es a partir de esa base históricamente objetiva como se construye el culto. La admiración y la gratitud del pueblo tomó pronto, por
efectos de una conciencia popular fuertemente religiosa, un aspecto
de mitificación del héroe admirado y querido. La vastedad de la obra

por él simbolizada y la apreciación exaltada de las dificultades que hubo de vencer, al parecer sobrehumanas, abrieron la vía normal de la mitificación. A ello contribuyó, en otro plano, la obra de historiadores y escritores imbuidos de una concepción individualista extrema de la historia y diestros en el manejo de los medios románticos de expresión.

E. Pero la mitificación del héroe tuvo en este caso un sentido particular, que la distancia de lo habitual en procesos semejantes. El héroe pierde sus contornos en la medida en que estos son más y más estudiados, más y más definidos. Esto que podría parecer paradójico se explica porque el héroe no es mitificado a la manera popular y legendaria solamente, sino que lo es como objeto de un culto. Este es el Bolívar formado por una historiografía orientada a satisfacer las necesidades de su culto. Para ello se ha puesto énfasis en todos los aspectos de su vida, interpretándolos con criterios de predestinación y de sobrenaturalidad que han culminado en la pura y simple deificación.

La múltiple aplicación del culto a Bolívar no ha sido, pues, función solamente de una admiración uniforme y espontánea por su gloria. Ha sido más que eso. Al estructurarse como un culto, la veneración por Bolívar se convirtió en un factor de la vida política y social, además del principal componente de la fórmula cultural del pueblo venezolano. Por una parte, la dirección y la protección de ese culto por parte del Estado se tradujo en su organización administrativa e institucional. Por otra, el programa ideológico simbolizado por Bolívar ha prestado su prestigio a las más disímiles y contrapuestas causas.

La organización institucional del culto ha significado una transformación de la naturaleza del mismo. Su inicial condición de *culto de un pueblo*, como forma directa de expresión de admiración y de amor, se ha trocado en la organización de un *culto para el pueblo*, dotado de una liturgia que tiene por finalidad cuidar del objeto del culto y promover su desarrollo. Esto no ha significado, sin embargo, la desaparición de la forma inicial, la cual subsiste hoy replegada al campo de lo folclórico, y coexiste con la forma más elevada del culto, representada por la vigencia del héroe, entendida como esfuerzo de actualización de su legado y con su adaptación a circunstancias históricamente diferentes de las confrontadas por él.

BIBLIOGRAFÍA

ADVERTENCIA

Esta bibliografía se compone de las obras directamente citadas en el texto. Debe observarse que muchos de los títulos corresponden a selecciones, antologías u obras completas, de allí que en las notas de pie de página aparezcan citados más autores y obras de los aquí recogidos. Varias de las obras consultadas lo fueron también en revistas y boletines de la especialidad.

- Academia Nacional de la Historia. *Reglamentos y Memorias.* Caracas, t. I, 1889-1915.
- —————————. *El movimiento emancipador de Hispanoamérica.* Actas y Ponencias, Madrid, 1961.
- —————————. *El pensamiento constitucional hispanoamericano hasta 1830.* Biblioteca de la Academia Nacional de la Historia, n.º 41-44, Madrid, 1961.
- Acosta, Cecilio. *Cecilio Acosta.* Colección Pensamiento Político Venezolano del Siglo XIX, vol. 9, Caracas, 1961.
- Adriani, Alberto. *Estímulo de la juventud.* Caracas, 1964.
- Álamo, Antonio. «Palabras del doctor Antonio Álamo en la apertura de la sesión solemne de la Academia Nacional de la Historia en el Paraninfo de la Universidad Central», en homenaje a Francisco de Miranda con motivo del bicentenario de su nacimiento, el 27

de marzo de 1950. *Boletín de la Academia Nacional de la Historia*. Caracas, abril-junio de 1950, t. XXXIII, n.º 130, p. 216.

- Alvarado, Lisandro. «Neurosis de hombres célebres de Venezuela». Ver: *La doctrina positivista*, vol. 1.

- Arcaya, Pedro Manuel. *Memoria presentada a las Cámaras Legislativas de los Estados Unidos de Venezuela por el Ministro de Relaciones Interiores en 1927*. Caracas, 1927.

- ——————. *Estudios de sociología venezolana*. Caracas, Editorial Cecilio Acosta, 1941.

- Arismendi Brito, Pedro. «Discurso pronunciado en la Junta Pública y Solemne del 4 de febrero de 1895, para conmemorar el primer centenario de Antonio José de Sucre». Ver: *Memorias de la Academia Nacional de la Historia*, t. I.

- Arráiz, Antonio. *Culto bolivariano*. Caracas, Ed. Cóndor, 1940.

- Austria, José de. *Bosquejo de la historia militar de Venezuela*. Biblioteca de la Academia Nacional de la Historia, n.º 29 y 30, Madrid, 1960.

- Azpúrua, Ramón. *Biografías de hombres notables de Hispanoamérica*. Caracas, Imprenta Nacional, 1877.

- Baralt, Rafael María. *Obras completas*. Barcelona de España, Ediciones de la Universidad del Zulia, 1960.

- Barnola, Pedro Pablo. *Por qué Bolívar*. Caracas, Imp. Nacional, 1960.

- Betancourt, Rómulo. *Trayectoria de un régimen democrático*. Caracas, Imprenta Nacional, 1948.

- Blanco, Eduardo. *Las noches del Panteón*. Caracas, Edic. de la Línea Aeropostal Venezolana, 1954.

- ——————. *Venezuela Heroica*. Caracas, Edit. Elite, 1935.

- Blanco, José Félix. *Bosquejo histórico de la revolución de Venezuela*. Biblioteca de la Academia Nacional de la Historia, n.º 28, Madrid, 1960.

- Blanco Fombona, Rufino. *El espíritu de Bolívar*. Caracas, 1943.

- *Boletín de la Academia Nacional de la Historia*.

- Bolívar, Simón. *Obras completas*. La Habana, Editorial Lex, 1950.

- *Bolívar y su época*. (Compilación de Manuel Pérez Vila). Publicaciones de la Secretaría General de la Décima Conferencia Interamericana, Colección Historia, n.º 10. Caracas, 1953.

- Brice, Ángel Francisco. «Constitución Bolivariana». *Revista de la Sociedad Bolivariana de Venezuela*. Caracas, 17 de diciembre de 1958, vol. XVII, n.º 57.

- ——————. «La creación de Bolivia». *Revista de la Sociedad Bolivariana de Venezuela*. Caracas, 17 de diciembre de 1959, vol. XVIII, n.º 61.

- Briceño y Briceño, Domingo. «Discurso en la Junta General del 30 de marzo de 1834». Ver: *Sociedad Económica de Amigos del País. Memorias y estudios, 1829-1839,* vol. II.

- Briceño-Iragorry, Mario. *Introducción y defensa de nuestra historia*. Caracas, Tip. Americana, 1952.

- ——————. *Mensaje sin destino*. Colección Nuestra Tierra, n.º 3. Caracas, Editorial Ávila Gráfica, 1952.

- ——————. *El fariseísmo bolivariano y la anti-América*. Madrid, Ediciones Bitácora, 1953.

- ——————. *Pasión venezolana*. Caracas-Madrid, Ediciones Edime, 1954.

- ——————. *El caballo de Ledesma*. Ver: *Pasión venezolana*.

- Briceño Perozo, Mario. «El Bolívar que llevamos por dentro». *Revista Nacional de Cultura*. Caracas, mayo-junio de 1959, n.º 134.

- Bruhat, Jean. «L'historien face à son temps». *La Pensée*. París, enero-febrero de 1962, n.º 101.

- Brunicardi, Rafael. *Por los caminos de la Patria*. Caracas, «Agencia Musical», 1941.

• Cabada, Teodosio. «Elogio a Bolívar en cien palabras». *Sociedad Económica de Amigos del País*. Caracas, 28 de octubre de 1959, vol. XVIII, n.º 60.

• Caldera, Rafael. *Bolívar, símbolo de un deber actual*. Separata de la *Revista Nacional de la Cultura*. Caracas, mayo-junio de 1951, n.º 86.

• Carbonell, Diego. *Escuelas de Historia en América*. Buenos Aires, Imprenta López, 1943.

• ——————. *General Simón Bolívar, Libertador-Presidente de la República de Colombia. Autobiografía*. Buenos Aires, Imprenta López, 1945.

• Carlyle, Tomás. *Tratado de los héroes, de su culto y de lo heroico en la historia*. Barcelona, Edit. Iberia, 1957.

• Carrera, Gustavo Luis. *Bolívar y los signos de una nueva identidad intelectual y literaria*. (Inédito).

• Carrera Damas, Germán. *Contribución al estudio del pensamiento intervencionista en México en el siglo XIX*. México, 1958.

• ——————. *Entre el bronce y la polilla*. Caracas, Publicaciones de la Dirección de Cultura de la Universidad Central de Venezuela, 1958.

• ——————. *Crítica histórica*. Caracas, Publicaciones de la Dirección de Cultura de la Universidad Central de Venezuela, 1960.

• ——————. *Tres temas de Historia*. Caracas, Facultad de Humanidades y Educación de la Universidad Central de Venezuela, 1961.

• ——————. *Historia de la historiografía Venezolana (textos para su estudio)*. Caracas, Ediciones de la Biblioteca de la Universidad Central de Venezuela, Colección Ciencias Sociales n.º IV, 1961.

• Castillo, Domingo B. *Memorias de Mano Lobo*. Caracas, Ediciones de la Presidencia de la República, 1962.

• Castillo Arráez, Alberto. *Breve ensayo sobre la metodología de la Historia*. Barquisimeto, Tip. el Impulso, 1937 (?).

- *El Centenario de 1930. (Recopilación de Homenaje y de Recuerdo Histórico a la Memoria del Libertador Simón Bolívar).* Caracas, Ediciones de la Publicidad «Arpissa», 1931.

- *La Colonia y la Independencia, juicios de historiadores venezolanos.* Caracas, Instituto Panamericano de Geografía e Historia, Comité de Orígenes de la Emancipación, publicación n.º 8, 1949.

- Coll, Pedro Emilio. *La escondida senda.* Madrid, 1927.

- *Conservadores y liberales. Los grandes temas políticos.* Colección Pensamiento Político Venezolano del siglo XIX, vol. 12, Caracas, 1961.

- Correa, Luis. *Terra patrum.* Biblioteca Popular Venezolana, n.º 79, Caracas, Ministerio de Educación, 1961.

- ——————. «Los estudios históricos en Venezuela». *Boletín de la Academia Nacional de la Historia.* Caracas, enero-marzo de 1937, t. XX, n.º 77.

- ——————. «En el Panteón Nacional, en la mañana del 28 de octubre». *Boletín de la Academia Nacional de la Historia.* Caracas, octubre-diciembre de 1939, t. XXII, n.º 88.

- ——————. «Exposición leída por el Secretario de la Academia, señor Luis Correa». *Boletín de la Academia Nacional de la Historia.* Caracas, octubre-diciembre de 1939, t. XXII, n.º 88.

- *Cuadernos Americanos.*

- Chiossone, Tulio. *Últimos años del Libertador.* Mérida, 1930.

- Dávila, Vicente. *Investigaciones históricas.* Caracas, Tipografía Americana, 1927.

- *De un Congreso de Independencia a una reunión colonialista (Bolívar contra la reunión colonialista de Panamá).* México, 1953.

- Díaz, José Domingo. *Recuerdos sobre la rebelión de Caracas.* Biblioteca de la Academia Nacional de la Historia, n.º 38, Madrid, 1961.

- Díaz Rodríguez, Manuel. *Sermones líricos.* Caracas, 1918.

- ——————. *Sangre patricia.* Caracas, 1902.

- Díaz Sánchez, Ramón. *Guzmán, Eclipse de una ambición de poder.* Caracas, Ediciones Hortus, 1953.

- —————. «El Bolivarianismo de Cecilio Acosta». *Revista de la Sociedad Bolivariana de Venezuela.* Caracas, 24 de julio de 1962, vol. 11, n.º 71.

- Díaz Seijas, Pedro. *Ideas para una interpretación de la realidad venezolana.* Caracas, 1962.

- *La doctrina positivista.* Colección Pensamiento Político Venezolano del siglo XIX, vols. 13 y 14. Caracas, 1961.

- Dubuc, Mons. Dr. Enrique María. *Oración fúnebre.* Caracas, Tip. Americana, 1942.

- *El 5 de julio en Apure, 1810-1911.*

- *El 19 de Abril de 1810.* Instituto Panamericano de Geografía e Historia, Comité de Orígenes de la Emancipación, publicación n.º 11, Caracas, 1957.

- Encina, Francisco A. *La entrevista de Guayaquil.* Santiago de Chile, Editorial Nascimento, 1953.

- Espinosa, José Alberto. «Oración fúnebre en el Templo de San Francisco». Ver: Fragachán, Félix R., *Simón Bolívar.*

- Esteller, Antonia. *Catecismo de historia de Venezuela, desde su descubrimiento hasta la muerte del Libertador.* Caracas, Imprenta Editorial, 1885.

- *Fantoches.*

- Febres Cordero, Tulio. *Obras completas.* Bogotá, Editorial Antares, 1960.

- Fragachán, Félix R. *Simón Bolívar. (Síntesis panorámica de la vida del grande hombre, Homenaje a la Semana de la Patria).* Caracas, Tipografía Americana, 1954.

- Gabaldón Márquez, Joaquín. *Archivos de una inquietud venezolana.* Madrid, Ediciones Edime, sin fecha.

- ——————. *Memoria y cuento de la Generación del 28*. Buenos Aires, 1958.

- ——————. *El Bolívar de Madariaga y otros bolívares*. Caracas, Ediciones Paraguachoa, S.A., 1960.

- García-Cádiz, Ramón. «Plan de un Gobierno Provisorio para Venezuela». Ver: *Gazeta de Caracas*. Caracas, 29 de noviembre de 1813, n.º 19.

- *Gazeta de Caracas*. París, edición facsimilar de la Academia Nacional de la Historia, 1939.

- Gil Fortoul, José. *El hombre y su historia*. Madrid, Editorial América, sin fecha.

- ——————. *Historia constitucional de Venezuela*. Caracas, Editorial Las Novedades, 1942.

- ——————. «Cartas a Pascual. Noviembre de 1898». Ver: *La doctrina positivista*, vol. I.

- Gómez Ruiz, Luis Emilio. *Discurso en homenaje al Libertador Simón Bolívar*. Caracas, 1951.

- González, José. *La doctrina conservadora, Juan Vicente González*. Colección Pensamiento Político Venezolano del siglo XIX, vols. 2 y 3, Caracas, 1961.

- González Baquero, R. *Análisis del proceso histórico de la educación urbana (1870-1932 y de la educación rural (1832-1957) en Venezuela*. Caracas, Centro de Investigaciones Pedagógicas de la Escuela de Educación de la Facultad de Humanidades y Educación de la UCV, 1962.

- González Guinán, Francisco. *Historia contemporánea de Venezuela*. Caracas, Ediciones de la Presidencia de la República, 1954.

- González Guinán, Socorro y Santiago. *Historia de Venezuela para niños*. Valencia, Imprenta de «La Voz Pública», 1883.

- Griffin, Charles C. *Los temas sociales y económicos de la época de la Independencia*. Caracas, Publicación de las fundaciones John Boulton y Eugenio Mendoza, 1962.

- Guignebert, Charles. *El cristianismo antiguo*. Breviarios del Fondo de Cultura Económica, n.º 114, México, 1956.
- Guzmán, Antonio Leocadio. *La doctrina liberal, Antonio Leocadio Guzmán*. Colección Pensamiento Político Venezolano del siglo XIX, vol. 5, Caracas, 1961.
- Irazábal, Carlos. *Hacia la democracia*. México, Editorial Morelos, 1939.
- Jaeger, Werner. *Paideia. Los ideales de la cultura griega*. México, Fondo de Cultura Económica, 1953.
- Key-Ayala, Santiago. *Obras selectas*. Caracas-Madrid, 1955.
- Lander, Tomás. *La doctrina liberal, Tomás Lander*. Colección Pensamiento Político Venezolano del siglo XIX, vol. 4, Caracas, 1961.
- Larrazábal, Felipe. *Vida del Libertador Simón Bolívar*. Nueva York, 1866.
- Lavretzky, José. *Bolívar* (en ruso). Moscú, Editorial Joven Guardia, 1960.
- —————. «Por qué escribí la biografía de Bolívar». *Revista de Historia*. Caracas, febrero de 1961, n.º 6.
- Lemmo Brando, Angelina. *La educación en Venezuela en 1870*. Caracas, Instituto de Antropología e Historia de la Facultad de Humanidades y Educación de la UCV, 1961.
- López, José Heriberto. *Veinte años sin Patria*. La Habana, 1933.
- Luciani, Jorge. *La dictadura perpetua de Gómez y sus adversarios*. Caracas, Cooperativa de Artes Gráficas, 1936.
- Machado, Francisco. «Intervención en la Convención Nacional de Valencia sobre requisitos para ser elegible diputado (1858)». Ver: *Conservadores y liberales. Los grandes temas políticos*.
- Marinello, Juan. *Martí desde ahora. (Lección primera de la Cátedra Martiana)*. La Habana, Imprenta de la Universidad de La Habana, 1962.

- Martínez, Ricardo A. *El panamericanismo, doctrina y práctica imperialista. (Las relaciones interamericanas desde Bolívar hasta Eisenhower).* Buenos Aires, Editorial Alumine (Colección de Cultura Latinoamericana), 1957.

- *Memorias de la Academia Nacional de la Historia.*

- Mendoza, Pbro. Antonio Luis. *Discursos del Padre Mendoza.* Valencia, Imp. de C.A. Mendoza, 1897.

- Mendoza, Cristóbal de. «Prefacio a Colección de Documentos relativos a la vida pública del Libertador de Colombia y del Perú, Simón Bolívar». *Boletín de la Academia Nacional de la Historia.* Caracas, octubre-diciembre de 1941, t. XXIV, n.º 96.

- Mendoza, Cristóbal L. «¿Cuáles fueron las influencias que pudo tener Don Simón Rodríguez sobre el Libertador?». *Boletín de la Academia Nacional de la Historia.* Caracas, octubre-diciembre de 1958, t. XLI, n.º 164.

- Meneses, Guillermo. *La misa de Arlequín.* Caracas, Publicaciones del Ateneo de Caracas, 1962.

- Menotti Spósito, E. *Obras selectas.* Biblioteca de Autores y Temas Merideños, n.º 7.

- Mijares, Augusto. *Hombres e ideas en América.* Caracas, Biblioteca Popular Venezolana, 1946.

- —————. *La interpretación pesimista de la sociología hispanoamericana.* Madrid, Afrodisio Aguado, S.A., 1952.

- —————. «El Libertador como político». *Boletín de la Academia Nacional de la Historia.* Caracas, enero-marzo de 1931, t. XIV, n.º 53.

- Montilla, José Abel. *Tres conferencias.* San Cristóbal, 1941.

- Muñoz Tébar, Antonio. «Informe del Secretario de Hacienda, ciudadano Antonio Muñoz Tébar, al E. S. General-en-Gefe Simón Bolívar, Libertador de Venezuela». Ver: *Gazeta de Caracas.* Caracas, 31 de enero de 1814, n.º 37.

- Muñoz Tébar, Jesús. *El personalismo y el legalismo*. Nueva York, A. E. Hernández, Editor, 1890.

- *El Nacional.*

- Navarro, Nicolás E. *La cristiana muerte del Libertador*. Caracas, Imprenta Nacional, 1955.

- —————. «Discurso de contestación al de recepción académica del doctor Cristóbal Mendoza». *Boletín de la Academia Nacional de la Historia*. Caracas, enero-marzo de 1928, vol. XI, n.º 41.

- Núñez, Enrique Bernardo. *Una ojeada al mapa de Venezuela*. Caracas, Editorial Ávila Gráfica, 1949.

- —————. *La galera de Tiberio*. Caracas, Dirección de Cultura de la Universidad Central de Venezuela, 1967.

- —————. «Discurso de incorporación a la Academia Nacional de la Historia, el 24 de junio de 1948». Ver: *La colonia y la independencia, juicios de historiadores venezolanos.*

- Olavarría, Domingo A. (Luis Ruiz). *Historia Patria. Décimo estudio histórico-político. Refutación del «Manifiesto Liberal» de 1893*. Valencia, Tipografía Artística Mijares, 1895.

- O'Leary, Daniel Florencio. *Narración*. Caracas, Sociedad Bolivariana de Venezuela, 1952.

- Páez, José Antonio. *Autobiografía*. Nueva York, Ediciones del Ministerio de Educación, 1946.

- Pareja y Paz Soldán, José. *Juan Vicente Gómez, un fenómeno telúrico*. Caracas, Editorial Ávila Gráfica (Colección Prisma, n.º 5), 1951.

- Parra-Pérez, Caracciolo. *Mariño y la Independencia de Venezuela*. Madrid, Ediciones Cultura Hispánica, 1954.

- —————. *Mariño y las guerras civiles*. Madrid, Ediciones Cultura Hispánica, 1958.

- —————. *Historia de la Primera República de Venezuela*. Biblioteca de la Academia Nacional de la Historia, n.º 19 y 20. Madrid, 1959.

- ——————. *Discurso de incorporación del individuo de número doctor Caracciolo Parra-Pérez*. Caracas, Academia Nacional de la Historia, 1961.

- Pérez Díaz, Lucila de. «Influencia del 19 de Abril de 1810 en la Independencia Sudamericana». Ver: *El 19 de Abril de 1810*.

- Pérez Vila, Manuel. *Bolívar y su época. (Cartas y testimonios de extranjeros notables, compilados por Manuel Pérez Vila)*. Caracas, publicaciones de la Secretaría General de la X Conferencia Interamericana (Colección Historia, n.º 10), 1953.

- ——————. «Testimonios de la devoción bolivariana». *Revista de la Sociedad Bolivariana de Venezuela*. Caracas, 19 de abril de 1959, vol. XVIII, n.º 58.

- ——————. «Lecturas del Vivac». *Revista de la Sociedad Bolivariana de Venezuela*. Caracas, 24 de julio de 1962, vol. XXI, n.º 71.

- Picón Salas, Mariano. *Los días de Cipriano Castro (Historia venezolana del 1900)*. Caracas, Ediciones Garrido, 1953.

- ——————. *Viaje al Amanecer*. Ediciones Nuevo Mundo, 1962.

- ——————. *1941*. Caracas, 1940.

- Planchart, Enrique. *Prosa y verso*. Caracas, 1957.

- Plekhanov, G. V. *Les questions fondamentales du marxisme*. Paris, Editions Sociales, 1947.

- Pocaterra, José Rafael. *Obras selectas*. Madrid, Editorial Edime, 1956.

- ——————. *Memorias de un venezolano de la decadencia*. Caracas, Editorial Elite, 1936, II vols.

- Quintero, Pedro. «Discurso en la Junta General del 27 de diciembre de 1831». Ver: *Sociedad Económica de Amigos del País. Memorias y estudios, 1829-1839*, t. I.

- *Revista Crítica Contemporánea*.

- *Revista de Historia*.

- *Revista La Pensée.*
- *Revista de la Sociedad Bolivariana de Venezuela.*
- *Revista Studi Storici.*
- Rivas Sosa, A. *Nuestros problemas.* Caracas, Ed. Elite, 1939.
- Roces, Wenceslao. *Algunas consideraciones sobre el vicio del modernismo en la historia antigua.* (Cuadernos del Seminario de Problemas científicos y filosóficos, Segunda Serie, n.º 5). México, Universidad Nacional Autónoma de México, 1958.
- Rodríguez, Simón. *Escritos de Simón Rodríguez.* Caracas, Sociedad Bolivariana de Venezuela, 1954.
- —————————. *El Libertador del Mediodía de América y sus compañeros de armas defendidos por un amigo de la causa social.* Arequipa, 1830.
- Rodríguez del Toro, Juan. «Discurso en la Junta General de la Sociedad el 27 de diciembre de 1830». Ver: *Sociedad Económica de Amigos del País. Memorias y estudios, 1829-1839,* t. II.
- Rojas, Arístides. «¿El 19 de Abril de 1810 es o no la fecha iniciativa de nuestra Independencia?». Ver: *El 19 de Abril de 1810.*
- Rojas, José María. *Biblioteca de escritores venezolanos contemporáneos.* Caracas, Rojas Hermanos, 1875.
- —————————. *Simón Bolívar.* París, Garnier Hermanos, 1883.
- Rojas, Pedro José. *La doctrina conservadora, Pedro José Rojas.* Colección Pensamiento Político Venezolano del Siglo XIX, vol. 7. Caracas, 1961.
- Romero García, Manuel Vicente. *Manuel Vicente Romero García.* Colección Clásicos Venezolanos de la Academia Venezolana de la Lengua, Nº 13. Caracas, 1966.
- Roscio, Juan Germán. *Obras.* Publicaciones de la Secretaría General de la Décima Conferencia Interamericana, Colección Historia, n.º 9. Caracas, 1953.

- Salcedo-Bastardo, José Luis. *Visión y revisión de Bolívar*. Buenos Aires, 1957.

- Sanavria, Tomás J. «Discurso en la Junta General del 3 de febrero de 1833». Ver: *Sociedad Económica de Amigos del País. Memorias y estudios, 1829-1839*, t. I.

- –––––––––––––. «A sus consocios al terminar el Trienio de la dirección de la Sociedad Económica de Amigos del País de que estaba encargado en la Junta de Elecciones celebrada en 22 de noviembre de 1835». Ver: *Sociedad Económica de Amigos del País. Memorias y estudios, 1829-1839*, t. I.

- Sánchez, Avelino. *Venezuela Republicana o exposición del proceso político social de un régimen, 1936-1940*. Caracas, Impresos Unidos, 1940.

- Seijas, Rafael. «¿El 19 de Abril de 1810 es o no el día iniciativa de nuestra independencia nacional?». Ver: *El 19 de Abril de 1810*.

- Seijas, Rafael Fernando. *El Presidente*. Caracas, Tipografía Garrido, 1940.

- *Sociedad Económica de Amigos del País. Memorias y estudios, 1829-1839*. Caracas, Banco Central de Venezuela (Colección histórico-económica venezolana, vols. I y II), 1958.

- Terrero Atienza, Santiago. «El 19 de Abril de 1810 fue el día en que se inició la independencia sudamericana». Ver: *El 19 de Abril de 1810*.

- Toro, Fermín. *La doctrina conservadora, Fermín Toro*. (Colección Pensamiento Político Venezolano del Siglo XIX, vol. I). Caracas, 1960.

- Ugarte Pelayo, Alirio. «Presencia de Bolívar en los problemas actuales de América». *Cuadernos Americanos*. México, septiembre-octubre de 1960, año XIX, n.º 5.

- Unamuno, Miguel de. *Vida de Don Quijote y Sancho*. (Colección Austral, n.º 33). Buenos Aires, Espasa Calpe Argentina, 1946.

- Urbaneja Achelpohl, L. M. *En este país!* (Biblioteca Popular Venezolana, n.º 38). Caracas, Ministerio de Educación, 1950.

- Uslar Pietri, Arturo. *Un retrato en la Geografía.* Buenos Aires, Editorial Losada, 1962.

- Ustáriz, Francisco Javier. «Proyecto de un gobierno provisorio para Venezuela». Ver: *El Pensamiento Constitucional Hispanoamericano hasta 1810,* vol. V.

- Yanes, Francisco Javier. *Historia de Margarita.* (Biblioteca Popular Venezolana, n.º 28). Caracas, Ministerio de Educación, 1948.

- Yanes, Francisco Javier, hijo. «Epístolas Catilinarias». Ver: *Conservadores y liberales. Los grandes temas políticos.*

- Vallenilla Lanz, Laureano. *Disgregación e integración (Ensayo sobre la formación de la nacionalidad venezolana).* Caracas, Tipografía Universal, 1930.

- —————. *Cesarismo democrático. (Estudio sobre las bases sociológicas de la constitución efectiva de Venezuela).* Caracas, Tipografía Garrido, 1961.

- Vargas, José María. «Discurso en la Junta General del 27 de diciembre de 1831». *Sociedad Económica de Amigos del País. Memorias y estudios, 1829-1839,* t. II.

- —————. «Discurso en la Junta General del día 3 de febrero de 1833, en la Sociedad Económica de Amigos del País». Ver: *Laureano Villanueva, Biografía del doctor José Vargas.*

- —————. «Influencia del 19 de Abril en la Independencia Sudamericana». Ver: *El 19 de Abril de 1810.*

- —————. «Discurso en el Congreso Nacional el 23 de mayo de 1930, en respuesta al Mensaje Especial de Juan Vicente Gómez». Ver: *El Centenario de 1830.*

- —————. «Prefacio de la traducción francesa de Cartas, Mensajes y Discursos del Libertador». *Boletín de la Academia Nacional de la Historia.* Caracas, octubre-diciembre de 1934, t. XVI, n.º 68.

- Villalba Villalba, Luis. *El Primer Instituto Venezolano de Ciencias Sociales*. Caracas, publicaciones de la Asociación Venezolana de Sociología, 1961.

- Villanueva, Laureano. *Biografía del doctor José Vargas*. Caracas, Imprenta Editorial de Méndez y C., 1883.

- —————. *Ezequiel Zamora. (Vida del valiente ciudadano General Ezequiel Zamora)*. Barquisimeto, Editorial Nueva Segovia, 1955.

- Villavicencio, Rafael. «Discurso de incorporación a la Academia Nacional de la Historia, el 23 de mayo de 1900». Ver: Villalba Villalba, Luis. *El Primer Instituto Venezolano de Ciencias Sociales*.

- Voltaire, «Dictionarie Philosophique». *Oeuvres complétes de Voltaire*. París, Ed. Garnier, 1878.

- Zavala, Lorenzo de. *Umbral de la Independencia*. México, 1949.

- Zumeta, César. *Tiempo de América y de Europa. (1889-1916)*. Colección Venezuela Peregrina, n.º 2). Caracas, Ediciones de la Presidencia de la República, 1962.

- —————. «"Bolívar y Piar". Episodios históricos (1816-1830) por L. Duarte Level». Ver: *La doctrina positivista*, vol. II.

- —————. «Carta a Laureano Vallenilla Lanz, Nueva York, 3 de septiembre de 1917». Ver: *La doctrina positivista*, vol. II.

- —————. «Discurso pronunciado en la Plaza Petión, de Caracas, el 10 de julio de 1911». Ver: *La doctrina positivista*, vol. II.

Printed in France by Amazon
Brétigny-sur-Orge, FR

13647768R10212